Festival Management

세계 축제 사례와

관광축제경영

박상현 지음

이프레스

*머리말

트로이의 목마로 그리스의 영웅이 된 오디세우스는 세상에서 가장 아름다운 것이 축제라고 하였다. 그는 기나긴 전쟁을 마치고 돌아와 술과 음식을 나누고 축제를 즐기며 안도와 행복을 느꼈다. 우리 인생의 목적은 전쟁이 아니라 축제가 아닐까? 하루하루 전쟁 같은 현대인의 삶 속에서 축제는 몸과 마음의 휴식처가 되고 스트레스 해소와 카타르시스의 경험을 제공하고 원기 회복과 재충전의 기회가 된다.

우리나라에서도 옛날부터 축제를 국가의 중요 행사로 다루었는데 부여의 영고절, 동예의 무천 등 왕과 백성이 하늘에 제사를 지냈고 농경사회로 내려오면서 절기마다 세시풍속을 지냈다. 현대에는 올림픽, 월드컵, 아시안 게임 등 우리나라에서 세계적인 축제를 개최하였고 현재 각 지역에서 독특한 문화자원을 활용하여 지역축제를 개최하고 있다. 축제는 더 이상 지역민들만의 잔치가 아니라 관광객과 함께 어울리고 지역의 경제를 활성화시키는 관광자원이 되고 있다.

본서는 대학생 및 축제에 관심이 있는 분들이 축제를 더 잘 이해할 수 있도록 세계의 축제 사례와 축제의 기획 및 운영에 관해서 다루고 있다. 세계 축제 사례는 베니스 가면축제, 니스 카니발, 뮌헨 옥토버페스트, 에든버러 프린지페스티벌, 후쿠오카 하카타기온야마카사, 캘거리 스탬피드, 하얼빈 빙등제, 바르셀로나 메르세축제, 삿포로 눈축제, 잘츠부르크축제, 퀘벡 윈터카니발, 비비드 시드니가 각 장마다 소개되고 축제 이론은 축제의 개념, 특성, 효과, 개최여부, 축제 계획, 방문객 분석, 조직, 마케팅, 가격과 유통, 촉진, 재무와 안전, 평가에 대해 다룬다.

본서를 통해서 독자들이 세계 축제의 성공 요소를 습득하고 지역 축제에 대해 깊은 안목을 갖게 되기를 바란다. 또한 우리나라 축제가 성장하는 데 본서가 도움이 되길 바라며 우리 국민들이 축제와 더불어 삶이 더욱 풍성해지고 행복해지길 기원한다. 끝으로 본 교재 집필에 아낌없는 성원을 보내주신 도서출판 신정 최용구 사장님과 정성을 다해 교재를 만들어주신 편집부 여러분께 감사를 드립니다. 그리고 저와 함께 여러 해 동안 세계 축제 답사에 동행해 준 분들께 감사를 드립니다.

축제를 사랑하는

박상현 올림

*차례

Chapter 03 축제의 효과

Chapter 04 축제의 개최 여부 결정

Chapter 05 축제 계획

Chapter 08 축제의 마케팅

Chapter 09 축제의 가격과 유통

Chapter 10 축제의 촉진

Chapter 11 **축제의 재무와 안전 관리**

Chapter 12 **축제의 평가**

CHAPTER 01

축제의 개념

01

학 습 목 차

■ 사례에서 배운다: 베니스 가면축제

1. 제천의식으로서의 축제
2. 세시풍속으로서의 축제
3. 관광객 유치를 위한 축제
4. 축제의 종류
5. 이벤트

Festival Management

학 습 목 표

- 베니스 가면축제 사례의 성공요소를 우리나라 축제에 응용할 수 있다.
- 다양한 관점에서 축제의 개념을 설명할 수 있다.
- 축제를 분류하고 이벤트에 대해서 설명할 수 있다.

Chapter 01

축제의 개념

■ 사례에서 배운다: 베니스 가면축제

1) 베니스

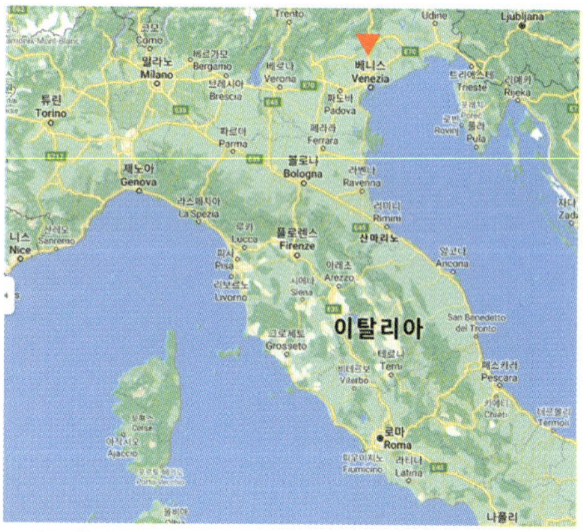

그림 1

베니스(Venice)는 이탈리아 북동쪽 아드리아 해안에 위치해 있으며 낭만과 운치가 넘치는 물의 도시다. 베니스는 5세기까지 갈대로 덮여 있는 척박한 지역이었으나 북아시아 훈족의 침략을 피해 남하한 사람들이 정착하면서 점차 도시로 성장하였다. 당시 베니스의 생산품은 소금과 생선뿐이어서 생활이 빈곤했지만 지리적 특성을 살려 지중해와 서유럽을 중개하는 해양 교역을 하면서 7세기부터 부를 축적하였다. 13세기부터 17세기까지 베니스는 전성기를 맞이하면서 풍요로워진다. 이를 바탕으로 문화, 예술, 건축이 꽃을 피워 피렌체와 더불어 르네상스를 대표하는 유럽 문화의 중심지가 된다. 그러나 18세기 후반 이후 나폴레옹과 오스트리아에 차례로 점령당하면서 쇠락의 길을 걷는다. 19세기 중반 이탈리아가 베니스를 통일하면서 서서히 안정을 찾으며 현재의 모습이 되었다.

베니스에는 과거 영예로운 시기의 건물이 많이 남아 있어 관광객의 발길이 끊이지 않는다. 마치 물 위에 떠 있는 듯한 건물들이 세상 어디에서도 볼 수 없는 신비로운 분위기를 연출하고 있다. 그래서 많은 드라마, 영화, 뮤직비디오가 베니스에서 촬영되고 있다. 베니스 출신의 유명인사로는 이탈리아를 대표하는 작곡가 비발디와 호색한 카사노바가 있다.

2) 베니스 가면축제

(1) 유래

베니스 가면축제의 정식 명칭은 영어로 베니스 카니발(Venice Carnival)이다. 그러나 우리나라에서는 가면축제로 더 많이 알려져 있다. 이탈리아어의 공식 명칭은 까르네발레 디 베네찌아(Carnevale di Venezia)이다. carnevale는 라틴어 carnem(meat) levare(remove), 즉 고기를 먹지 않는다는 의미를 가지고 있다. 가톨릭에는 부활절 40일 전부터 시작되는 사순절 기간에 고기를 먹지 않고 절제하면서 경건하게 보내는 풍습이 있는데 그에 앞서 술과 고기를 실컷 먹고 마시며 즐겼던 것이 카니발로 이어지게 되었다. 카니발은 로마에서 시작되었으나 점차 다른 가톨릭 국가에서도 성행하게 되고 지역 특성에 따라 다양한 주제로 축제를 개최하였다. 카니발은 원래 종교적 행사로 시작되었지만 현대로 넘어오면서 종교적 색채 없이 유희적 요소만을 가진 카니발도 생기고 있다. 한국어로는 고기를 먹지 않는다는 의미를 살려서 카니발을 사육제(謝肉祭)라고 부르기도 한다. 베니스 카니발은 프랑스의 니스 카니발 그리고 브라질의 리우 카니발과 더불어 세계 3대 카니발로 불리고 있다.

베니스 가면축제는 12세기 베니스 공화국이 아퀼레이아(Aquileia)와의 전쟁에서 승리한 것을 기념하기 위해 산마르코 광장에 모여 파티를 벌인 것에서 유래한다. 베니스에 가면이 들어온 것은 13세기 콘스탄티노플에서 베일을 쓴 여인을 데리고 오면서부터라고 전해지고 있다. 가면축제는 르네상스 시대를 거치며 공식화되고 확대되었다. 귀족들은 가면무도회를 개최하여 익명의 일탈을 즐겼다. 시간이 흐르면서 평민도 가면을 착용했다.

카니발 기간뿐만 아니라 평소에도 가면을 착용하곤 하였는데 신분과 상관없이 자기 의견을 자유롭게 말하거나 중요한 회의에서 솔직하게 의사 표시를 하기 위해 가면을 사용했다. 또 부자들이 부를 과시하지 않기 위해 가면을 쓰기도 했다. 그러나 가면을 착용하고 범죄와 퇴폐 활동이 늘어나면서 일상에서 가면을 착용하는 것이 금지되고 카니발 기간에만 허용되었다.

그런데 18세기 후반 오스트리아가 베니스를 점령하면서 카니발을 개최하지 못하도록 막았다. 그 이후 장기간 개최되지 못했던 카니발은 1979년 이탈리아 정부와 시민 그리고 예술단체가 과거의 카니발을 되살리기 위한 운동을 벌이면서 부활하였고 현제 약 300만 명이 방문하는 세계적인 축제가 되었다. 베니스 카니발은 주로 2월에 개최되는데 주 무대는 산마르코 광장에 설치되고 시내 전역에서 공연, 전시, 체험이 마련된다.

(2) 주요행사

① 가면 복장

베니스 가면축제에는 얼굴에 가면을 쓰고 카니발 복장을 입은 사람이 가득하다. 이들 중에는 주최 측에서 고용한 연기자도 있고, 손수 만든 가면과 복장을 입고 나온 일반인도 있고, 의상을 대여해서 축제에 참가한 관광객도 있다. 자국의 전통 복장을 입고 카니발에 참가하는 사람도 있다. 우리나라의 하회탈과 한복을 입은 사람도 있고 기모노와 유카타를 입은 일본인도 있다. 일반 복장에 가면만 쓰고 다니는 관광객도 많다. 비록 가면뿐이지만 그래도 축제에 참가하는 기분이 달라진다. 자신이 더 이상 축제의 방문객이 아니라 주인공이 된 듯한 느낌이 든다. 가면 중에는 과거 베니스에서 애용되던 바우타(bauta)가 유명하다. 바우타는 얼굴 전체를 가려서 확실하게 익명성을 보장하고 부리같이 생긴 턱이 있어서 가면을 벗지 않고 음식을 먹을 수 있는 장점이 있다. 바우타는 카사노바도 즐겨 썼고 왕이나 귀족 그리고 평민도 자주 착용하였다. 필자도 바우타를 써보았다.

그림 2

② 가면 콘테스트

가면 콘테스트(Il Concorso della Maschera piu bella)는 일반인이 직접 만든 가면과 의상을 뽐내는 경연대회다. 참가 희망자는 두 달 전에 신청하고 참가비는 무료다. 예선과 본선을 거쳐 결선에 오른 작품은 산마르코 광장의 메인 무대에서 경연에 참가한다. 화려한 의상을 입은 경연자들이 무대에서 작품을 뽐내면 기자들의 카메라 플래시가 터지고 관중은 환호한다. 한 가지 재미있는 것은 심사위원들도 경연자 못지 않게 멋진 카니발 복장을 입고 있다는 점이다.

그림 3

③ 마리 퍼레이드

마리 퍼레이드(Festa delle Marie)는 과거 베니스 총독과 부자들이 12명의 가난한 신부에게 보석과 돈을 보태주던 전통에서 유래되었는데 베니스 가면축제에 포함되어 이어져 내려오고 있다. 축제 첫날 마리로 뽑힌 12명의 아가씨가 가마를 타고 산 피에트로 디 카스텔로 성당에서 산마르코 광장까지 퍼레이드를 한다. 우리나라 축제에서도 아가씨 선발대회를 하곤 하는데 이에 대해 부정적인 의견도 있지만 베니스 가면축제처럼 전통을 살리고 의미를 부여한다면 관광객의 공감을 얻을 수 있는 행사가 될 수 있을 것이다.

그림 4

④ 보트 퍼레이드

보트 퍼레이드(Festa Veneziana on the water)는 베니스 대운하에서 여러 보트들이 줄지어 운행하는 퍼레이드다. 보트 퍼레이드는 축제 기간 중 2회 개최되는데 축제 첫날 저녁에 개막식의 일환으로 야간 보트 퍼레이드를 개최한다. 운하 주변에 색조명이 설치되어 물 위에 비치는 모습이 환상적인 분위기를 연출한다. 보트 위에는 다양한 조형물이 탑재되고 멋진 음악과 춤이 곁들여져 축제 분위기를 한껏 고조시킨다. 다음날 오전에 개최하는 주간 보트 퍼레이드는 다양하게 치장한 곤돌라와 익살스런 모양의 조형물을 실은 보트가 행진하고 형형색색의 풍선과 종이 가루가 휘날린다.

그림 5

CARNEVALE DI VENEZIA
Il Gioco, l'Amore e la Follia
8 - 25 Febbraio 2020
www.carnevale.venezia.it

그림 6

⑤ 천사의 비행과 독수리 비행

두 행사 모두 산마르코 광장 종탑에서 광장 바닥까지 연결된 줄을 타고 사람이 내려오는 행사인데 보기만 해도 아찔한 모습에 광장에 모인 수천 명의 사람이 숨을 죽이고 바라본다. 천사의 비행(The flight of the Angel)은 과거 베니스 총독에게 경의를 표하기 위한 행사로 시작되었는데 베니스 가면축제에 포함되어 주요 행사 중 하나로 자리를 잡았다. 줄을 타고 내려오는 천사는 마리 아가씨 선발대회의 대상 수상자가 맡는다. 독수리 비행(Eagle Flight)에는 지역 또는 이탈리아의 유명인 중 한 명이 선정된다.

그림 7

그림 8

(3) 축제 연계 관광

- 곤돌라: 베니스의 주요 교통수단이자 관광용으로도 활용
- 리알토 다리: 16세기에 지어진 베니스 대운하의 다리
- 산마르코 성당: 마르코의 유골을 안치하기 위해 9세기에 건설된 성당
- 두칼레 궁전: 7세기~18세기까지 베니스 총독의 주거지
- 탄식의 다리: 두칼레 궁전과 감옥을 연결하는 다리
- 산 조르조 마조레 성당: 1583년에 건축된 르네상스 양식의 성당
- 주변 섬: 무라노, 부라노, 리도

그림 9 리알토 다리

3) 생각 나누기: 가면 판매

본서의 시선으로 바라본 베니스 가면축제의 배울 점이나 특장점은 가면 판매다. 가면 축제답게 행사장 주변에는 가면 판매점이 많이 있다. 매장 안에는 화려하고 개성 있는 수제 가면이 가득한데 가격은 수만 원에서 수십만 원까지 다양하다. 간혹 관광객에게 가면 제작 과정을 시연하거나 관광객이 직접 가면을 만들어 보는 체험을 제공하는 매장도 있다. 거리 가판대에서도 가면을 판매하는데 대부분 플라스틱으로 만든 것이지만 많이 조악하지 않고 그런대로 쓸 만하다. 가격은 보통 2만 원 전후여서 저렴한 편이다.

가면을 쓰면 평등과 자유 그리고 일탈과 카타르시스를 경험하게 된다. 가면을 쓰는 순간 귀족도 평민도 관광객도 아닌 그저 한 인간이 되기 때문에 어떤 말과 행동도 허락되고 서로를 존중하게 된다. 가면을 쓰고 축제를 즐기다 보면 자유와 해방감을 느끼고 정화의 기분을 맛보게 된다. 우리나라의 탈춤 축제를 비롯해서 다른 지역의 유사 축제는 연기자만 가면을 쓰는 경우가 많지만 베니스에서는 관광객이 가면을 쓴다는 것이 특징이다. 그래서 수동적으로 축제를 관람하는 것이 아니라 능동적으로 축제에 참여하게 된다.

베니스에서 구입한 가면은 관광객에게 멋진 기념품이 된다. 축제에서 착용했던 가면을 집으로 가져가서 친구들과 경험을 나누고 가면을 볼 때 마다 추억을 되새길 수 있다. 많은 관광객이 축제 기간에 가면을 구매하는데 그것은 고스란히 베니스의 경제적 효과로 이어진다. 가면 판매의 또 하나의 장점은 자신의 전통과 문화를 나누고 전승할 수 있다는 것이다. 그만큼 베니스인의 자부심도 대단하다. 우리나라 축제들도 대부분 기념품을 팔고 있지만 조악하고 싸구려이거나 축제와 관련성이 적은 상품을 판매한다는 비판이 있다. 베니스 가면축제 사례를 참고해서 우리나라 축제에서도 정말 간직하고 싶은 기념품이 많이 제작되기를 기대한다.

그림 10

1. 제천의식으로서의 축제

제천의식(祭天儀式)으로서의 축제(祝祭)는 하늘의 신에게 자신의 소원을 비는(祝) 제사(祭)의 성격을 가지고 있다. 원시시대에는 사냥에 앞서 수확과 안전을 기원하는 의식을 치렀으며 부여에서는 정월 초하루에 신하가 지난 1년간의 일을 왕에게 보고하고 하늘에 제사를 지내는 영고절(迎鼓節)이라는 축제가 있었고 동예에서는 10월에 하늘에 제사를 지내는 무천(舞天)이라는 행사가 있었다. 마한에서는 논에 모를 심고 나서 왕과 백성이 모여 제사를 지냈다. 이때 제사장인 천군(天君)이 높고 신성한 곳(소도, 蘇塗)을 가려 솟대라는 긴 장대를 세웠다. 백성이 소도를 올려다보면 솟대가 하늘과 땅을 연결하고 있어서 신과 인간의 연결통로가 되었다. 인간은 솟대를 통해 자신의 소망을 하늘에 보내고 신의 응답을 받을 수 있는 것으로 믿었다. 솟대는 그 자체가 신성하게 여겨져 신격화되기도 하였다. 솟대와 주변에 오색천과 방울을 매달아 신성한 분위기를 더하였다. 사람들은 신을 기쁘게 하기 위해 음악을 연주하고 춤과 노래를 불렀다. 제사가 끝나면 다같이 술과 음식을 나누어 먹었다. 이런 의식은 구성원들을 하나로 결집시키고 문화적 틀을 형성하는 역할을 하였다. 현대까지 제천의식의 흔적이 남아있는 곳이 있는데 바로 강화도 마니산이다. 이곳에는 단군이 하늘에 제사를 지냈다는 참성단이 있다. 현재 전국체전의 성화를 채화하는 신성한 장소로서 그 명맥을 유지하고 있다.

그림 11 **마니산 참성단**

2. 세시풍속으로서의 축제

농경사회로 넘어오면서 축제는 세시풍속의 형태로 이어졌다. 세시풍속(歲時風俗)은 해마다 농사, 절기, 신앙과 관련된 일정한 시기에 의식이나 행사를 치르는 것이다. 세시풍속은 음력에 맞추어 개최되는데 음력 1월에는 설날과 정월대보름, 2월에는 머슴날과 영등제, 3월에는 삼짇날과 한식, 4월에는 사월초파일, 5월에는 단오, 6월에는 유두와 삼복이 있다. 그리고 7월에는 칠석과 백중, 8월에는 추석, 9월에는 중구, 10월에는 상달고사, 11월에는 동지, 마지막으로 12월에는 제석이 있다. 이 중 현대까지 전승되고 있는 풍속도 있고 유명무실해진 풍속도 있다. 이들에 대해 간단히 살펴보면 다음과 같다.

■ 1월 설날과 정월대보름

설날은 새해를 맞이하는 우리 민족 최대의 명절로 서로 새해를 축하하고 복을 기원하는 행사다. 그리고 자신의 소망을 빌고 다시 시작하는 마음을 갖게 된다. 설날에는 조상에게 차례를 지내고 새 옷을 입고 어른에게 세배를 하고 덕담을 나눈다. 또한 떡국을 먹고 윷놀이, 연날리기, 널뛰기 등 전통 놀이를 한다. 집안에는 복조리를 걸어 복을 기원하고 새해의 길흉을 점치는 토정비결(土亭秘訣)을 보기도 한다. 정월대보름은 새해 들어 처음 맞는 대보름날로서 밤, 호두, 땅콩 등을 깨물며 일년간 종기나 부스럼이 나지 않도록 축원한다. 또 더운 여름을 잘 지낼 수 있도록 다른 사람에게 '내 더위 사가라'라는 말로 더위를 팔고 풍년을 기원하는 줄다리기를 한다.

■ 2월 머슴날과 영등제

머슴날은 음력 2월 초하루이며 본격적인 농사가 시작되기 전에 머슴들에게 배부르게 먹고 마실 수 있게 대접하는 날이다. 이날은 노비일 또는 일꾼날이라고도 하는데 일꾼에게 하루 쉬게 하고 용돈도 주면서 즐겁게 놀도록 하였다. 영등제(靈登

祭)는 주로 영남 지방과 제주도에서 성행하였는데 바람을 일으키는 신인 영등할머니에게 제사를 지내는 것이다.

■ 3월 삼짇날과 한식

음력 3월 3일 삼짇날은 삼(三)이 겹친다는 뜻이다. 이날은 추위가 풀리는 계절이 되었음을 알리는 날로 강남에 갔던 제비가 돌아오고 뱀이 동면에서 깨어난다고 하였다. 삼짇날에는 집안을 수리하고 장을 담그고 산에서 꽃놀이를 하고 화전을 만들어 먹었다. 아이들은 버드나무 가지로 피리를 불거나 풀을 뜯어 각시인형을 만들어 놀았다. 한식(寒食)은 동지에서 105일째 되는 날로 설날, 추석, 단오와 함께 4대 명절이었다. 한식에는 산소에 가서 조상님께 제사를 올렸다.

■ 4월 사월초파일

사월초파일은 석가모니의 탄생을 축하하는 날로 불탄일(佛誕日), 석가탄신일, 부처님 오신날이라고도 한다. 사월초파일은 삼국시대부터 개최된 불교의 종교적 행사이지만 점차 민간의 세시풍속으로 전승되었다. 현대에는 불교 신자가 아니더라도 하나의 축제나 문화로서 즐기는 사람들이 많다. 각 사찰에서는 연등 켜기, 제등 행렬, 관불의식, 다도회, 연등 만들기, 점심 공양, 각종 공연을 개최한다.

■ 5월 단오

음력 5월 5일 단오(端午)는 수릿날(戍衣日, 水瀨日), 천중절(天中節), 중오절(重午節), 단양(端陽)이라고 부른다. 이때는 농작물이 자라는 시기여서 풍년을 기원하는 제사를 지냈다. 단오는 1년 중 양기가 가장 왕성한 날로 다양한 풍속과 행사가 행해졌는데 여자들은 창포(菖蒲) 물에 머리를 감고 창포 비녀를 만들어 꽂았으며 그네뛰기를 했다. 남자는 씨름을 하며 놀았다.

■ 6월 유두와 삼복

유두(流頭)는 무더운 여름을 이겨내기 위한 풍속인데 시원한 계곡 물에 머리를 감고 목욕을 하고 유두면(流頭麵)을 먹었다. 유두에는 여름 과일과 음식을 장만하여 조상에게 제사를 지내고 풍년을 기원하였다. 현대에는 산이나 바다 또는 해외로 피서를 가는 것으로 유두가 대체되었다. 삼복(三伏)은 초복, 중복, 말복을 가리키는데 연중 가장 더운 시기이다. 삼복에는 개장국이나 삼계탕을 먹으며 몸을 보신하고 탁족을 하면서 더위를 이겼다.

▪7월 칠석과 백중

음력 7월 7일 칠석(七夕)은 1년 동안 떨어져 있던 견우와 직녀가 만나는 날이다. 저녁에 내리는 비는 견우와 직녀가 만나서 기쁨의 눈물을 흘리는 것이고 다음날 새벽에 내리는 비는 이별의 눈물이라고 전해진다. 백중(百中)은 백 가지 과일과 곡식을 의미하는데 사찰에서는 부처님에게 공양을 올리고 가정에서는 각종 과일과 음식을 차려 제사를 올렸다. 그리고 음식을 나누어 먹고 농악에 맞추어 춤을 추고 놀았다.

▪ 8월 추석

음력 8월 15일 추석(秋夕)은 한가위, 중추절(仲秋節), 중추가절(仲秋佳節)이라고도 한다. 이 날은 조상님께 성묘를 하고 차례를 지냈다. 추석은 일 년 중 가장 큰 보름달이 뜨는 날이며 송편을 만들어 먹고 줄다리기, 씨름, 강강술래 등의 놀이를 하였다. 현대에도 추석은 설날과 함께 우리나라 최대 명절이며 외지로 나갔던 가족이 모여서 즐거운 시간을 보낸다.

▪9월 중구

음력 9월 9일 중구(重九)는 9가 겹친다는 의미를 가지고 있다. 양(陽)이 겹친다는 의미로 중양절(重陽節)이라고도 한다. 전통적으로 홀수는 양(陽)의 수이자 길수(吉數)여서 홀수가 겹치는 날을 명절로 여겼다. 홀수가 겹치는 날은 설날(1월 1일), 삼짇날(3월 3일), 단오(5월 5일), 칠석(7월 7일), 중구(9월 9일)이다. 중양(重陽)은 이들 모두에게 해당되나 주로 중구에만 사용되었다. 중구에는 산에 올라 단풍놀이를 하고 화채(花菜)와 국화전(菊花煎)을 만들어 먹었다.

■ 10월 상달고사

예로부터 10월은 '상달'이라고 불렀으며 고구려의 동맹(東盟), 예의 무천(舞天), 부여의 영고(迎鼓) 등 하늘과 조상님에게 추수에 대한 감사를 드리는 의식을 거행했다. 가정에서도 조상에게 제를 올리고 가족의 건강과 행복을 빌었다.

■ 11월 동지

동지는 일 년 중 밤이 가장 길고 낮이 가장 짧은 날이다. 동지에는 팥죽을 쑤어 먹는데 팥이 귀신을 물리친다고 믿었다. 이 날은 팥죽을 사당에 올리고 집안 곳곳에 팥죽을 놓은 후에 팥죽을 먹었다. 팥죽의 새알심을 나이 수대로 먹어야 한 살을 더 먹는다고 하였다.

■ 12월 제석

선달그믐 제석(除夕)은 제야(除夜)라고도 하는데 1년의 마지막 날 밤이다. 이날은 귀신이 들어오지 않도록 집안 곳곳에 불을 밝힌다. 만약 잠이 들면 눈썹이 하얗게 된다고 하여 밤새 윷놀이와 이야기를 하며 보낸다. 그리고 1년을 마감하고 새해를 준비한다.

▌월별 세시풍속

1월 : 설날, 정월대보름	7월 : 칠석, 백중
2월 : 머슴날, 영등제	8월 : 추석
3월 : 삼짇날, 한식	9월 : 중구
4월 : 사월초파일	10월 : 상달고사
5월 : 단오	11월 : 동지
6월 : 유두, 삼복	12월 : 제석

강릉단오제

세시풍속 중에 강릉단오제가 축제의 형식으로 전승되고 있다. 강릉단오제는 현대까지 전통을 이어온 가치를 인정받아 1967년 중요무형문제로 등록되었으며 2005년 유네스코 인류구전 및 무형유산 걸작으로 등록되었고 해마다 100만 명 이상이 방문하는 축제가 되었다. 강릉단오제는 음력 4월 5일에 신에게 올릴 술을 빚는 신주빚기로 시작된다. 강릉 시장과 시민 그리고 제관이 축제의 성공과 가정의 안녕을 기원하며 마음을 모아 십시일반 쌀을 내놓는다. 이렇게 정성껏 모은 쌀로 신주를 빚어 단오 기간 내내 사용한다.

음력 4월 15일은 대관령 산신당에서 대관령 산신제를 지내는데 대관령 산신은 신라의 김유신 장군을 말한다. 산신은 강릉을 비롯한 영동지역을 지켜주는 수호신으로서 대관령을 넘기 전에 산신에게 제례를 지냈다. 강릉단오제에서도 행사를 치르기에 앞서 산신에게 고하는 산신제를 올린다.

이어서 대관령 국사성황사에서 국사성황신에게 제사를 올린다. 국사상황신은 신라의 범일국사이자 강릉단오제의 주신이다. 국사성황제는 단오제 기간 동안 범일국사를 인간 세상에 모시기 위한 제례이다. 무속인은 국사성황신을 모시는 굿을 한다. 강릉단오제는 이렇게 유교와 무속이 결합된 독특한 형태를 지니고 있다.

다음은 신목을 찾기 위해 산으로 올라가는데 제관이 앞에 서고 무속인, 악사, 풍물패, 사람들이 뒤따른다. 신목은 국사성황신이 강림한다고 믿는 단풍나무다. 제관이 신목을 찾아서 자른 후 오방천으로 감아서 대관령 국사여성황사에 모신다.

음력 5월3일에는 신목을 축제 행사장으로 모셔간다. 신목과 함께 제관, 무속인, 풍물패, 시민이 축제장에 들어서면 축하 불꽃놀이가 시작된다. 이후 음력 5월 8일까지 축제 행사장에서 안녕과 번영을 기원하는 단오굿이 이어진다.

강릉단오제 기간에는 독특한 관노가면극이 공연된다. 이 가면극은 무언극, 즉 넌버벌(nonverbal) 형식이

어서 연희자는 몸짓으로 이야기를 풀어나간다. 몸짓만으로도 의미가 충분히 전달되어 관객은 박장대소를 한다. 가면극의 주요 내용은 양반 광대와 각시의 사랑, 오해, 화해에 관한 것이다.

음력 5월 8일에 개최되는 송신제는 신을 보내드리는 의식이다. 무속인이 환우굿을 펼친 후에 신목을 비롯한 각종 기물을 태워서 신의 세계로 보내드리고 나면 축제가 막을 내린다.

그림 12

3. 관광객 유치를 위한 축제

현대의 축제는 관광객을 유치하여 지역을 활성화하려는 목적으로 개최되는 경우가 많다. 소득 및 여가 시간의 증가는 관광산업을 발전시키는 원동력이 되었다. 또한 지방자치제도가 실시됨에 따라 지역 경제를 활성화시키기 위한 수단으로 관광산업을 활용하고 있다. 관광객의 욕구도 단순 자연 경관 관람에서 벗어나 문화관광, 체험관광, 동적인 관광을 추구하게 되면서 축제가 더욱 인기를 얻게 되었다. 축제는 지역 고유의 문화와 전통을 기초로 하여 무대, 조명, 영상, 오디오 등 현대적 요소를 가미하여 관광객에게 비일상적이고 환상적인 경험을 제공한다. 축제는 지역 문화를 체험할 수 있고 다양한 공연 및 전시가 있어서 가족이나 친구뿐만 아니라 남녀노소 누구에게나 즐거운 추억을 선사한다.

스트레스와 압박 속에 살아가는 현대인에게 축제 참여는 치유와 회복의 시간이 된다. 산업의 발전은 물질적 풍요를 주었지만 정신적 황폐화, 이기주의, 비인간성, 경쟁, 공격성, 우울증을 남겼다. 축제는 지친 현대인에게 활력을 불어넣는다. 사람들은 축제를 통해서 몰입의 순간을 즐기고 억눌린 욕구를 해소하며 마음을 정화하고 에너지를 얻는다. 축제는 단순히 놀고 마시고 소비하는 행동이 아니라 생산을 위한 휴식과 재충전의 기회가 된다.

축제는 과거에 제의성이 강했지만 현대로 넘어오면서 유희성이 강해지고 있다. 강릉단오제와 같이 과거로부터 전승되어 온 축제는 제의적 요소를 많이 가지고 있지만 보령머드축제와 같이 현대에 만들어진 축제는 관광객들이 즐길 수 있는 유희적 요소가 가득하다. 과거의 축제가 주민에게 포커스가 맞추어져 있다면 현대의 축제는 관광객에게 포커스가 맞추어져 있다. 과거의 축제는 엄숙함, 경건함, 절차, 의식이 중요했지만 현대의 축제는 재미와 엔터테인먼트가 중요해지고 있다.

그림 13 보령머드축제

1995년 문화체육관광부는 '문화관광축제'라는 명칭을 만들어 우수한 지역축제를 지원하기 시작했다. 문화관광축제는 전통문화의 세계화와 문화국가로서의 이미지를 조성하기 위하여 독특한 전통문화 자원을 관광상품화하고, 지역의 축제를 세계적인 관광축제로 육성하여 외래관광객의 유치 및 지방 분산을 유도하고, 지역경제를 활성화하려는 목적을 가지고 있다. 문화관광축제로 선정되면 일정 기준에 따라 수천만 원에서 수억 원을 지원하고 축제의 관광 상품성을 높이는 방법을 조언하고 참여형 프로그램을 개발하도록 유도하고 관광객 수용태세를 개선할 수 있도록 컨설팅을 해준다. 또한 문화체육관광부에서 국내외 언론사와 한국관광공사 해외 지사를 통해서 해당 축제를 국내외에 적극적으로 홍보를 해준다. 그리고 한국/외국어 해외 홍보물을 제작해서 배포해 준다. 당시 지역 독자적으로는 예산이나 축제 운영 노하우가 부족했기 때문에 이런 지원이 큰 도움이 되었다. 또한 문화관광축제로 지정되었다는 것만으로도 축제의 내용과 질이 우수하다는 것을 알릴 수 있었다.

문화관광축제 지원 사항

- 문화체육관광부 후원 명칭 사용
- 예산 지원
- 축제의 국내외 관광 상품화
- 참여형 프로그램 개발
- 관광객 수용태세 개선
- 체계적인 국내외 홍보활동
- 한국관광공사 해외 조직망을 활용한 홍보

1995년 첫해에 이천도자기축제와 한산대첩제 2개를 문화관광축제로 선정한 이래 해마다 지원 규모가 늘어나서 약 40여 개의 축제가 지원을 받고 있다. 이렇게 지원하는 축제의 수가 늘어나자 유망축제, 우수축제, 최우수축제, 대표축제로 차등하여 지원하였다. 또한 경쟁력을 높이기 위해 지원 기간을 5년으로 연장하고 유망축제는 일몰제를 폐지해 자유롭게 경쟁하는 체제를 갖추고 두 차례의 선정심사를 거치는 등 공정성을 강화하였다. 2019년에는 대표축제를 졸업한 보령머드축제, 안동국제탈춤페스티벌, 진주남강유등축제, 화천산천어축제, 김제지평선축제를 '글로벌축제'로 지정하여 계속적인 지원을 모색하였다. 2020년에는 축제의 차등 제도를 없애고 문화관광축제로 통일하여 지원 금액도 균등화하였다.

문화관광축제의 방문객 수는 초기에 30만 명이었던 것이 연간 3천만 명으로 100배나 증가했으며 1인당 지출금액도 30배 이상 늘어나 엄청난 성과를 이루어냈다. 그러나 이런 가파른 양적 성장의 이면에는 우려의 목소리도 있다. 무엇보다 왜 축제를 개최하는가에 대한 근본적인 문제가 제기되곤 한다. 지역을 알리고 활성화한다는 대의명분 아래 실제로는 지자체 단체장의 얼굴 알리기, 치적 쌓기, 사전 선거운동이 아니냐는 의혹과 더불어 축제에 투입한 예산에 비해 효과가 적고 지역 경제에 부담이 되어 적자 축제를 계속 개최할 것인가에 대해 비판이 있다. 이에 따라 경쟁력이 부족하거나 다른 축제와 유사한 축제는 통합하거나 중단되어야 한다는 의견이 제기되기도 하였다. 또 다른 문제는 축제들마다 프로그램이 비슷하고 주제와 상관없는 것이 많다는 것이다. 그러다 보니 관심과 흥미가 떨어져 축제의 인기

2020~2021년 문화관광축제

구분	축제명
부산(1개)	광안리어방축제
대구(2개)	대구약령시한방문화축제, 대구치맥페스티벌
인천(1개)	인천펜타포트음악축제
광주(1개)	추억의충장축제
울산(1개)	울산옹기축제
경기(5개)	연천구석기축제, 시흥갯골축제, 안성맞춤남사당바우덕이축제, 수원화성문화제, 여주오곡나루축제
강원(7개)	평창송어축제, 춘천마임축제, 평창효석문화제, 원주다이내믹댄싱카니발, 강릉커피축제, 정선아리랑제, 횡성한우축제
충북(1개)	음성품바축제
충남(2개)	한산모시문화제, 서산해미읍성역사체험축제
전북(3개)	임실N치즈축제, 진안홍삼축제, 순창장류축제
전남(4개)	영암왕인문화축제, 담양대나무축제, 보성다향대축제, 정남진장흥물축제
경북(3개)	포항국제불빛축제, 봉화은어축제, 청송사과축제
경남(3개)	밀양아리랑대축제, 통영한산대첩축제, 산청한방약초축제
제주(1개)	제주들불축제

가 예전만 못하다는 목소리가 나오고 있다. 이런 상황에서 과연 세계적인 축제가 탄생할 수 있을지 의구심을 나타내는 사람도 있다.

4. 축제의 종류

축제를 구분하는 방법은 다양하다. 먼저 개최자가 누구냐에 따라 국가축제, 지역축제, 민간축제, 기업축제로 나눌 수 있다. 국가축제는 국가적인 차원에서 유치하고 지원하는 세계적인 축제다. 올림픽, 월드컵, 아시안게임, 국제엑스포가 여기에 속한다. 우리나라에서는 88서울올림픽, 2002 한일월드컵, 2018 평창동계올림픽을 개최하였다. 지역축제는 지자체가 기획하고 운영하는 축제로 지역민의 전통과 화합을 도모하거나 관광객을 유치하려는 목적을 가지고 있다. 민간축제는 민간이 주도하여 개최하는 축제로 자신의 활동을 넓히고 알리는 축제다. 시민단체나 NGO 단체의 축제가 여기에 해당한다. 기업축제는 기업브랜드를 홍보하거나 상품을 판매하기 위해 개최하는 행사다. 창립일 기념축제, 신상품 출시 기념축제, 밸런타인데이 할인 행사 등이 여기에 포함된다.

축제는 개최 목적에 따라 관광축제, 주민화합축제, 산업축제, 기타 축제로 구분할 수 있다. 관광축제는 앞서 언급한 바와 같이 관광객을 유치하기 위해 지자체가 기획하고 운영하는 축제다. 주민화합축제는 해당 지역의 문화와 전통 또는 특별한 날을 기념하면서 주민의 화합을 목적으로 개최되는 축제다. 산업축제는 제조업, 농업, 축산업, 어업 등 지역 산업을 홍보하고 발전시키기 위한 축제다. 한우 축제나 해산물 축제를 예로 들 수 있다. 기타 축제는 캠페인성 축제, 환경보호를 독려하는 축제, 특별한 사건이나 인물 추모를 위한 축제 등이 있다.

축제를 프로그램에 따라 전통축제, 예술축제, 스포츠축제, 종합축제로 분류할 수도 있다. 전통축제는 전통문화, 전통 의식, 전통 음식, 전통 놀이가 주요 요소인 축제로 강릉단오제를 예로 들 수 있다. 예술축제는 음악, 미술, 연극, 영화, 공연을 관람하는 축제로 자라섬 재즈페스티벌과 같은 축제다. 스포츠축제는 운동선수들이 일정한 규칙에 따라 경기를 하는 축제로 제주레저스포츠대축제 등이 포함된다. 종합축제는 문화, 예술, 전시, 공연, 경기, 체험, 오락 프로그램이 혼재된 축제로 주로 대도시에서 개최된다. 2003년부터 해마다 개최되었던 하이서울페스티벌이 종합축제에 가깝다. 축제 이름에서도 알 수 있듯이 특정 주제를 두지 않고 다양한 프로그램을 종합적으로 제공하고 있다. 하이서울 페스티벌은 2016년부터 서울거리예술축제로 명칭과 내용을 변경하였다.

그림 14 서울거리예술축제

이상의 내용을 포함하여 축제를 포괄적으로 분류하면 아래와 같이 예술축제, 스포츠축제, 역사축제, 종교축제, 농수산물축제, 계절축제로 나눌 수 있다. 위에서 언급하지 않은 축제의 종류를 살펴보면 역사축제는 영암 왕인문화축제와 같이 역사적 사건이나 인물을 바탕으로 개최하는 축제다. 이 축제는 일본에 천자문과 논어를 전해주어 아스카 문화를 꽃 피운 왕인박사를 기리는 행사다. 종교축제는 신화, 전설, 종교와 관련된 축제로 페루태양제를 예로 들 수 있다. 이 축제는 잉카 시대에 태양을 숭배하고 제사를 지내던 의식을 재현한다. 농수산물축제는 지역에서 생산되는 농수산물을 이용한 축제로 스페인의 토마토축제가 대표적이다. 토마토를 서로에게 던지며 동심을 경험하게 해주는 이 축제는 온통 빨간색으로 물든 사람과 거리가 자극적이다. 계절축제는 일본 삿포로눈축제와 같이 겨울 혹한기라는 여행의 불리함을 축제로 전환한 것이다. 이 축제는 눈이 많이 내리는 지역 특성을 이용해 거대한 눈 조각상을 설치하여 관광객을 불러 모으고 있다.

축제의 종류

종류	특성	사례
예술축제	음악, 미술, 연극, 영화, 공연 관람	자라섬재즈페스티벌
스포츠축제	경기 형태의 축제	제주레저스포츠대축제
역사축제	역사적 사건이나 인물을 바탕으로 개최	영암 왕인문화축제
종교축제	신화, 전설, 종교와 관련된 축제	페루 태양제
농수산물축제	지역에서 생산되는 농수산물을 이용	스페인 토마토축제
계절축제	여름과 겨울의 계절적 불리함을 극복하고 축제로 승화	삿포로 눈축제

그림 15 일본 삿포로눈축제

5. 이벤트

이벤트(event)는 사전적으로 사건, 행사, 경기를 의미하는데 콘서트, 패션쇼, 전시회, 박람회, 스포츠경기 등 광범위하게 사용된다. 이벤트는 종종 축제를 대신하는 말로 사용된다. 가령 일반 기업이 할인행사를 할 때 '이벤트'라는 용어를 자주 사용하지만 '할인축제'라고 해도 무방하다. 월드컵과 같이 대형 행사도 '세계인의 축제' 또는 '세계적인 이벤트' 등 교차해서 사용해도 의미 전달에 왜곡이 일어나지 않는다. 관광객을 유치하기 위한 지역 행사도 '축제' 대신 '이벤트'라고 해도 크게 상관없다. 축제와 이벤트는 둘 다 한시적인 특별 행사, 신남, 즐거움, 기쁨, 행운 등 긍정적인 이미지를 연상시킨다.

이벤트와 축제의 의미를 구분하기도 하지만 의미의 차이보다는 사용 상황이 다른 경우가 많다. 과거에는 관광객을 유치하는 축제를 주민화합 축제와 대비시키기 위해서 '관광이벤트'라는 용어를 사용하기도 했다. 당시의 대학교재나 보고서 중에도 '축제' 대신 '이벤트'를 제목에 넣은 것이 종종 있었다. 그러나 최근에는 관광객을 위한 지역 행사는 '축제'라는 용어를 주로 사용하는 추세다.

이벤트는 주최자와 규모에 따라 개인 이벤트, 단체 이벤트, 상업 이벤트, 스페셜 이벤트, 메가 이벤트로 나눌 수 있다. 개인 이벤트는 개인 간에 특별한 날을 정해 상대를 기쁘게 해주는 이벤트로 결혼 프러포즈, 만남 100일 기념 이벤트 등이 포함된다. 단체 이벤트는 동아리, 동호회, 마을, 비영리기관, 공공기관 등의 단체가 자신의 활동을 알리거나 동참시키기 위한 이벤트로 거리에서 개최하는 일시적인 공연이나 전시 등이 이에 속한다. 상업 이벤트는 상품을 홍보하거나 판매하기 위한 행사로 백화점에서 일정 기간 할인행사를 하거나 새로 오픈한 상점에서 오픈 기념 행사를 하는 것이 예가 된다.

관광 분야에서 주목해야 할 이벤트는 스페셜 이벤트와 메가 이벤트이다. 축제를 학문적으로 체계화한 게츠(Getz)에 의하면 스페셜 이벤트(special event)는 관광 매력물(tourism attraction)의 성격을 지닌 이벤트로 일반인을 위한 것이고, 특정 주제를 가지고 있고, 1년에 1번 정도 개최되고, 행사 기간이 정해져 있고, 특정 지역 내에서 행사가 개최된다. 게츠가 정의한 스페셜 이벤트는 한마디로 현대의 관광축제라고 말할 수 있다. 메가 이벤트(mega event)는 규모가 매우 커서 국가 경제에 영향을 미치고 세계 미디어의 주목을 받는 엄청난 규모의 이벤트다. 메가 이벤트의 원래 목적이 관광객을 유치하는 것은 아니지만 실제 수백만 명의 관광객이 참여하게 된다. 올림픽, 월드컵, 엑스포와 같은 대형 행사는 반드시 보아야 할(must see) 이벤트로 인식되어 지명도가 높다. 메가 이벤트는 비록 한 번으로 끝나는 이벤트지만 경제적, 사회적, 문화적 영향력이 매우 크고 상당 기간 동안 지속된다. 우리나라의 88서울올림픽, 2002 한일월드컵, 2018 평창동계올림픽은 대한민국의 자랑스러운 문화와 자연을 세계에 홍보하여 수십 년이 지나도 세계인에게 강한 인상을 심어주었다. 또한 국가 경제가 도약하는 계기가 되고 우리도 해낼 수 있다는 자부심을 주었다.

이벤트의 종류

종류	특성	사례
개인 이벤트	개인들 간에 특별한 날을 정해 상대를 기쁘게 해주는 이벤트	결혼 프로포즈
단체 이벤트	동아리, 동호회, 마을, 비영리기관, 공공기관 등 단체가 자신의 활동을 알리거나 동참시키기 위한 이벤트	거리 공연
상업 이벤트	상품을 홍보하거나 판매하기 위한 행사로	백화점 세일
스페셜 이벤트	관광매력물의 성격을 지닌 이벤트	현대의 관광축제
메가 이벤트	세계 미디어의 주목을 받는 엄청난 규모의 이벤트	올림픽, 월드컵

그림 16 2002 한일월드컵 붉은악마 응원

학습정리

베니스 가면축제

- 우리나라에서는 베니스 가면축제로 알려져 있지만 정식 명칭은 베니스 카니발(Venice Carnival)임
- 가톨릭에서 사순절 기간에 고기를 먹지 않고 절제하면서 경건하게 보내는 풍습이 있었는데 이에 앞서서 술과 고기를 실컷 먹고 즐겼던 것이 카니발로 이어지게 됨
- 베니스 가면축제는 12세기 아퀼레이아 전쟁 승리 기념으로 산마르코 광장에 모여 잔치를 한 것에서 유래가 됨
- 베니스 가면축제 기간 동안 주최측, 지역주민, 관광객이 가면을 쓰고 카니발을 즐김
- 주요 행사: 가면 콘테스트, 마리 퍼레이드, 보트 퍼레이드(주간, 야간), 천사의 비행, 독수리 비행
- 축제 연계 관광: 곤돌라, 리알토 다리, 산마르코 성당, 두칼레 궁전, 탄식의 다리, 산 조르조 마조레 성당, 무라노, 부라노, 리도

축제의 개념

- 축제(祝祭)는 신에게 소망하는 일이 이루어지기를 바라는(祝) 제사(祭)의 의미를 지니고 있음
- 축제(祝祭)는 신에게 감사하고 기원하는 제사로서 제천의식이었음
- 농경사회에서는 절기마다 잔치를 벌이는 세시풍속으로 이어짐
- 현대에는 관광객을 유치하여 지역경제를 활성화하려는 관광축제를 개최함
- 문화체육관광부에서 지방화 시대와 더불어 지역 축제를 관광자원화 하고자 문화관광축제 제도를 마련하여 관광축제를 지원하고 있음
- 축제의 종류 : 예술축제, 스포츠축제, 역사축제, 종교축제, 농수산물축제, 계절축제
- 축제와 유사한 의미로 이벤트라는 용어가 종종 사용됨
  - 스페셜 이벤트: 관광매력물의 성격을 지닌 이벤트
  - 메가 이벤트: 올림픽이나 월드컵 등 규모가 매우 커서 국가 경제에 영향을 미치고 세계 미디어의 주목을 받는 이벤트

학습평가

01 12세기 아퀼레이아 전쟁 승리 기념으로 산마르코 광장에 모여 잔치를 한 것에서 유래된 축제는 무엇인가?

① 리우 카니발

② 니스 카니발

③ 베니스 가면축제

④ 아퀼레이아 가면축제

02 관광매력물의 성격을 지닌 이벤트를 무엇이라고 하는가?

① 메가 이벤트

② 스페셜 이벤트

③ 상업 이벤트

④ 개인 이벤트

[정답 및 해설]

01 ③

해설: 베니스 가면축제는 12세기 아퀼레이아 전쟁 승리 기념으로 산마르코 광장에 모여 잔치를 한 것에서 유래되었다.

02 ②

해설: 스페셜 이벤트는 관광매력물의 성격을 지닌 이벤트다.

CHAPTER 02

축제의 특성

02

학습목차

- 사례에서 배운다: 니스카니발

1. 축제의 본질적 특성
2. 축제의 현장 특성
3. 축제의 기능
4. 축제의 놀이적 특성

학습목표

- 니스카니발 사례의 성공요소를 우리나라 축제에 응용할 수 있다.
- 축제의 본질적 특성과 현장 특성에 대해 설명할 수 있다.
- 축제의 기능을 설명할 수 있다.
- 축제의 놀이적 특성을 설명할 수 있다.

Chapter 02

축제의 특성

■ 사례에서 배운다: 니스카니발

1) 니스

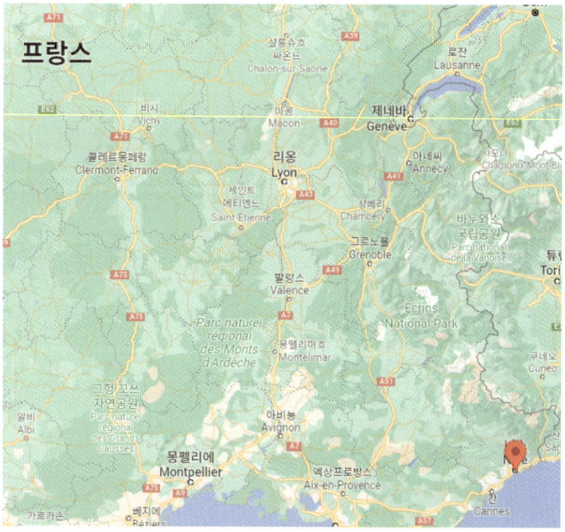

그림 1

니스(Nice)는 프랑스 동남쪽, 리비에라 지역에 위치하고 있다. 지중해 연안에 있는 니스는 아름다운 해변과 요트 항구 그리고 다양한 관광시설이 밀집되어 있어서 프랑스에서 파리 다음으로 관광객이 많은 지역이다. 니스는 연중 기후가 온난하여 휴양지로 각광받고 있으며 해마다 수백만 명의 관광객이 방문하고 있다. 니스는 기원전 350년경 포케아인들에 의해 건설되었는데 전쟁의 승리를 기념하기 위해서 도시명을 그리스어 니카이아(Νικαια)로 명명했다. 니카이아는 그리스 신화에 나오는 승리의 여신, 즉 니케(Niké)와 관련이 있는데 니케(Nike)가 오늘날 프랑스어로 니스(Nice)가 되었다고 한다.

니스는 아름다운 자연과 지중해성 기후로 18세기부터 상류층과 예술가들의 주목을 받았는데 색채의 마술사로 불리는 화가 마르크 샤갈, 야수파의 거장으로 추앙받는 화가 앙리 마티스, 바이올린 작곡으로 유명한 니콜로 파가니니 등이 니스에서 말년을 보내며 활동을 했다.

2) 니스카니발

(1) 유래

니스카니발(Nice Carnival)에 관한 기록은 13세기에 처음 나타나고 있는데 가톨릭의 전통에 따라 사순절에 앞서 먹고 마시고 즐기는 행사였다. 16세기 이후 가장행렬, 가면무도회, 화려한 장식 등 점차 유희적인 행사가 늘어나고 규모도 커졌다. 그러나 18세기 후반부터 19세기 초반까지 프랑스 혁명과 나폴레옹 시대를 거치는 동안 카니발은 개최되지 못했다.

그러다가 1830년 이탈리아 북서부 사르데냐 왕국의 왕과 왕비가 니스를 방문하자 환영과 존경의 표시로 30여 대의 마차 행렬을 펼쳤던 것에서 축제가 재개되었으며 1873년 축제 위원회가 만들어지면서 체계적으로 운영되기 시작했다.

니스카니발은 1882년 부터 '카니발의 왕'이라는 대형 인형을 제작하여 퍼레이드에 포함시키고 있으며 니스카니발의 상징이 되고 있다. 니스카니발은 제1, 2차 세계대전과 걸프전 그리고 코로나19 기간을 제외하고 줄곧 개최되고 있으며 약 150년의 역사를 이어오고 있다. 니스카니발은 종교적 행사로 시작하였지만 현대에는 꽃마차, 색종이, 거대 풍선과 인형, 형형색색의 조명, 박진감 넘치는 음악 등 관광요소가 가득한 세계적인 축제로 운영되고 있다.

(2) 주요 행사

① 꽃의 퍼레이드

꽃의 퍼레이드(Flower Parade)는 꽃으로 장식한 마차들이 마세나 광장(Place Massena)과 주변 도로를 가두 행진하는 것이다. 마세나 광장 양쪽의 관람석에 관광객이 착석하고 나면 축제의 분위기를 띄우기 위한 춤과 노래가 시작되고 색종이가 공중에 날린다. 이어서 말, 무희, 피에로 등이 행진한다. 다음으로 꽃으로 장식한 수십 대의 꽃마차가 지나가는데 꽃마차 위에는 카니발 여왕 선발대회에서 뽑힌 여인이 한 명씩 탑승하여 관중들에게 손을 흔들고 꽃을 던져준다. 꽃이 날아갈 때마다 꽃향기가 전해진다. 상당한 양의 꽃을 던지기 때문에 거의 모든 관람객이 받아갈 수 있다.

그림 2

② 카니발 퍼레이드(주간)

카니발 퍼레이드(Carnival Parade)는 그 해의 주제에 관련된 거대 인형들의 행렬이다. 니스카니발은 해마다 왕(King)을 선정하여 상징으로 삼는데 그 앞에 수십 개의 거대 인형들이 행진한다. 거대 인형은 그리스로마 신화에 나오는 인물, 영화에 나오는 인물, 애니메이션에 나오는 캐릭터. 정치인을 풍자한 인형 등 다양하다. 거대 인형들 사이로 예술가, 악대, 무희들이 함께 퍼레이드를 펼친다.

그림 3

③ 카니빌 퍼레이드(야간)

야간에 개최되는 카니발 퍼레이드는 빛의 퍼레이드(Parade of Lights)라고도 하는데 화려한 조명과 함께 거인 인형들의 퍼레이드를 볼 수 있다. 밤에는 멋진 조명 덕분에 낮과 다른 분위기가 연출되는데 야간 카니발 퍼레이드야말로 니스카니발의 하이라이트라고 할 수 있다. 다채로운 조명이 비추어진 거대 인형의 모습이 장관을 이룬다. 역시 거대 인형들 사이로 피에로와 무희들이 등장해서 흥을 고조시키는데 형형색색으로 치장한 무희들이 춤을 추면서 자신의 모습을 뽐낸다. 관광객도 환상적인 퍼레이드와 음악에 맞춰 어깨를 들썩이고 환호한다.

그림 4

④ 피날레

니스카니발은 축제 기간 내내 사용했던 왕의 인형을 불태우며 피날레를 장식한다. 마치 강릉단오제에서 신목과 각종 기물을 태워 축제의 막을 내리는 것과 유사하다. 거대 인형을 불태울 때 화재의 위험이 있기 때문에 주위에 소방관들이 대기한다. 관광객들은 왕의 인형이 불타오르는 것을 보면서 마지막 인사를 한다.

그림 5

(3) 축제 연계 관광

- **니스 해변:** 자갈로 이루어진 4Km의 해변
- **영국인 산책로:** 18세기부터 니스가 영국 귀족의 휴양지로 이용되면서 조성된 산책로
- **캐슬 힐:** 니스 성이 있던 자리였으나 현재 공원으로 이용되고 있으며 니스 해변과 구시가지를 한 눈에 볼 수 있음
- **니스 구시가지:** 17~18세기 파스텔톤 건물이 남아 있음
- **마세나 광장:** 니스의 메인 광장이자 니스카니발 메인 행사장
- **샤갈 미술관:** 1973년에 개관하였으며 샤갈의 작품 450점을 전시하고 있음
- **망통 레몬축제:** 니스카니발과 비슷한 시기에 망통(Menton) 지역에서 개최되며 레몬과 오렌지를 사용하여 조형물을 만들어 전시하고 퍼레이드를 펼침

그림 6 니스 해변

3) 생각 나누기: 축제의 산업화

본서의 시선으로 바라본 니스카니발의 훌륭한 점은 축제 기간에만 경제적 효과가 일어나는 것이 아니라 축제를 하나의 산업으로 발전시켜 1년 내내 지역 경제에 기여하고 있다는 것이다. 꽃의 퍼레이드에 사용되는 10만 송이의 꽃은 지역 화훼농가에서 생산되기 때문에 직접적인 경제적 혜택을 얻게 된다. 또한 축제를 통해 화훼산업이 홍보가 되면서 축제가 끝난 후에도 외부에서 지속적인 주문이 들어온다.

퍼레이드에 사용되는 꽃마차와 거대 인형의 제작은 고용창출로 이어진다. 거대 인형의 경우 무려 6개월에 걸쳐 제작된다. 처음에 전체적인 형태를 만들고 그 위에 종이를 바르고 물감이나 스프레이로 채색하는 과정을 거치게 되는데 상당한 노하우와 기술이 요구된다. 따라서 많은 장인과 기술자가 참여하게 되는데 이들은 안정적인 소득이 보장되기 때문에 꽃마차와 거대 인형 제작에 전념할 수 있다. 그리고 제작 기술이 세대에서 세대로 전승되면서 전통이 이어지고 산업이 지속된다. 참고로 거대 인형 제작에 참여하거나 관람하고 싶은 관광객을 위해 사전 신청을 받아 체험을 제공하는 공방도 있다.

축제가 산업화되려면 우선 축제 규모가 상당히 커야 한다. 우리나라 축제 중에 산업화를 할 만큼 대규모의 축제는 드물지만 일부 축제들이 산업화에 대한 노력을 기울이고 있다. 축제가 산업화가 되면 축제 기간뿐만 아니라 1년 내내 경제 활동이 일어나서 지역이 안정적으로 성장할 수 있다. 앞으로 우리나라의 축제도 산업화가 되고 그에 따라 지역 경제가 활성화될 수 있기를 기대한다.

그림 7

1. 축제의 본질적 특성

미국 하버드 대학교에서 박사학위를 받은 철학자이자 신학자였던 하비콕스(Harvey Cox)는 그의 저서 바보제(The Feast of Fools)에서 사람들은 축제를 통해 억눌린 감정을 표출하고 사회적으로도 어느 정도 용인된다고 하였다. 그리고 축제의 본질적 특성에 대해서 과잉성(excess), 대립성(juxtaposition), 긍정성(affirmation)으로 구분하여 설명하였다.

① 과잉성

축제 참여자는 긴장을 풀고 느슨한 마음으로 평소보다 과하게 행동하곤 한다. 밤늦게까지 먹고 마시고 춤을 추고 크게 웃고 떠들며 쾌락과 환락을 즐긴다. 그리고 원색 옷이나 야한 옷 또는 괴상한 옷을 입기도 하고 페이스페인팅이나 타투와 같은 치장도 과감하게 시도한다. 할로윈 축제에서 사람들은 섬뜩한 복장을 입지만 이상하게 보지 않고 다들 유쾌하게 받아들인다. 석장리구석기축제에서는 공연자들뿐만 아니라 방문객들도 축제를 즐기기 위해 자발적으로 원시인 복장을 입는다. 대구의 치맥축제에서는 술을 마시며 마음껏 떠들며 낯선 사람들과도 쉽게 어울린다. 장흥 물축제 풀파티에서는 허리 높이 대형 수영장에서 사람들이 신나는 음악에 맞춰 춤을 춘다. 여기저기에서 연신 물줄기가 쏟아지고 나이트클럽을 방불케 할 정도로 전문 DJ가 흥겨운 음악을 틀어준다. 평소 춤을 추지 않고 점잖게 행동하던 사람도 이곳에서는 환호하고 까르르 웃으며 몸을 흔든다.

축제에서는 사회적인 신분이나 계층 그리고 빈부에서 벗어나 모두 동일한 인간으로서 자신의 욕구를 마음껏 표출한다. 사람들은 늘 긴장감 속에서 살 수 없기 때문에 이렇게 축제를 통해서 한 번씩 긴장을 완화하는 시간이 필요하다. 그런데 과잉이라고 하더라도 어디까지나 시간적, 공간적, 법적, 사회적으로 수용할 수 있는 범위 내에서의 과잉이지 그 이상을 말하는 것은 아니다. 따라서 지나치게 과한 행동을 하거나 그런 행동을 조장하면 안된다.

그림 8 할로윈 축제

② 대립성

축제는 일상과 다른 대립되는 상황이 제공된다. 방문객이 일상에서 체험하지 못하는 것을 축제에서 체험할 수 있어서 흥미를 갖고 매료된다. 그것이 축제의 가치를 높인다. 사실 일상과 똑같다면 축제가 아니다. 다르기 때문에 축제라고 할 수 있다. 스페인 토마토축제의 경우 빨간 토마토를 아무에게나 던지는 행사를 한다. 일상생활에서 다른 사람에게 토마토를 던지는 것은 상상할 수 없다. 그러나 토마토축제에서는 허용이 될 뿐만 아니라 축제의 메인 프로그램이다. 온통 빨간색으로 물

그림 9 스페인 토마토축제

든 사람들과 주변 공간은 사람들을 더욱 자극한다. 사람들은 토마토를 던지면서 마음속의 응어리도 함께 던지는 정화의 느낌을 갖는다. 스트레스를 마음껏 발산하고 웃고 행복감에 젖어 든다. 우리나라의 보령 머드축제도 유사한데 평소에는 몸에 진흙을 묻히면 안 되지만 축제에서는 기꺼이 온몸에 머드를 바르고 다른 사람과 몸을 부대끼는 게임을 하며 즐거운 시간을 보낸다.

③ 긍정성

사람들은 축제를 통해서 생명력과 희망을 느끼며 긍정적인 삶을 살게 된다. 우리는 무엇인가 성취하였을 때 축하하고 격려한다. 축제는 비극적인 상황에서도 긍정성을 가져다준다. 누구나 살아가면서 좌절과 실패를 맛보게 되는데 쳇바퀴 같은 생활 속에서 점점 더 깊은 우울한 늪에 빠져든다. 그 쳇바퀴에서 잠시 벗어나 축제에 참가하게 되면 다시 살아갈 수 있는 힘을 얻는다. 그렇게 축제는 더 나은 내일을 살아갈 수 있는 용기와 희망을 준다.

사람들은 새로운 전환기에 긍정적인 미래를 소망하게 되는데 축제에 이런 마음을 담는다. 제주 애월 새벽오름에서는 정월대보름 들불축제를 개최하여 희망과 복을 바라는 염원을 불꽃에 피워 올린다. 제주 들불축제에는 성화 점화, 횃불 행진, 달집태우기, 불꽃쇼 등 불과 관련된 행사가 많다. 그렇게 과거의 액운을 불에 태워버리고 새해를 맞이한다. 들불축제는 농가에 도움을 주는 실질적인 역할을 하기도 한다. 들불로 해충을 잡

그림 10 제주들불축제

그림 11 일본 케베스축제

고, 해묵은 풀을 없애고, 타고 남은 재가 거름이 되어 새로운 목초가 자라기 위한 좋은 환경이 된다. 새로 자란 신선한 풀은 소와 말의 훌륭한 먹이가 된다.

불과 관련된 축제가 일본에는 있는데 바로 오이타현의 케베스축제(ケベス祭)다. 일본 중요민속문화재로 지정될 만큼 역사가 오래되었고 원형이 잘 보존된 축제다. 해가 저물기 시작하면 신관이 목욕재계를 하고 제의로 경건한 의식을 시작한다. 이 축제의 하이라이트는 나무탈을 쓴 케베스라는 주인공이 불이 붙은 지푸라기 더미를 사람들에게 던지는 것이다(케베스라는 이름과 기원에 대해서는 알려지지 않고 있다). 화상의 위험이 있고 실제 머리카락이나 옷이 불에 그을리거나 구멍이 나기도 하지만 사람들은 화를 내기보다 즐거워한다. 불똥을 받으면 액운을 태우고 무병장수한다는 전설이 있어서 이리저리 불덩이를 피해다니면서 마치 불장난을 즐기는 분위기다. 사람들이 축제의 내용을 미리 알고 가기 때문에 불에 그을려도 괜찮은 복장으로 가고 불덩이에 기름이 있는 것이 아니기 때문에 옷에 묻어도 타오르지는 않는다. 사실 불장난은 재미있다. 옛날에는 쥐불놀이 등 불장난을 종종 했었지만 현대에는 그럴 기회가 별로 없다. 이런 축제를 통해서 동심으로 돌아가 불장난하는 기분을 갖게 된다.

2. 축제의 현장 특성

① 현장성

그림 12 청도소싸움축제

축제는 현장에 가야만 느끼고 경험할 수 있다. 영상화면 등 간접적으로 보면 현장감을 충분히 느낄 수 없다. 현장이 없는 축제는 이미 존재하지 않는 것이다. 현장성 때문에 많은 사람들이 시간과 비용을 들여 직접 축제에 참여한다. 청도소싸움축제에 가보면 현장성의 진가를 알 수가 있다. 화면으로 소싸움을 볼 수 있지만 현장에 감도는 팽팽한 긴장감이 피부에 와 닿지 않는다. 싸움소들이 부딪히기 전에 상대를 주시하면서 움직일 때 긴장감이 서서히 올라간다. 싸움소의 거친 숨소리, 근육의 움직임, 발끝에서 휘날리는 모래에 사람들도 숨죽여 바라본다. 이윽고 두 소가 머리와 뿔을 부딪치면서 딱딱 소리를 내면 사람들이 와 하는 함성과 함께 응원을 보낸다. 이런 것은 축제 현장에서만 느낄 수 있는 것이다.

② 체험성

여행의 형태가 보는 여행에서 체험하는 여행으로 바뀌어 가는 추세에서 축제야말로 체험거리가 많아 인기가 높다. 축제는 그 자체가 문화적 체험 요소를 가지고 있고 세부 프로그램 중에 방문객이 직접 만들거나 이용할 수 있는 체험도 많다. 도자기축제에서 아이들이 직접 도자기를 만들어보는 체험을 할 수 있지만 일상생활에서는 이런 기회가 많지 않다. 축제에서는 직접 만들면서 질감을 느껴보고 냄새도 맡아보고 소리도 듣는 등 오감 체험을 할 수 있다. 또 자기가 만든 것을 집에 가져가서 좋은 기념품이 된다. 체험의 인기가 갈수록 높아지면서 체험 프로그램이 늘어나고 있다. 아래 사진은 축제장에서 어린이들이 만화 컬러링 체험을 하고 있는 모습이다. 학교 및 학원 교육에 지친 아이들이 축제장에서 창의력을 키우고 전통 체험뿐만 아니라 최신 기술도 체험을 할 수 있기 때문에 교육적으로도 유익하다.

그림 13 남양주 국제슬로라이프대회

③ 상호작용

축제 현장에서는 주최자와 방문객의 상호작용이 자연스럽게 일어난다. 축제의 주차요원, 안내원, 체험 부스, 전시 부스, 기념품이나 특산물 판매 부스 등 방문객과 대면하는 곳은 어디든 상호작용이 일어난다. 공연을 할 때도 가수나 연기자가 방문객에게 박수와 추임새를 유도하며 상호작용을 한다. 아래 사진은 안동 국제탈춤페스티벌의 한 장면인데 연희자가 관객에게 "이게 얼마일 것 같으냐?", "이것을 살 거냐?", "이 사람이 어떻게 했는지 아느냐?" 등등 의향을 물어보거나 질문을 한다. 그럼 관객이 답변을 하면서 호응을 해준다. 종종 관객을 무대로 초청하여 콩트나 게임을 진행하기도 한다. 이렇게 상호작용을 하면서 예측하지 못한 즐거움을 주고 더욱 다채로운 축제가 된다.

그림 14 안동 국제탈춤페스티벌

④ 통합성

축제는 하나의 주제 아래 문화, 예술, 기술, 과학, 장비 등이 통합적으로 어우러져 작품이 된다. 축제에서는 전통문화와 현대문화, 공연과 전시, 음식과 의상, 음악과 미술, 춤과 노래, 역사와 유물 등 다양한 문화가 기반이 된다. 여기에 최신 시설과 기술이 더해져 관객이 더욱 감동적인 행사가 된다. 아래 사진은 인체를 캔버스 삼아 그림을 그리는 대구 국제바디페인팅페스티벌의 한 장면이다. 이렇게 멋진 작품을 선보이기 위해서는 페인팅 작가와 모델 그리고 무대, 조명, 음향, 영상 장치 등이 통합됨으로써 가능하다.

그림 15 대구 국제바디페인팅페스티벌

3. 축제의 기능

① 전통문화의 보존

축제는 제천의식, 농경시대의 세시풍속, 무속의 굿 등 제의성이 강하며 이들을 재현되고 보존한다. 현대에 산업화가 진행되는 과정에서 만약 축제가 없었다면 이런 전통이 많이 소멸되었을지 모른다. 앞서 살펴보았던 강릉단오제는 산신령이나 수호신에 대한 제사와 무속인의 굿이 축제의 형태로 전승되고 있다. 이런 전통이 다음 세대까지 지속될 수 있도록 유네스코에서 무형 유산으로 등재하여 보존하고 있다. 아래 사진은 어린 나이에 왕위를 빼앗기고 생을 마감한 단종의 넋을 기리는 영월 단종문화제다. 이 행사는 숙종 24년(1698년) 이후 제향(祭香)만 했던 것을 1967년부터 향토문화제로 진행되고 있다. 주요 프로그램은 조선시대 국장재현, 칡줄다리기, 가장행렬, 정순왕후 선발대회, 궁중요리 레시피, 드론쇼 등이 있다.

그림 16 영월 단종문화제

② 예술 감정의 표현

인간은 예술을 통해 내적 감정을 표출하는데 축제에는 예술적 요소가 가득하다. 축제는 이성적인 분위기보다 감성적인 분위기가 지배적이어서 그림, 노래, 춤 등이 독특한 분위기를 연출한다. 아래 사진은 춘천마임축제의 한 장면이인데 몸짓만으로 감정을 표현하고 있다. 국내의 많은 관광축제들이 지자체에 의해 기획되었으나 축제춘천마임축제는 마임연기자와 춘천시민이 만든 대표적인 민간 주도형 축제다. 현재 런던마임축제, 프랑스 미모스축제와 함께 세계 3대 마임축제로 인정받을 정도로 성장했다. 춘천마임축제에는 마임 아티스트들이 익살스럽고 화려한 퍼포먼스를 펼친다. 또한 신체극, 무용극, 광대극, 거리극 등 다양한 장르의 작품을 공연

그림 17 춘천마임축제

한다. 우리나라의 연기자뿐만 아니라 다른 나라의 연기자도 참여하기 때문에 이국적이고 수준 높은 작품을 감상할 수 있다. 무대와 객석의 거리가 매우 가깝기 때문에 연기자가 손가락을 움직이는 작은 동작이나 표정도 볼 수 있다. 그만큼 관객들은 공연에 더 빠져든다.

③ 인간성 회복

산업화에 따른 기계화와 획일화 속에 인간은 작은 부속품에 불과한 느낌을 받게 된다. 이에 따라 인간은 소외감과 모멸감을 느끼게 되는데 여기에서 벗어나 자유를 느끼고 인간이 세상의 중심이라는 인간 본연의 모습을 회복하기 위해서라도 축제가 필요하다. 축제는 인간적인 감성에 호소함으로써 따뜻한 위로와 삶의 에너지를 불어넣는다. 아래 사진은 연인과 가족이 벚꽃을 즐기는 진해군항제이다. 기계화된 일상에서 잠시 떠나 아름다운 벚꽃 속에서 사랑과 우정을 나눈다. 진해군항제는 1952년 충무공 이순신 장군의 동상을 세우고 추모제를 열었던 것이 1963년부터 문

그림 18 진해군항제

화축제로 발전된 것이다. 해군의 군항도시 진해는 4월에 시가지가 벚꽃으로 뒤덮여 장관을 이룬다. 진해의 벚나무는 한때 일제의 잔재로 여겨졌으나 왕벚나무의 원산지가 제주도로 밝혀지면서 진해의 벚꽃 축제가 더욱 활기를 띠고 있다. 주요행사로는 이충무공 추모대제, 군악대 공연, 해상불꽃쇼, 에어쇼 등이 있다. 또한 평소 일반인의 출입이 어려운 해군사관학교에서 해군헌병기동대의 퍼레이드도 감상할 수 있으며 군함에 승선해 볼 수도 있다.

④ 연대감 강화

개인주의가 만연한 현대사회에서 사람들은 축제를 통해서 공동체 일원이라는 것을 확인하고 구성원들과 함께 더불어 사는 존재라는 것을 알게 된다. 축제는 소속감과 일체감을 심어줌으로서 융화와 통합에 기여한다. 사람들은 축제를 통해서 문화와 정신을 공유하고 동질감과 연대감을 강화한다. 아래 사진은 고창 모양성에서 개최되는 축제다. 메인 프로그램은 부녀자들이 돌을 머리에 얹고 성벽 위를 걷다가 지정된 장소에 내려놓는 답성놀이다. 부녀자들이 성벽 위를 걸으면서 성벽을 단단

그림 19 고창모양성제

하게 다지고 돌은 성을 보수할 때 사용한다. 성을 한 바퀴 돌면 다리 병이 낫고, 두 바퀴 돌면 무병장수하며, 세 바퀴 돌면 극락승천한다는 말이 전해지고 있다. 성벽 돌기가 노동이 아니라 건강 수단이라고 유쾌하게 풀어내고 있다. 성벽 돌기 행사는 수백 명의 인원이 필요하다. 주변 마을에 사는 부녀자들이 한복을 입고 머리에 수건을 쓰고 돌을 이고 참석한다. 그리고 다문화 가정이 많아지면서 고창에 시집 온 분들이 자국의 전통 복장을 입고 참여하는데 자신이 이방인이지만 공동체의 일원임을 알린다. 이렇게 함께 행사를 치르면서 사람들은 문화와 전통을 공유하는 공동체임을 확인한다.

⑤ 생산적 휴식

축제라고 하면 먹고 마시고 소비하는 것을 생각하게 되지만 축제를 통해서 활력을 얻고 스트레스를 해소하고 이렇게 얻은 에너지는 일상으로 돌아갔을 때 더 열심히 사는 원동력이 된다. 축제는 단순히 소비하는 것이 아니라 생산을 위한 충전과 준비의 기능을 한다. 아래 사진은 자라섬 재즈페스티벌이다. 관광객들이 가을 저녁

그림 20 자라섬 재즈페스티벌

잔디밭에 앉아 여유롭게 공연을 보고 있다. 사람들은 듬성듬성 빈 공간에 자리를 잡을뿐 일부러 무대 앞쪽으로 달려가지 않는다. 재즈 가수에 대해서 잘 몰라도 재즈에 대해서 잘 몰라도 상관없다. 로맨틱한 선율에 따라 정신적 육체적 휴식을 얻으면 그만이다. 저녁이 되면 재즈 음악과 함께 별이 가득한 하늘을 감상한다. 자라섬 재즈페스티벌은 국내외 유명 뮤지션도 초청하고 최상의 음향을 제공하여 수준 높은 음악을 들을 수 있다.

4. 축제의 놀이적 특성

네덜란드 출신의 요한 하위징아(Johan Huizinga)는 어린 시절 카니발 행렬을 보고 매료되어 평생 축제와 놀이에 대해서 연구하였다. 그는 1938년 인간을 '놀이하는 인간(Man the Player)'으로 규정한 『호모루덴스(Homo Ludens)』라는 저서를 발간하였다. 그는 모든 문화현상의 기원을 놀이 속에서 찾았으며 놀이 속에서 문화가 발달했다고 주장하였다. 그리고 놀이의 가장 높은 형식이 축제라고 하였다.

그림 21 요한 하위징아

축제와 놀이는 유사한 점이 많은데 오락성, 창의성, 몰입성, 진지함, 사회성의 특성을 가지고 있다. 사람들은 축제와 놀이를 통해서 즐거움, 열광, 흥분을 느낀다. 축제와 놀이는 상상력과 독창성을 기반으로 창의적인 활동을 이끌어낸다. 축제와 놀이는 사람들을 몰입하게 함으로써 자기 자신과 현실 그리고 일상을 잠시 잊게 된다. 이런 몰입을 통해서 탈출과 전환 그리고 휴식과 안정의 마음을 갖게 된다. 축제와 놀이는 질서와 규칙이 존재한다. 질서와 규칙에 따라 활동을 수행하면서 승리와 실패를 경험하고 성취감과 도전감을 얻는다. 축제와 놀이는 사람들과의 교류가 자연스럽게 발생하므로 상호간의 존중과 배려 그리고 역할과 관계를 형성한다.

캐나다 퀘벡의 겨울축제에는 관광객들이 즐길 수 있도록 소소한 놀이 도구가 설치되어 있다. 아래 사진은 원반을 사각 틀 안에 한 번씩 던져서 일렬로 3개를 만들면 이기는 놀이다. 우리나라의 오목바둑과 유사한 삼목게임이라고 할 수 있다. 자신이 원하는 빈칸에 원반을 넣으려면 집중해서 잘 던져야 한다. 놀이이기 때문에 성공하면 기쁘고 실패해도 웃을 수 있다. 규칙을 지키고 상대방을 존중하면서 놀이를 하다 보면 관계도 좋아진다.

그림 22 원반던지기 놀이(캐나다 퀘벡 겨울축제)

프랑스의 사회학자 로제 카이와(Roger Caillois)도 놀이를 문화적으로 접근하였는데 1985년에 발간한 『놀이와 인간(Les jeux et les hommes)』이라는 그의 저서를 통해서 놀이의 특성을 자유로움, 일상과 분리, 비확정, 비생산적, 규칙, 허구적이라고 설명하였다. 그리고 대상과 특성에 따라 놀이를 파이디아(paidia)와 루두스(ludus) 그리고 아곤(agon), 알레아(alea), 미미크리(mimicry), 일링크스(ilinx)로 구분하였다. 상대적으로 파이디아는 어린이가 재미로 하는 놀이이고 루두스는 어른이 진지하게 하는 놀이라고 할 수 있다.

그림 23 로제 카이와

아곤은 경쟁을 통해 승패를 가리는 놀이로 파이디아에 해당하는 예는 달리기이며 루두스에 해당하는 것은 축구나 복싱과 같은 스포츠이다. 알레아는 운에 의지하는 놀이로 파이디아에 해당하는 것은 홀짝 맞추기이고 루두스에 해당하는 것은 카지노, 복권, 경마 등이다. 미미크리는 승패와 상관없이 각자의 역할을 수행하면서 즐거움을 찾는 놀이로 파이디아에 해당하는 것은 소꿉장난이며 루두스에 해당하는 것은 연극, 오페라, 뮤지컬 등이다. 일링크스는 짜릿한 기분을 맛보기 위해 기꺼이 위험을 무릅쓰는 놀이로 파이디아에 해당하는 것은 그네와 롤러코스터이고 루두스에 해당하는 것은 번지점프, 암벽등반, 패러글라이딩 등이다. 이것을 축제의 예로 대입해보면 아곤은 차전놀이와 올림픽, 알레아는 축제의 행운권 추첨, 미미크리는 하회탈춤축제, 일링크스는 스페인의 산페르민축제가 해당된다.

카이와의 놀이 구분과 축제 사례

	아곤(경쟁)	알레아(운수)	미미크리(역할)	일링크스(현기증)
파이디아 (어린이, 재미)	달리기	홀짝 맞추기	소꿉장난	그네, 롤러코스터
루두스 (어른적, 진지)	축구, 복싱 등 스포츠	카지노, 복권, 경마	연극, 오페라, 뮤지컬	번지점프, 암벽등반, 패러글라이딩,
축제 사례	차전놀이	축제의 행운권 추첨	하회탈춤축제	산페르민축제

스페인의 산페르민은 16세기 팜플로나 지역에서 수호성인인 산페르민을 기리는 성축일 행사였는데 17세기와 18세기를 거치면서 투우와 공연행사 등 문화적 프로그램들이 추가되면서 관광축제로 발전하였다. 이 축제에는 유명한 프로그램이 있는데 골목길에서 달려드는 소떼를 피해 사람들이 줄행랑을 치는 행사다. 소에 치여

서 여러 명이 다치고 심지어 죽는 사람까지 나올 정도로 위험하지만 사람들은 오히려 그 위험에 열광한다. 주최측에서는 “이런 종류의 축제에서 위험성이 없다면 다른 평범한 축제와 뭐가 다르겠는가?”라고 말하며 위험보다는 모험과 열정으로 받아들인다. 이 행사는 겨우 3분간의 짧은 프로그램이지만 강렬하게 기억된다.

그림 24 스페인 산페르민

학습정리

니스카니발

- 니스카니발은 종교적인 행사로 시작하였지만 오늘날의 축제 형태는 1830년 이탈리아 북서부 사르데냐 왕국의 왕과 왕비가 니스를 방문하자 환영과 존경의 표시로 30여 대의 마차 행렬을 펼쳤던 것에서 유래됨
- '카니발의 왕'이라는 대형 인형이 니스카니발의 상징이 되고 있음
- 주요 행사: 꽃으로 장식한 마차가 지나가는 꽃의 퍼레이드와 거대 인행이 행진하는 카니발 퍼레이드
- 축제 연계 관광: 니스 해변, 영국인 산책로, 캐슬 힐, 니스 구시가지, 마세나 광장, 샤갈 미술관, 망통 레몬축제

축제의 특성

- 축제의 본질적 특성: 과잉성, 대립성, 긍정성
- 축제의 현장 특성: 현장성, 체험성, 상호작용, 통합성
- 축제의 기능: 전통문화의 보존, 예술 감정의 표현, 인간성 회복, 연대감 강화, 생산적 휴식
- 호이징가는 놀이의 가장 높은 형식이 축제라고 함
- 축제의 놀이적 특성: 오락성, 창의성, 몰입성, 진지함, 사회성
- 카이와는 대상과 특성에 따라 놀이를 파이디아와 루두스 그리고 아곤, 알레아, 미미크리, 일링크스로 구분함

학습평가

01 니스카니발의 상징인 거대 인형은 무엇인가?

① 니스의 왕

② 승리의 여신

③ 니케

④ 카니발의 왕

02 하비 콕스가 제시한 축제의 본질적 특성과 거리가 먼 것은?

① 긍정성

② 과잉성

③ 부정성

④ 대립성

[정답 및 해설]

01 ④

해설: '카니발의 왕'이라는 대형 인형이 니스카니발의 상징이 되고 있음

02 ③

해설: 하비 콕스의 축제의 본질적 특성은 과잉성, 대립성, 긍정성임

CHAPTER 03

축제의 효과

03

학습목차

■ 사례에서 배운다: 뮌헨 옥토버페스트

1. 관광객 유인
2. 경제적 효과
3. 관광지 활성화
4. 계절성 극복
5. 지역 이미지 고양
6. 지역의식 함양
7. 문화적 효과
8. 지역교류와 화합
9. 부작용

학습목표

- 뮌헨 옥토버페스트 사례의 성공요소를 우리나라 축제에 응용할 수 있다.
- 축제의 효과를 설명할 수 있다.
- 축제의 긍정적 효과를 높이고 부정적 효과를 최소화하여 축제를 운영할 수 있다.

Chapter 03

축제의 효과

사례에서 배운다: 뮌헨 옥토버페스트

1) 뮌헨

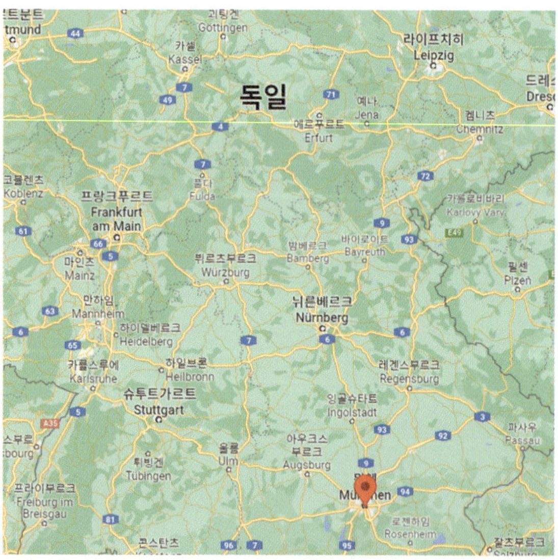

그림 1

뮌헨(Munich)은 6세기경 바이에른 공작이 이 지역을 다스리면서 역사가 시작된다. 12세기에 수도원이 있던 곳에 도시가 형성되었고 수도사를 뜻하는 무니헨

(Munichen)이라는 단어에서 지명이 유래되었다고 전한다. 오늘날에도 뮌헨 시 문장(紋章)에는 수도사가 그려져 있다. 뮌헨은 14세기부터 도시의 규모가 커지면서 점차 바이에른(Bavaria) 왕국의 수도로 자리 잡게 된다. 17세기 가톨릭과 프로테스탄트 간의 종교전쟁 속에서 뮌헨은 잠시 스웨덴에 점령당하기도 하고 이후 페스트 전염병이 돌아서 인구의 1/3이 사망하는 등 힘든 시기를 겪었다. 18세기에 합스부르크 왕가의 지배하에 있으면서 국민이 고통을 받다가 19세기에 들어서 조금씩 안정을 찾고 발전하게 된다.

20세기 초, 오스트리아 출신의 젊은 정치인 아돌프 히틀러가 뮌헨에서 활동하는데 1923년 히틀러가 바이에른 공국을 정복하려고 계획했다가 체포되는 일이 발생한다. 그런데 재판과정에서 히틀러의 변론이 인기를 얻으면서 두각을 나타낸다. 그리고 뮌헨이 나치운동의 중심지가 된다. 1934년 히틀러가 총통이 되어서 제2차 세계대전을 일으킬 때 첫 번째 나치 강제 수용소를 뮌헨에 건설하였고 전쟁의 여파로 뮌헨의 절반 이상이 파괴된다. 1945년 전쟁이 끝나면서 원래의 모습을 회복하기 위해서 각고의 노력을 하여 경제를 회복해서 오늘날 강성한 도시로 성장하게 된다. 뮌헨은 독일 남부 바이에른의 중심지이자 3번째로 큰 도시이다.

독일은 연간 1인당 맥주 소비량이 144리터나 될 정도로 세계에서 맥주를 가장 많이 마시는데 그 중에서도 뮌헨이 맥주의 본고장이라고 할 수 있다. 그 밖에 뮌헨은 BMW 자동차의 탄생지이자 독일의 최강 축구팀이 있는 곳으로 유명하다. 또한 독일에서 가장 화려했던 바이에른 왕국의 궁정문화, 르네상스와 바로크 그리고 로코코 양식의 풍부한 문화유산이 남아있다. 인근에는 디즈니랜드의 상징이자 세계에서 가장 아름다운 성으로 꼽히는 백조의 성 노이슈반슈타인과 호엔슈방가우성이 있다.

2) 옥토버페스트

(1) 유래

옥토버페스트(Octoberfest)는 1810년 10월, 바이에른 왕국의 루드비히(Ludwig) 왕자와 작센의 테레제(Therese) 공주의 결혼을 축하하기 위한 경마대회에서 유래하였다. 이 날을 기념하기 위해서 그 다음 해에도 같은 시기에 경마대회를 열었는데 그 뒤로는 계속해서 개최되어 오늘날까지 이어지고 있다. 전쟁이나 전염병이 돌던 때를 제외하고 지속되어 2백 년이 넘는 역사를 가지고 있다.

옥토버페스트는 해를 거듭하면서 프로그램이 조금씩 변형되고 확대되었다. 초창기에는 경마대회와 스포츠 경기 위주로 운영되고 맥주는 마시지 않았다. 그러다가 1818년부터 맥주를 파는 이동식 판매대가 등장했다. 현대에는 200주년 기념 이벤트 정도로만 경마대회를 하고 맥주 판매가 주요 프로그램으로 자리를 잡았다. 1896년부터는 기업형 대형 맥주텐트가 세워졌다. 맥주텐트 주변에 음식점, 기념품점, 놀이시설, 편의시설, 경찰서, 소방서, 은행 등 700여 개의 시설이 배치된다.

옥토버페스트에는 약 7백만 명의 관광객이 방문하여 맥주 600만 리터, 닭 60만 마리, 돼지 30만 마리, 생선 20만 마리, 소시지 20만 줄, 소 80만 마리를 소비한다. 이것이 어느 정도의 양인지 상상하기 어려울 정도인데 여기에서 벌어들이는 수입이 1,700억 원 그리고 고용효과가 12,000명이나 된다고 한다. 그러니까 단순히 먹고 마시는 축제로 끝나는 것이 아니라 황금알을 낳는 거위라고 할 수 있다. 잘 키운 축제 하나가 지역 경제에 효자 노릇을 톡톡히 하고 있는 것이다.

옥토버페스트의 명칭은 10월을 뜻하는 October와 축제를 뜻하는 fest가 합쳐진 말로 '10월 축제'를 의미한다. 축제명이 개최 시기만 전달하고 축제의 특성을 나타내지 못한다고 볼 수 있으나 과거에는 특정 시기를 축하하는 잔치의 형태였기 때문에 어떤 프로그램이나 목적을 특정 짓지 않는 경우가 종종 있었다. 우리나라에서도 정월대보름, 삼월삼짇날, 사월초팔일, 칠월칠석 등 개최 시기를 축제명으로 사용하였다. 옥토버페스트의 명칭을 우리나라에서는 '10월 축제'로 번역해서 부르지 않고 원어의 발음대로 '옥토버페스트'로 부르거나 참가자들이 맥주를 마시는 축제라는 의미에서 '독일 맥주축제'로 통용된다.

옥토버페스트 초창기에는 10월에 개최가 되었지만 현대에는 9월 3째 주 토요일부터 10월 첫째 주 일요일까지 개최하고 있다. 뮌헨이 알프스 지역에 가깝고 해발 500미터 정도에 위치한 도시여서 10월이 쌀쌀하다. 그래서 개최시기를 조금 앞당겼고 폐막일을 10월에 설정함으로써 10월 축제로서의 명맥을 유지하고 있다. 혹시 10월에 옥토버페스트에 참가하려고 계획한다면 낭패를 볼 수가 있으니 축제가 9월에 시작된다는 것을 기억하자.

(2) 주요행사

① 개막 퍼레이드

개막일 오전 11시, 뮌헨 시장과 바이에른 주 장관을 비롯해 맥주 회사, 지역민, 상인, 공연자 등 1,000여 명이 퍼레이드를 한다. 이것은 마치 루드비히(Ludwig) 왕자와 작센의 테레제(Therese) 공주가 행진하는 모습을 재연하는 것 같다. 퍼레이드는 시내에서 출발해서 축제가 개최되는 테레지엔비제(Theresienwiese) 공원까지 약 7km를 행진한다. 테레지엔비제는 테레제 공주 이름을 딴 공원인데 테레제 공주의 잔디밭이라는 뜻을 가지고 있다. 평소에는 아무런 구조물이 없는 시민 공원이지만 옥토버페스트 기간에는 축제 장소로 탈바꿈한다.

퍼레이드의 선두에는 기마경찰이 나서서 전방을 정리한다. 축제답게 경찰도 친근하게 사람들의 환호에 미소로 답한다. 이어서 깃발을 돌리는 기수와 악대가 따라온다. 다음으로 수도사를 상징하는 '뮌헨의 아이(Munchner Kindl)'가 등장한다. 주로 여성이 이 역할을 맡는데 뮌헨의 문장에 있는 복장을 똑같이 입고 말을 타고 등장한다. 그 다음에 뮌헨 시 관계자와 주최측 인사들이 따라온다. 이어서 뮌헨을 대표하는 맥주회사들이 화려하게 치장한 마차에 맥주통을 가득 싣고 따라온다. 그 다음에 시민이나 지역 대표를 태운 마차도 지나간다. 그리고 소총부대, 다양한 복장의 가장 행렬도 따라온다. 개막 퍼레이드가 볼거리가 많고 재미있다.

그림 2

② 태핑 행사

개막 퍼레이드 행렬이 들어가는 축제장에는 여러 대형 텐트가 있다. 그 중에 쇼텐하멜(Schottenhamel)에서 오후 12시 뮌헨 시장이 나무망치로 수도꼭지를 맥주통에 꽂아 넣어 첫 맥주를 따라마시는 태핑 행사(Tapping Ceremony)를 개최한다. 수도꼭지가 다 들어가면 시장이 '오 차프트 이스(O'zapft is)', 즉 '맥주통이 열렸다'라고 외친다. 이에 맞추어 밖에서 소총부대가 12번의 축포를 발사하며 본격적으로 축제가 시작된다. 그리고 맥주 판매도 시작된다.

그런데 나무망치로 수도꼭지를 세게 쳐야 맥주통에 들어가는데 시장님에 따라 두세 번 만에 넣기도 하고 어떤 시장님은 17번이나 쳤다고 한다. 그래서 시장님이 몇 번의 망치질로 수도꼭지를 넣는지가 또 다른 재미 요소가 된다. 빨리 넣을수록 사람들의 환호 소리가 커진다. 이 행사는 초창기부터 있었던 것은 아니고 1950년 쇼텐하멜 텐트에서 처음으로 시작되었다. 그 이후로 동일한 텐트에서 동일하게 재연하고 있다. 비교적 단순한 행사지만 흥미진진한 개막 이벤트로 발전시켰다. 그런데 텐트 안에 수용할 수 있는 인원이 제한적이어서 초대장이 있는 사람만 입장이 가능하고 일반 관광객은 직접 관람하기가 어렵다.

그림 3

③ 전통의상 퍼레이드

그림 4

축제 둘째 날, 즉 일요일 아침 10시에 또 한 번의 퍼레이드가 펼쳐지는데 이번에는 전통의상 퍼레이드다. 이 행사는 루드비히 왕과 테레세 왕비의 은혼식(결혼 25주년)을 기념하여 처음 개최된 이래 계속 유지되고 있다. 이 퍼레이드도 역시 시내에서 축제장까지 행진을 하는데 상당히 볼만 하다. 독일 각 지역의 전통의상과 유럽 여러 나라의 전통의상 그리고 사냥꾼, 귀족, 광부, 하녀, 서민 복장, 마차를 탄 사람들 등 거의 7천 명이 퍼레이드에 참가한다. 그리고 민속 음악을 연주하는 밴드가 행진을 한다. 음악에 맞추어 참가자와 관광객이 춤을 추기도 한다. 환호하는 관광객들에게 퍼레이드 참가자가 손을 흔들어 답례하기도 한다. 그런데 퍼레이드에 자동차가 등장하기도 한다. 다소 전통의상 퍼레이드와 어울리지 않지만 뮌헨이 자동차 생산지로 유명하니까 지역 특성을 반영해서 홍보의 일환으로 이해할 수 있다. 관광객 입장에서는 신형 명차를 볼 수 있어서 하나의 즐길거리가 된다. 그런데 트랙터 같은 농사용 차량까지 퍼레이드에 포함되어 있어서 부조화스럽기도 하고 흥미롭기도 하다.

④ 맥주텐트

축제 행사장에는 40여개의 맥주판매 텐트가 설치된다. 텐트의 규모는 수백 명에서 1만 명까지 들어갈 정도로 대형이다. 임시텐트라고는 믿을 수 없을 정도로 텐트의 내부와 외부 모두 견고하고 멋지게 장식되어 있다. 그런데 이런 텐트를 축제 기간에만 설치하고 축제가 끝나면 곧바로 철거한다고 하니 다소 과하다는 생각도 들고 아쉽다는 생각도 든다. 비록 임시로 설치하는 텐트라고 하더라도 조악하지 않고 탄탄하고 고급스럽게 제작하는 점이 인상적이다. 이런 차이가 축제의 수준을 올리고 관광객의 만족도를 높인다.

맥주텐트는 일행이 10명 이상이면 홈페이지를 통해 5~6개월 전부터 좌석을 예약할 수 있다. 그렇지 않으면 현장에서 순서대로 입장하는데 항상 관광객으로 가득해서 대기하는 경우가 다반사다. 인기 있는 텐트는 두 시간 가량 대기하기도 한다. 텐트 안이 너무 넓어서 관리하기가 어려워서인지 빈 좌석을 안내하는 사람이 없다. 관광객이 알아서 빈자리에 찾아 앉는데 거의 모든 테이블이 10명 이상 앉는 자리여서 다른 관광객들과 합석을 해야 한다. 자연스럽게 다른 관광객과 얘기하면서 더 즐거운 시간을 보낼 수 있다. 맥주를 주문할 때는 자기 테이블을 담당하는 종업원에게 주문을 하고 선결제를 한다. 맥주는 1리터짜리만 판매하는데 많은 맥주잔을 안고 이동하는 종업원의 모습이 놀랍기만 하다. 최대 12잔까지 드는 종업원도 있는데 거의 30kg이나 된다. 그 힘과 기술이 대단하다.

텐트 안에는 관악기로 음악을 연주하는 밴드가 있는데 관악기의 특성이 분위기를 흥겹게 만들고 시끄럽고 넓은 텐트 구석까지 소리를 전달한다. 익숙한 노래가 연주되면 관광객들이 따라 부르기도 한다. 그리고 중간중간에 밴드 연주자 중 한

명이 마이크를 들고 '아인 프로지트 아인 프로지트 데어 게뮈틀리히카이트(Ein Prosit Ein Prosit der Gemutlichkeit)'로 시작하는 노래를 선창한다. 그러면 테이블에 앉아있던 사람들도 손을 들고 노래를 따라 부른다. 혹시 나치와 관련된 것이 아닐까 오해할 수도 있지만 사실은 건배하자는 노래다. 리듬이 단순하면서도 정겨워서 한 번 들으면 금방 따라 부를 수 있다.

맥주텐트의 낮과 밤의 분위기는 상당히 다르다. 낮에는 남녀노소, 가족, 관광객이 비교적 차분하게 담소를 나누는 패밀리 레스토랑 분위기라면 저녁에는 독일 젊은이 위주의 클럽 분위기다. 빠른 음악에 맞춰 다들 일어서서 끊임없이 춤추고 노래를 부른다. 맥주텐트 안에는 테이블 사이를 이동하면서 꽃, 모자, 풍선, 빵 등을 파는 사람이 있다. 잡상인이 아니고 맥주회사에 소속된 직원들이다. 술을 마시면 기분이 좋아서 선뜻 선물을 사곤 하는데 그 덕분에 맥주회사는 부가 수익을 올리게 된다.

그림 5

맥주텐트 중 뮌헨를 대표하는 브랜드

- 아우구스티너(Augustiner): 1328년 아우구스트 형제회 수도자가 설립한 뮌헨에서 가장 오래된 맥주 회사이다. 거의 7백 년을 이어져 내려오고 있다. 과거에는 맥주가 영양을 보충하는 음료로 유통되기도 했다고 전해지고 있다. 맥주텐트 내부는 초록색 톤으로 화려하게 장식되어 있다.
- 뢰벤브로이(Lowenbrau): 1383년에 설립되었으며 사자가 맥주잔을 들고 있는 이미지가 상징이다.
- 슈파텐(Spaten): 1397년에 설립되었으며 맥주텐트 내부는 흰색과 하늘색이 이어진 줄무늬로 장식되어 있다.
- 하커 프쇼르(Hacker Pschorr): 1417년에 설립되었으며 맥주텐트 내부는 수채화 그림으로 장식된 밝은 분위기다.
- 파울라너(Paulaner): 1634년에 설립되었으며 이름이 성 프란치스코 바오로에서 유래되었다. 회사 로고에 성인의 이미지가 그려져 있다.
- 호프브로이(Hofbrau): 뮌헨에서 가장 인기가 높은 브랜드이다. 맥주텐트도 가장 커서 1만 명을 수용할 수 있다. 호프브로이는 1589년 왕실에 맥주를 공급하기 위해서 설립되었으며 아직도 회사 로고에 왕관이 있어서 왕실과 관계된 것이라는 점을 알리고 있다. 현재 바이에른 주정부가 호프브로이를 운영하고 있는데 우리나라로 치면 경상남도 같은 도청에서 맥주회사를 운영하는 것이다. 지자체가 술을 파는 것이 납득되지 않을 수 있지만 호프브로이가 바이에른 왕실에 의해서 설립되고 운영되었던 것을 바이에른 주정부가 승계했다. 또한 맥주를 단순히 알코올이 아니라 전통과 문화로 여기는 것이라고 생각된다. 즉 초기의 제조 방식을 그대로 유지하기 위한 정책이라고 볼 수 있는데 일반 회사에게 넘기면 수익을 올리려고 변질될 수 있다. 뮌헨에서는 초기의 제조 방식과 품질을 유지하기 위해 맥주 순수령을 공포하기도 했다. 1516년에 제정된 맥주 순수령은 맥주 양조 시에 보리, 호프, 물 이외에 어떠한 재료도 넣어서는 안 된다는 법이다.

⑤ 야외 놀이시설

1818년 회전목마와 그네가 설치된 이래 점점 규모가 커져서 축제장의 20%~30%가 테마파크처럼 꾸며지고 있다. 롤러코스터, 자이로드롭, 장애물 통과 등 우리나라 롯데월드나 에버랜드를 방불케 할 정도로 수준 높은 놀이시설이 꽤 많이 있다. 덕분에 어린이나 가족도 즐길 수 있는 축제가 된다. 야간에도 운영되는데 조명이 밝혀진 놀이시설의 모습이 장관이다. 축제가 끝나면 놀이시설도 즉시 철거된다. 임시로 설치하기에는 너무 좋은 시설이라서 맥주텐트와 마찬가지로 다소 과하다는 생각과 함께 아쉽다는 생각이 든다.

그림 6

(3) 축제 연계 관광

- **마리엔 광장:** 시청사가 위치한 뮌헨의 중심 광장
- **신시청사:** 1908년에 완공된 네오고딕 양식의 건물로 시계탑의 인형극이 유명함
- **구시청사:** 신시청사가 건설되면서 구시청사는 박물관으로 활용함
- **프라우엔교회:** 1488년에 완공된 교회로 양파 모양의 지붕을 하고 있으며 신시청사와 더불어 뮌헨의 랜드마크
- **성피터교회:** 이 교회 첨탑에서 마리엔 광장과 주변 경관을 볼 수 있음
- **호프브로이 하우스:** 호프브로이 맥주를 판매하는 장소
- **님펜부르크 궁전:** 왕자의 탄생을 기념하여 1664년에 건축한 바이에른 왕가의 여름 별궁
- **BMW 박물관:** BMW 본사 옆에 있으며 시대별 차량, 포스터, 부품 등을 전시하고 있음

그림 7 프라우엔교회와 신시청사

3) 생각 나누기: 레더호젠과 디른들

옥토버페스트에서 본서의 시선을 사로잡은 것은 바이에른 전통의상을 입은 사람들이다. 보통 옥토버페스트라고 하면 맥주를 마시는 축제로 알고 있어서 맥주에만 집중하는 경향이 많다. 그리고 그에 따른 경제적 효과를 부러워하곤 한다. 그런데 실제 축제 현장에 가보면 많은 독일 사람들이 전통의상을 입고 축제에 참가하고 있어서 진정한 지역축제이자 민속축제라는 생각이 든다. 남자는 레더호젠(Lederhosen)이라는 멜빵 가죽 반바지에 체크무늬 셔츠를 입고 여자는 소매가 봉긋한 블라우스에 무릎 밑 길이의 원피스를 입고 그 위에 앞치마를 두른 디른들(Dirndl)을 입는다. 남녀노소 할 것 없이 어린아이, 청소년, 청년, 중년, 노인까지 두루 입고 있다. 전통의상의 가격이 별로 저렴하지 않다. 한 벌에 수십만 원에 달하는데 사람들은 기꺼이 구입해서 입고 온다. 독일인에게 맥주 축제는 단순한 음주축제가 아니라 전통을 이어 나가는 민속축제인 것이다. 그만큼 축제에 대한 자부심이 강하다는 것을 알 수 있다. 세계 여러 지역에서 옥토버페스트를 본따서 맥주축제를 개최하고 있지만 그 외형은 따라할 수 있을지 몰라도 그 안에 깃든 문화적 자부심과 정신까지 따라할 수 있는 것은 아니다. 다른 유사 축제가 사라진다고 해도 이상할 것이 없지만 옥토버페스트는 쉽게 사라질 수 없는 축제다. 역시 세계적인 축제는 하루아침에 기획되고 급조된 것이 아니라 전통과 문화가 뿌리깊이 내재되어 있다는 것을 알 수 있다. 아쉽게도 우리나라 축제 중에서 방문객들이 자발적으로 한복을 입고 참여하는 축제는 거의 없는 것 같다.

그림 8

1. 관광객 유인

축제는 지역의 문화를 기반으로 하고 다양한 공연과 체험을 제공하기 때문에 주말 가족 관광뿐만 아니라 누구에게나 인기가 높다. 축제가 개최되는 지역에 특별한 관광자원이 없더라도 축제가 독특한 프로그램을 가지고 있으면 그 자체로 관광객을 유인하는 관광 매력물이 된다. 축제는 스트레스로 가득한 현대인에게 비일상성, 신비로움, 환상, 화려함, 생동감, 역동성 등 재미와 즐거움을 제공하기 때문에 축제를 개최한 후 관광객이 급격하게 늘어나곤 한다.

전라북도 김제시의 경우 전형적인 농촌으로서 특별한 관광자원이 없어 관광객 수도 미미한 수준이었다. 그러나 1999년 제1회 김제지평선축제를 개최하자마자 6만 명의 관광객이 방문하더니 이후로 20만 명, 30만 명으로 빠르게 성장하였고 8회 째만에 100만 명을 돌파하였다. 그리고 10회 째에는 관광객이 130만 명이나 되었다. 축제가 아니었다면 이렇게 단기간에 엄청난 기록을 세우기가 어려웠을 것이다.

김제는 한국 최대의 곡창지대인 호남평야의 중심에 위치하고 있으며 국내에서 유일하게 지평선을 감상할 수 있는 곳이다. 김제지평선축제는 호남평야의 들판이

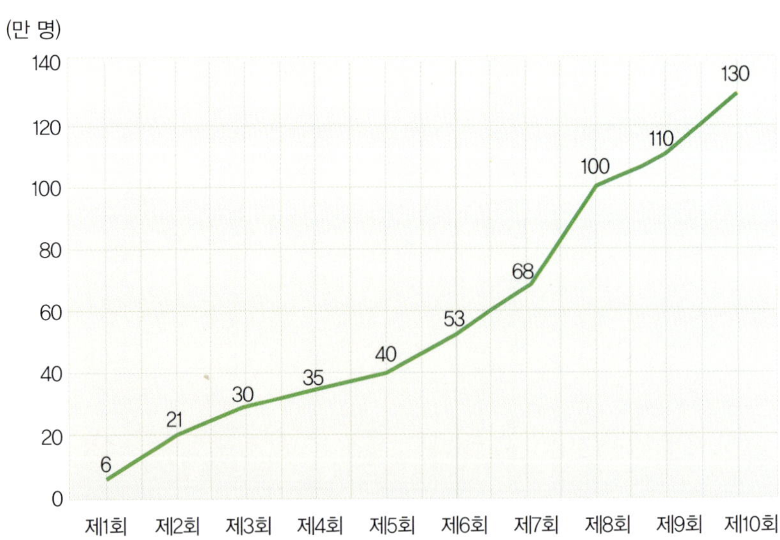

그림 9 김제지평선축제 회차별 관광객 수

황금빛으로 물드는 가을에 벽골제 부근에서 개최되는 농경문화축제이다. 축제장에는 볏짚으로 만들어진 거대한 쌍룡 조형물을 배경으로 벼베기, 탈곡하기, 수확하기, 아궁이에 밥짓기 등 농사와 관련된 다양한 체험을 즐길 수 있다. 또한 메뚜기 잡기, 소 달구지 타기, 연날리기 등 부가 행사와 김제의 농산물로 만든 먹거리를 시식하거나 구매할 수 있는 장터도 열린다.

축제가 개최되는 기간에 관광객이 급증하는 것을 확인할 수 있는데 평창효석문화제의 대표시설 중 하나인 이효석문화관의 월별 입장객수를 살펴보면 축제가 열리는 9월이 압도적으로 많다. 평창효석문화제는 이효석 선생의 소설 '메밀꽃 필 무렵'의 배경이 된 평창군 봉평면에서 해마다 9월에 개최된다. 특히 메밀꽃 활짝 핀 넓은 꽃밭이 장관이다. 주요 행사로는 효석백일장, 문학심포지엄, 문학의 밤, 민속공연, 연극공연, 음악회, 각종 전시회, 메밀음식 시식회 등이 있다. 1999년 축제가 처음으로 개최된 이래 해마다 관광객 수가 꾸준히 늘어나고 있다.

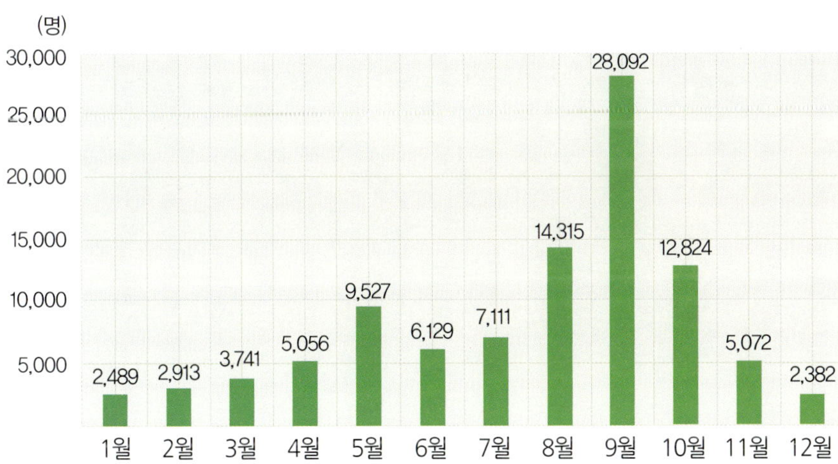

그림 10 평창효석문화제(이효석문학관) 월별 관광객 수

일본 아오모리현(青森)에서도 네부타마츠리(ねぶた祭り)가 개최되는 8월에 관광객이 가장 많아 축제가 가지는 매력성을 보여주고 있다. 네부타 마쯔리는 신화와 전설 속의 신과 인물을 거대한 종이인형으로 만들고 그 안에 조명을 켜서 수레에 싣고 끌고 가는 축제다. 수레가 무겁기 때문에 사람들이 북소리에 맞춰서 합심해서 끌고 간다.

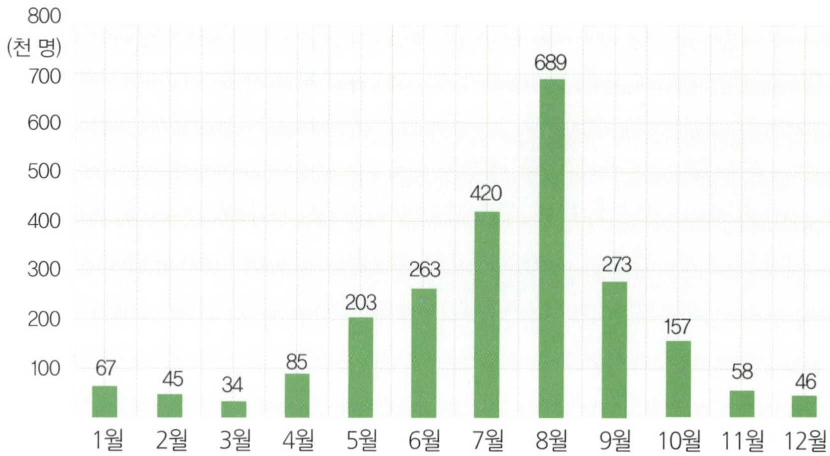

그림 11 네부타마츠리 개최지역 월별 방문객 수

그림 12 네부타마츠리의 종이인형 수레

2. 경제적 효과

축제는 지역에 엄청난 경제적 효과를 가져다 준다. 관광객이 축제에서 지불하는 입장료와 식음료 비용뿐만 아니라 축제장 밖에서도 숙박, 식음료, 쇼핑, 유류비 등 지출이 발생한다. 축제로 인해 관광객이 증가하면 그만큼 지역에 미치는 경제적 효과가 증대된다. 문화체육관광부에서 집계한 문화관광축제의 경제적 효과는 해마다 8,000억 원에 달하며 첫해 30만 명이었던 관광객 수도 1,000만 명을 훌쩍 넘어섰다. 우리나라에서 개최된 메가이벤트 중 1988년 서울올림픽은 경제적 효과로 3,400억 원의 흑자를 기록했고 처음으로 200만이 넘는 외래 관광객이 유입되었다. 2002한일월드컵은 투자 · 소비 지출 증가로 인한 부가가치 유발효과가 4조 원, 국가 브랜드 홍보 7조 7000억 원, 기업 이미지 제고 14조 7,600억 원 등 총 26조 4600억 원의 경제적 효과를 낸 것으로 추산되고 있다. 2018 평창동계올림픽은 투자 및 소비지출에 따른 직접적 효과 21조 1000억 원, 경기장이나 교통망 그리고 숙박시설 등에 소요되는 7조 2555억 원 등 최대 65조 원의 직간접 효과가 발생할 수 있다고 전망된 바 있다. 또한 동계올림픽 유치를 통해 39만 명의 외국인 관광객이 입국하고 이들의 소비지출 규모는 7,213억 원으로 추산되었다.

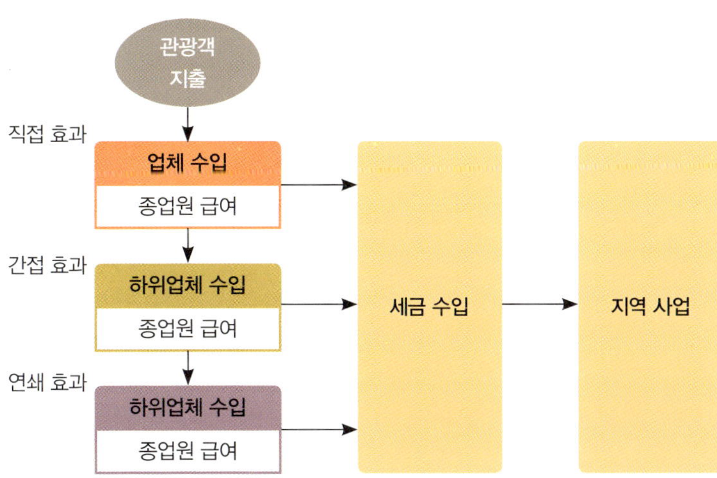

그림 13 축제의 경제적 효과

축제의 경제적 효과의 흐름도를 살펴보면 먼저 관광객이 직접 비용을 지출하는 식당이나 숙박업소에 직접효과 일어난다. 식당이나 숙박업소가 식재료나 용품을 하위 업체에게 구매하면 간접효과가 일어난다. 그리고 같은 방식으로 그 하위업체들도 연쇄적으로 효과를 얻게 된다. 그리고 각 업체들마다 종업원에게 급여를 지불하고 그것을 지역에서 소비하면 이것 또한 경제적 효과로 나타난다. 지자체는 각 업체와 종업원들로부터 세금을 걷어서 다시 지역 사업에 활용하는 선순환 구조가 만들어진다.

뉴질랜드 두네딘(Dunedin)에서 개최된 마스터스 게임(Masters Games)의 경제적 효과를 살펴보면 쇼핑, 식음료, 숙박, 기념품, 교통, 일용품, 공연에 지출한 직접 효과는 230만 달러에 달했으며 그로 인한 간접 효과는 210만 달러였다. 따라서 전체적으로 440만 달러의 경제적 효과를 누린 것을 알 수 있다. 마스터스 게임은 9일간 60여 개의 종목에 5,000명이 참가하는 뉴질랜드에서 가장 큰 멀티 스포츠 이벤트이다. 그러나 전문 운동선수의 경기라기보다는 노년층까지 참여하는 생활 스포츠 개념의 축제이다. 경기 종목은 배드민턴, 농구, 볼링, 당구, 수영, 낚시, 사이클링, 산악자전거, 사격 등 다양하다.

표 1 뉴질랜드 두네딘 마스터스 게임의 경제적 효과

항목	경제효과($NZ)
쇼핑	523,329
식음료(숙박지 외)	473,101
숙박	399,586
기념품	263,311
교통	273,971
일용품	186,231
공연	143,234
식음료(숙박지 내)	107,340
직접 효과	2,334,103 2,100,693
전체 효과	4,434,796

3. 관광지 활성화

축제는 정적인 관광자원과 시설의 활용도를 높여서 침체된 관광지를 활성화한다. 축제는 관광지에 활력을 불어넣어 관광객이 관심을 갖게 하고 재방문을 유도한다. 역사 유적지나 산업 관광자원은 언제나 그 자리에 있고 시일이 지나도 같은 모습으로 있기 때문에 관광객에게 새로움이나 역동성을 주지 못한다. 축제는 기존의 관광자원이나 시설에 생명력을 불어넣어 성공으로 연결되곤 한다.

제20회 동계올림픽을 개최한 이탈리아 토리노(Torino)는 1899년 이탈리아 최초의 자동차 제조회사 피아트(Fiat)의 근거지로 공업도시의 영화를 누리다가 1980년대 이후 쇠락의 길을 걸었다. 이탈리아 공업이 부진을 면치 못하고 있는데도 임금은 점점 올라갔고 노사관계는 악화일로를 걸었다. 견디다 못한 피아트는 운영난을 극복하기 위해 공장을 브라질, 폴란드 등 임금이 싼 나라로 옮겼다. 공장이 없어지자 자연히 일거리도 줄어들었다. 재기에 몸부림치던 토리노 시가 탈출구로 삼은 것이 바로 동계올림픽 개최였다. 올림픽을 개최하게 되면 세계의 이목이 집중되고, 관광 수입 증대와 기업 유치에 도움이 될 것이라는 기대였다. 그래서 2006년 동계올림픽 유치에 총력을 다했고, 1999년 서울에서 열린 국제올림픽위원회(IOC) 총회에서 개최지로 확정됐다. 올림픽 개최 이후 미슐랭 가이드에 '꼭 가볼 만한 곳(worth a trip on its own)'으로 추천될 만큼 관광도시로 탈바꿈하였고 이탈리아에서

그림 14 토리노 동계올림픽

로마, 피렌체, 베니스 다음으로 관광객이 많은 곳이 되었다. 올림픽을 계기로 기존 시설을 정비하고 호텔을 추가로 짓고 박물관 등 새로운 시설을 건설함으로써 많은 사람이 토리노가 볼거리와 즐길거리가 가득한 관광지가 되었다.

뉴질랜드 수도인 웰링턴(Wellington)은 행정 도시로서의 역할이 강하지만 오클랜드, 로토루아, 퀸스타운 등 다른 유명 관광지에 비해 관광산업이 활성화되지 못했다. 그러나 국제예술축제(International Festival of the Arts)를 개최함으로써 문화관광 도시로 부상하였다. 웰링턴 국제예술축제는 뉴질랜드 최대 규모의 문화행사로서 오페라, 연극, 춤, 노래, 악기 연주 등 3주 동안 100여 개의 공연이 마련된다. 또한 유명 아티스트를 초청해서 대형 공연을 개최하고 미술관에서는 유명 작가의 작품을 전시하고 다양한 주제의 포럼과 강연도 개최한다.

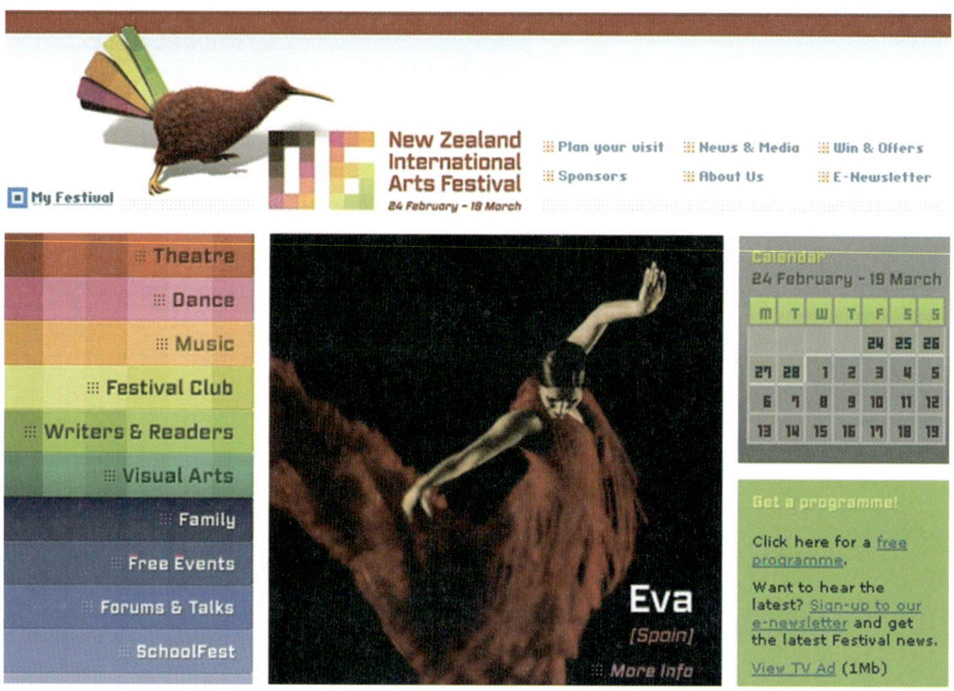

그림 15

우리나라의 역사 유적지에서도 축제를 개최하여 관광을 활성화한 경우가 많다. 화순고인돌축제도 그 중 하나다. 고인돌은 약 5천 년 전 선사시대의 족장이나 권력

자의 무덤으로 전 세계 6만 여 개 중 절반이 우리나라에 있다. 화순 고인돌 유적지는 2000년 유네스코 세계문화유산으로 지정될 만큼 역사적 가치를 인정받고 있다. 이에 화순군에서는 고인돌에 대한 의미와 중요성을 널리 알리고 보존하기 위해 2003년부터 화순 고인돌공원에서 축제를 개최하고 있다. 축제기간 동안 선사시대의 생활과 관련된 불피우기, 움집 만들기, 돌도끼 던지기, 고인돌 끌기, 원시제사장 집전, 선사시대 토기 제작과 도구 사용, 원시 뗏목타기 등 다양한 체험을 할 수 있다. 또한 각종 전시와 장터가 마련되고 전통문화예술 공연도 즐길 수 있다. 화순고인돌축제를 통해서 많은 관광객이 친근하게 유적지를 방문하고 있다.

그림 16 화순고인돌축제

4. 계절성 극복

관광산업은 계절성의 특징을 가지고 있어서 성수기와 비수기가 있지만 축제는 이것을 극복하는 수단이 된다. 특히 혹한의 겨울은 관광에 장애를 주곤 하는데 이런 혹한을 이용해서 얼음축제나 눈축제를 개최하기도 한다. 그리고 겨울 스포츠 이벤트를 개최하거나 추위를 참아내는 축제를 개최하여 새로운 관광시즌을 창출하기도 한다. 반대로 혹서기의 여름에 물축제나 바다축제 또는 해양스포츠 등으로 무더운 날씨를 이겨내는 축제를 열기도 한다. 축제 덕분에 비수기가 오히려 성수기가 되기도 한다.

중국 하얼빈은 겨울에 영하 20도 이하까지 내려갈 정도로 춥기로 유명하다. 우리나라 한강과 같은 하얼빈의 송화강마저 꽁꽁 얼려버린다. 그런데 그 송화강의 얼음을 이용해서 세계적인 얼음축제인 빙등제를 개최하고 있다. 일본 북부에 있는 삿포로도 겨울에 눈이 많이 오고 날씨가 추운데 겨울 축제를 통해 눈 덮힌 동화 속의 세계를 선사하여 많은 관광객을 유치하고 있다. 프랑스풍의 건물이 많이 남아 있어 캐나다 속의 프랑스라고 불리는 퀘백은 항상 관광객으로 북적이지만 겨울에는 혹한으로 인해 관광 비수기였다. 그러나 윈터카니발을 개최함으로써 겨울을 관광 성수기를 탈바꿈시켰다.

우리나라에서도 겨울을 이용한 축제가 여러 개가 있다. 태백시에 있는 태백산국립공원은 수려한 자연을 가지고 있어 봄, 여름, 가을에 꽃과 신록 그리고 단풍을 즐기려는 등산객들로 항상 붐빈다. 그러나 겨울에는 눈이 많이 와서 등산을 하기가 어려워 비수기였다. 태백시는 이를 극복하기 위해 1994년부터 태백산눈축제를 개최하여 겨울철 관광자원으로 자리를 잡았다. 축제 기간에는 태백산의 설경을 볼 수 있고 국제 눈조각품 전시회, 눈사람 페스티벌, 눈 터널, 설상 축구, 개썰매 타기, 전통 민속공연, 겨울 놀이마당 등 다양한 행사가 열린다. 태백에서만 경험할 수 있는 오궁썰매타기는 아이들에게 인기가 높다. 그 밖에 외발썰매, 앉은뱅이썰매, 팽이놀이 등 겨울 놀이가 마련되어 있다.

그림 17 태백산 눈축제

부산의 대표적인 관광지 중 하나인 해운대는 여름에 해수욕을 즐기려는 관광객이 많다. 봄 · 가을에도 비록 수영은 못하더라도 바닷가를 거닐며 경치를 감상하는 사람들이 많다. 그러나 겨울에는 아무래도 관광객이 줄어들 수밖에 없다. 이에 겨울을 유쾌하게 극복해보자는 취지로 1988년부터 수영대회를 개최하고 있다. 수영대회에 참가하기 위해서는 참가비를 지불해야 되는데도 내외국인 600여 명이 수영복만 입은 채 기꺼이 한겨울 바다 속으로 뛰어든다. 수영대회는 10m의 모래사장을 달려가서 바닷물에 뛰어든 뒤 80m를 왕복 수영해서 먼저 도착하는 사람이 우승하는 방식으로 진행된다. 이 축제는 등수에 의미를 두기보다는 겨울에도 바다에서 수영을 하면서 건강을 단련한다는 목적을 가지고 있다. 참가자에게는 기념 티셔츠, 수영모, 수건, 북극곰 캐릭터인형 등이 제공된다. 그밖에 얼음조각 전시회, 에어로빅 공연, 축하공연 등이 열린다.

그림 18 **해운대 북극곰축제**

5. 지역 이미지 고양

지역에 대한 확고한 관광이미지가 정립되어 있고 그 이미지가 긍정적일 때 관광객이 많이 방문한다. 지역의 관광이미지는 관광자원, 인프라, 지역 문화, 특산품 등 여러 속성이 결합되어 형성된다. 지역에 특별한 관광자원이 없더라도 성공적인 축제가 관광이미지를 생성하고 기존의 정적이거나 어두운 지역 이미지를 활동적이고 밝은 이미지로 개선되기도 한다. 이미지를 형성하는 큰 요인 중에 하나는 광고나 홍보인데 축제를 개최하면 언론의 주목을 받기 때문에 자연스럽게 홍보로 이어진다. 축제가 유명해지면 관광객은 지역의 문화, 자연, 특산품에도 관심을 갖게 된다. 이들을 개별적으로 홍보하는 것보다 축제에 포함시켜서 홍보하면 그 효과가 배가된다. 성공적인 축제는 시간이 흐를수록 지역의 이미지를 강화시킨다.

원주는 치악산과 오크밸리리조트가 있지만 그 이외에는 인상 깊은 관광자원이 없는 편이다. 또한 원주에는 군대가 많이 주둔해 있어 군사지역이라는 이미지도 가지고 있어서 원주를 관광지로서 인식하는 사람은 많지 않다. 그러나 2011년부터 시작된 원주 다이내믹댄싱카니발은 원주를 열정 가득한 축제의 도시로 이미지화시키고 있다. 원주 다이내믹댄싱카니발은 경연 형태의 축제로서 해외 13개국 45팀 1,600명을 포함하여 총 152팀 12,000명이 참가하는 대형 축제로 빠르게 발돋움했다. 이에 따라 언론에서도 앞다투어 기사화를 하고 있는데 신문 및 인터넷 뉴스에

그림 19 원주 다이내믹댄싱카니발

400회 이상 게재되었다. 원주 다이내믹댄싱카니발은 상금 규모가 1억 8천만 원이나 되고 50만 명 이상이 참가하며 주민의 참여가 높다.

쌀로 유명한 이천은 농업의 이미지가 강하였으나 도자기축제를 개최하여 문화적 이미지를 구축하였다. 축제 기간에는 예술도자기와 생활도자기를 구매할 수 있으며 장작가마 불지피기, 도자기 만들기 등 다양한 체험을 할 수 있다. 또한 AR(증강현실)을 활용하여 가마소성 체험도 제공하고 추억의 게임과 먹거리를 즐길 수 있다. 먹거리 마당에는 관람객들의 식사와 휴식에 필요한 다양한 식음료가 준비된다.

그림 20 이천도자기축제

디망쉐(Diamanche)는 축제의 파급효과를 도표로 설명하였다. 축제가 개최되면 사람들이 축제에 참여하게되고 관광객이 증가한다. 그리고 방문객을 수용할 건축물과 인프라가 신축 또는 정비되면서 자본이 증가하고 방문객도 만족하고 구전으로 이어진다. 축제 개최로 인해 다양한 지역 혜택이 유발되어 지역도 만족도가 상승한다. 축제 개최에 대해 매체에서 방송을 하면 관광 홍보효과와 인지도가 상승하고 관광 이미지도 향상되어 관광객이 증가한다. 그러나 시간이 지나면 이미지가 서서히 소멸될 수 있다.

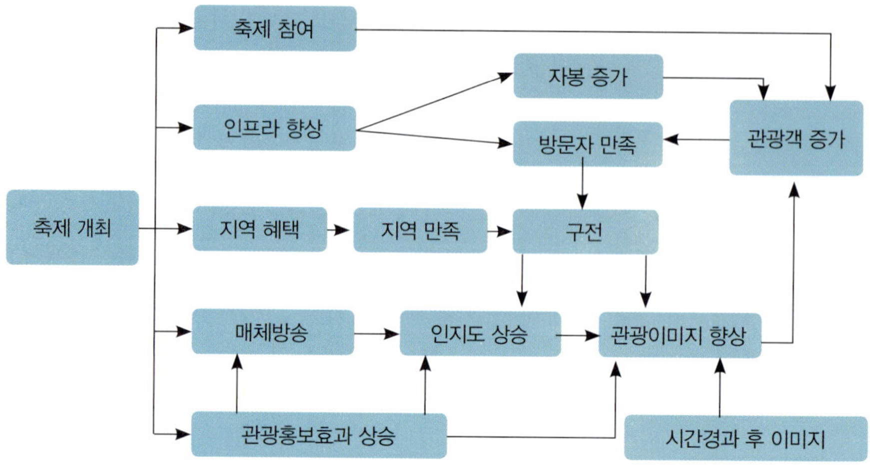

그림 21 축제 파급효과

6. 지역의식 함양

지역주민은 축제를 통해서 지역의 문화나 특산품에 대해서 더 잘 인식하게 된다. 또한 축제를 함께 준비하면서 소속감과 결속력이 강화된다. 축제 기간 동안 자기 고장의 문화나 특산품을 관광객이 향유하는 모습에서 자부심이 높아진다. 고향을 떠났던 사람들도 자기 고장의 축제에 대해 자랑을 한다.

뉴질랜드 마나와투(Manawatu) 지역은 가정마다 아름답게 정원을 가꾸고 있어서 관광객이 감상하기를 원하였다. 그래서 가든페스티벌을 개최하게 되었는데 지역주민이 흔쾌히 자기의 정원을 관광객에게 공개 함으로써 축제가 성황리에 개최되고 있다. 축제를 통해서 주민들끼리 더 친해지고 지역에 대해서 더 관심을 갖게 되고 관광객과 교류하면서 자부심도 커졌다.

그림 22 마나와투 가든페스티벌

축제의 주차, 안내, 청소, 체험 부스 등 지역주민이 다방면으로 축제에 참여하고 자원봉사를 하는데 이렇게 축제를 준비하고 진행하면서 지역에 대한 애정과 자부심이 높아진다. 주민들은 축제의 성공을 위해 작은 역할이라도 열심히 수행한다. 어떤 금전적 보상을 기대하지 않고 기꺼이 자신의 시간과 노력을 제공한다.

그림 23 지역주민의 축제 참여

7. 문화적 효과

축제는 문화적 요소가 많기 때문에 문화에 대한 이해와 지식의 폭이 넓어진다. 타 지역의 생활과 문화에 대한 지적욕구는 여행자의 중요한 동기인데 축제는 역사, 인물, 관습, 음악, 춤, 음식 등 방문객의 문화적 욕구를 충족시켜 주고 문화 접촉으로 인한 교육적 효과도 제공한다. 축제의 공연과 전시를 보며 부모들은 전통문화와 지역문화를 자녀들에게 알려준다. 지역민은 축제를 통해 지역문화를 계승 및 발전시킨다. 지역민의 축제의 공연과 전시를 감상할 수 있고 축제 이후에도 문화활동이 많아지고 삶의 질을 높이는 계기가 된다. 축제는 전통문화와 현대문화가 합쳐져 새로운 지역문화로 자리 잡기도 한다.

안동 하회마을 부용대에서 펼쳐지는 선유줄불놀이는 450여 년의 역사를 지니고 있다. 하회탈춤이 서민들의 축제라면 선유줄불놀이는 선비들의 축제다. 이 행사는 여름 밤에 하회마을을 끼고 도는 강 위에서 배를 타고 노닐며 시를 읊었던 선유시회(船遊詩會)와 불꽃놀이에서 기인한다. 공중에 강을 가로지르는 줄을 연결하고 그 아래에 숯가루 봉지를 매달아 불을 놓으면 불꽃이 빗줄기처럼 강 아래로 떨어지는 신비한 분위기를 연출한다. 다른 불꽃놀이가 하늘로 치솟는 것에 반해 선유줄불놀이는 불꽃이 아래로 흐른다. 선비들이 시 한 수를 완성할 때마다 부용대에서 불을

그림 24 하회선유줄불놀이

붙인 솔가지 묶음을 아래로 던져 축하하는데 마치 불 폭포가 떨어지는 것 같다. 선유줄불놀이가 오늘날까지 전승되어 하회마을 전통문화의 한 부분을 담당하고 있다. 행사 중에는 하회마을을 개방하여 탈춤, 민속놀이, 다도체험, 붓글씨 체험, 전통결혼식, 떡 시식 등 문화행사도 개최한다. 이렇게 축제를 통해서 하회마을은 선비문화를 전승하고 관광객은 그 문화를 이해하고 감상한다.

춘천은 축제를 통해 외부 문화가 유입되어 새로운 문화 명소로 자리잡은 대표적인 도시라고 할 수 있다. 춘천에는 춘천인형극제, 춘천마임축제, 춘천애니타운페스티벌 등 창의성과 예술성을 갖춘 문화 축제들이 연달아 개최되고 있다. 이에 따라 춘천에 문화 단체가 생겨나고 공연장도 지으면서 문화산업이 형성되고 점차 뿌리를 내려가고 있다. 지역민들도 문화 공연을 많이 접할 수 있고 관광객도 다양한 경험을 할 수 있어서 문화적 효과가 높다.

그림 25 춘천인형극제

8. 지역교류와 화합

축제는 사람과 문화가 교류하여 서로를 이해하는 기회를 제공한다. 인류의 갈등은 서로 단절된 생활 속에서 이해가 부족하여 발생한다. 세계의 냉전시대를 지켜왔던 이데올로기는 허물어졌지만 여전히 다른 지역에 대한 오해와 편견이 남아있어 대결구도를 이루고 유혈사태까지 벌어지고 있다. 관광은 오랫동안 평화의 사도로서 역할을 수행해왔으며 축제는 그 역할을 증폭한다. 축제를 통해서 서로 왕래하다 보면 이해의 폭이 넓어진다. 낯선 사람과 낯선 문화에 대한 반감도 자꾸 접하다 보면 호감이 생기고 마침내 좋은 면을 발견하게 된다. 원주에는 군부대가 많지만 시민들이 교류할 기회는 없었다. 그런데 원주 다이내믹댄싱카니발에 군부대 장병들을 참여시키면서 시민과 교류하고 이해와 협력의 관계로 발전하였다. 축제에 참가한 관광객과 지역민은 한 덩어리가 되어서 웃고, 즐기고, 서로 배운다. 피부색이 다른 이방인도 처음 접하는 음식도 축제에 녹아들면 세계인들과 하나가 되고 그들을 감동시킨다.

그림 26 석가탄신일과 김치축제

9. 부작용

축제가 다양한 긍정적인 효과를 가지고 있지만 부작용도 존재한다. 그것을 알아야 예방하고 조치를 할 수 있다. 축제에는 술과 음식이 있고 술을 주제로 한 축제가 있는데 축제 참가자가 술에 취해 민폐를 끼치는 경우가 있다. 앞서 살펴본 옥토버페스트에서도 만취한 사람들로 인한 문제가 끊임없이 발생한다. 특히 야간이 되면 심해지는데 아무데나 쓰레기를 버리고, 노상방뇨를 하는 사람들과 너무 과한 애정행각을 하는 사람도 있고, 술에 취해 비틀거리다가 다른 사람과 시비가 붙어 싸우고 부상을 입기도 하고, 길거리에 쓰러져 있기도 하고 여성에게 추근대는 사람들도 있다. 이를 방지하기 위해 경찰과 방범대원이 수시로 순찰을 하고 있지만 아무래도 음주를 하다보니 크고 작은 사건 사고가 따라다닌다. 야간에는 구급차가 부상자를 운반하는 모습을 종종 볼 수 있다.

그림 27 **옥토버페스트의 이면**

축제를 개최하는 과정에서 이권을 차지하려고 상인들 간에 다툼이 생기기도 하고 상인과 축제조직위원회 간에 언성이 오가기도 한다. 축제의 인기가 높을수록 사람이 몰리고 그에 따라 교통체증, 소음, 쓰레기가 늘어난다. 그리고 술집과 클럽 등 유흥업소도 늘어나고 임대료 상승, 부동산 가격 상승, 임금상승, 물가상승 등 지역주민이 살기에 불편해진다. 또한 지역이 가지고 있는 긍정적인 이미지가 상업적으로 변질되기도 한다. 그리고 외부에서 들어온 사람들이 소득을 지역 외로 유출하고 지역주민과 갈등을 일으키기도 한다.

미국 미시간 주의 체리축제는 1925년에 시작되어 75만 명이 방문하는 성공적인 지역축제다다. 축제는 매년 성황을 이루어 호텔과 식당은 손님들로 가득한다. 그러나 교통체증, 소음, 혼잡한 상황이 가중되자 이를 참다못한 주민들은 강한 불만을 표시하였다. 심지어 축제기간을 줄여야 한다는 논쟁에 부딪혀 찬반결의에 대한 주민투표의 상황까지 치닫게 되었다. 축제조직위원회와 주민대표간의 토론과 협력으로 해결책을 마련하였지만 축제기간을 줄여서라도 생활권을 보장받으려고 했던 점은 그 심각성을 반영한다.

그림 28 미시건주 체리축제

학습정리

뮌헨 옥토버페스트

- 1810년 10월, 바이에른 왕국의 루드비히 왕자와 작센의 테레제 공주의 결혼을 축하하기 위한 경마대회에서 유래됨
- 주요 행사: 개막 퍼레이드, 태핑 세리머니, 전통의상 퍼레이드, 맥주텐트, 야외 놀이시설

축제의 효과

- 관광객 유인: 축제의 재미와 즐거움의 요소가 자연스럽게 관광객을 유인함
- 경제적 효과: 축제 개최로 인한 입장료, 식음료, 쇼핑, 숙박, 쇼핑, 유류비, 고용창출, 세수입 등
- 관광지 활성화: 축제는 침체된 관광지를 활성화하고 정적인 관광자원과 시설의 활용도를 높여줌
- 계절성 극복: 축제는 비수기와 계절성을 극복하여 성수기가 되기도 함
- 지역 이미지 고양: 성공적인 축제는 시간이 흐를수록 지역의 이미지를 강화시킴
- 지역의식 함양: 지역주민은 축제를 통해서 지역 문화나 특산품에 대해서 더 잘 인식하게 됨
- 문화적 효과: 축제는 문화적 요소가 많기 때문에 문화에 대한 이해와 지식의 폭이 넓어짐
- 지역교류와 화합: 축제는 사람과 문화가 교류하여 서로를 이해하는 기회를 제공함
- 부작용: 만취자의 추태, 교통체증, 소음, 쓰레기, 유흥업소 증가, 임대료 상승, 부동산 가격 상승, 임금상승, 물가상승, 지역 이미지 변질, 지역경제 누수 등

학습평가

01 1810년 10월, 바이에른 왕국의 루드비히 왕자와 작센의 테레제 공주의 결혼을 축하하기 위한 경마대회에서 유래된 축제는 무엇인가 ?

① 옥토버페스트

② 바이에른축제

③ 여왕의 날 축제

④ 뮌헨경마축제

02 축제의 효과 중 같은 맥락이라고 보기 어려운 것은?

① 태백산눈축제

② 퀘백 윈터카니발

③ 해운대 북극곰수영대회

④ 강화고인돌축제

[정답 및 해설]

01 ①

해설: 독일 옥토버페스트는 1810년 10월, 바이에른 왕국의 루드비히 왕자와 작센의 테레제 공주의 결혼을 축하하기 위한 경마대회에서 유래된 이래 200여 년간 지속되며 세계적인 축제가 됨

02 ④

해설: 태백산눈축제, 퀘백 윈터카니발, 해운대 북극곰수영대회는 겨울이라는 계절성을 극복한 축제임

CHAPTER 04

축제의 개최 여부 결정

04

학습목차

■ 사례에서 배운다: 에든버러 프린지페스티벌

1. 축제 개최 필요성
2. 축제 개최 타당성

학습목표

- 에든버러 프린지페스티벌 사례의 성공 요소를 우리나라 축제에 응용할 수 있다.
- 축제 개최의 필요성에 대해서 설명할 수 있다.
- 축제 개최의 타당성에 대해서 설명할 수 있다.

Chapter 04

축제의 개최 여부 결정

■ 사례에서 배운다: 에든버러 프린지페스티벌

1) 에든버러

그림 1

7세기에 노섬브리아(Northumbria) 왕국이 바위산 위에 요새를 짓고 에든버러(Edinburgh) 지역을 다스리며 에든버러의 역사가 시작되었다. 10세기부터 스코틀랜드(Scotland)가 에든버러를 지배하였다. 11세기에 에든버러 성을 축조하였고 12세기에 번성하기 시작하여 16세기에 에든버러 성에서 1.6km 정도 떨어진 곳에 궁전을 건설하였다. 18세기 계몽운동이 일어나면서 에든버러가 학문과 문화의 중심지가 되었다. 이때 제지산업, 인쇄소, 도서관이 증가하였고 뛰어난 사상가와 문학가를 배출하였다. 에든버러는 계속 발전하여 인구가 16세기에 1만 2천 명에 불과했던 것이 19세기에 10만 명이 넘어 도시가 포화상태에 이르게 된다. 이에 따라 1805년 기존 도심 옆에 신도시 구역을 건설하는데 오늘날도 구도심 지역과 신도심 지역이 모두 그대로 남아 있어 중세 건물 사이를 걷다 보면 시간을 거슬러 올라간 것 같은 착각이 들 정도다. 구도심 지역과 신도심 지역 모두 역사적 가치가 인정되어 1995년 유네스코 세계문화유산으로 지정되었다. 에든버러는 스코틀랜드의 문화, 정치, 교육, 관광의 중심지 역할을 하고 있다. 에든버러 출신의 인물로는 전화기를 발명한 그레이엄 벨(Graham Bell), 셜록 홈즈 탐정 소설의 작가 코난 도일(Conan Doyle), 영국 총리를 지낸 토니 블레어(Tony Blair), 007 영화의 제임스 본드역을 맡았던 숀 코너리(Sean Connery) 등이 있다.

2) 에든버러 프린지페스티벌

(1) 축제 개요

에든버러에는 8월 한 달간 국제적인 공연 축제 3개가 동시에 열린다. 바로 에든버러 인터내셔널페스티벌(Edinburgh International Festival), 에든버러 프린지페스티벌 (Edinburgh Festival Fringe), 그리고 로열밀리터리타투(The Royal Edinburgh Military Tatto)다. 이 중 원조 격인 인터내셔널페스티벌은 제2차 세계대전 이후 침체된 분위기를 활성화하기 위해 1947년에 시작된 이래 해마다 에든버러 극장(Edinburgh Playhouse), 어셔 홀(Usher Hall), 페스티벌 극장(Festival Theatre), 퀸스 홀(The Queen's Hall), 허브(The Hub) 등의 공연장에서 수준 높은 클래식, 오페라, 무용, 연극 등을 공연한다. 그런데 인터내셔널페스티벌을 처음 개최하던 당시에 초청되지 못한 공연 단체 중 8개가 공연장 주변의 소규모 공간을 빌려 공연을 하게 되는데 이것이 에든버러 프린지페스티벌이 탄생하는 계기가 된다.

프린지(fringe)는 주변 또는 언저리라는 뜻을 가지고 있는데 인사이더가 되지 못한 아웃사이더들의 축제라고 할 수 있다. 그러나 현재는 축제의 규모가 커져서 무려 90여 개국 공연자들이 3,500여 개의 공연을 하는 세계 최대의 공연 축제가 되었다. 사실 에든버러에 가보면 인터내셔널페스티벌은 별로 눈에 띄지 않는다. 많은 사람들이 그런 축제가 있는지 조차 모른다. 그에 반해 프린지페스티벌은 에든버러 도시 전체를 장악하여 인사이더와 아웃사이더가 바뀐 느낌이 들 정도다. 에든버러에는 해마다 약 10개의 축제가 개최되고 있고 이들을 에든버러 페스티벌이라고 통칭해서 말하지만 사람들은 에든버러 페스티벌이라고 하면 프린지페스티벌을 떠올릴 만큼 에든버러의 대표축제가 되었다. 인터내셔널페스티벌과 프린지페스티벌은 모두 공연 축제지만 조금 다른 특성을 가지고 있다. 그러나 타깃층이 다르기 때문에 서로 경쟁 관계에 있는 것은 아니고 상호보완 관계에 있다고 할 수 있다.

구분	인터내셔널 페스티벌	프린지페스티벌
공연 내용	클래식 음악, 오페라, 무용 등 정통 공연	묘기, 마술, 통키타연주, 페인트 통 두드리기 등 창의적, 실험적, 부담없는 공연
공연 수준	세계 최고 수준	대중적
공연 단체 선정	전문가가 공연 단체 엄선	공연자가 소정의 참가비 지불 후 공연
공연시설	중대형 전문 공연장	거리 또는 소규모 실내 공간(학교 세미나실, 강당 등)
관람료	고가격	무료 또는 저렴
복장	정장 위주	자유복장

(2) 주요 행사

① 거리공연

일반적으로 유명 축제들은 대규모의 메인 이벤트가 있거나 성대한 개 · 폐회식이 있는데 프린지 페스티벌은 변두리 축제답게 메인 이벤트나 개 · 폐회식에 공을 들이지 않고 누구나 즐길 수 있는 거리공연을 대량으로 제공하는 형태로 운영된다. 로열마일(Royal Mile)이라고 불리는 도로 중간에 있는 세인트 자일스교회(Church of St. Giles) 주변에 거리공연이 많지만 에든버러 구도심 전역에서 거리공연이 펼쳐진다.

그림 2

거리공연에 별도의 무대는 없다. 다른 공연자와 겹치지 않는 정도의 거리를 두고 도로 양쪽 빈 공간에 자리를 잡고 공연을 한다. 관광객은 거리를 걸어가면서 수십 개의 다양한 공연 중에서 마음에 드는 공연을 본다. 사람들은 어느 한 곳에 몰려있지 않고 붐비지 않는 공연을 본다. 거리공연은 기타연주와 노래, 마술, 저글링, 댄싱, 악기 연주 등 다양하다. 관광객은 자기가 편한대로 길 바닥에 앉아서 보기도 하고 서서 보기도 한다.

그림 3

그림 4

간혹 바이올린 연주와 같이 클래식 음악도 있다. 인터내셔널페스티벌처럼 대형 오케스트라와 협연하는 수준은 아니지만 부담없이 들을 수 있어 좋다. 저글링이나 마술공연은 그 자체로 흥미롭고 신기해서 인기가 많은데 특히 관객과 대화를 주고받으면서 상호작용을 하기 때문에 더욱 즐거움을 준다. 앞의 사진은 마술사의 안주머니에서 무엇이 나올지 사람들이 집중해서 보고 있는 장면이다. 관객 중 어린이 한 명이 도우미 역할을 하고 있다.

프린지페스티벌에는 평소에 보지 못한 공연과 실험적이고 창의적인 공연도 있어서 관광객에게 새로운 볼거리를 제공한다. 가령 카우보이 복장의 공연자가 채찍과 올가미로 묘기를 부리기도 하고 빈 페인트 통을 엎어서 북처럼 연주하는 사람도 있다. 실력도 좋아서 사람들이 꽤 많이 관람한다.

그림 5

코미디나 마임 형태의 익살스럽고 유쾌한 공연도 볼 수 있다. 또 실력과 상관없이 관객에게 많은 호응을 이끌어내는 공연도 많다. 아래 사진은 노인들로 구성된 관악연주단인데 선글라스를 끼고 눈에 확 띄는 핑크빛 복장을 입고 연주하고 있다. 비록 퍼포먼스는 어설프지만 그래서 더 많은 환호와 박수를 받았다. 연주단 한가운데에 서 있는 손녀는 아무것도 하지는 않지만 그 자체로 마스코트 역할을 하고 있

그림 6

다. 이 연주단은 지역 동호회원인 것 같다.

가끔 우리나라 공연자도 만날 수 있다. 1999년에 난타가 프린지페스티벌에 참가하여 굉장한 인기를 얻었고 개척자 역할을 했는데 그 이후 우리나라 공연자들이 해마다 프린지페스티벌에 참가하고 있다. 공연 형태가 말을 하지 않고 리듬과 몸짓으로 표현하는 넌버벌(nonverbal)이기 때문에 언어에 상관없이 공감대를 형성할 수 있다. 난타도 주방에서 칼로 도마를 박자감 있게 치면서 스토리를 전개하는 넌버벌 공연이다. 난타는 프린지페스티벌에서의 인기에 힘입어 국내에서 외국인 관광객을 위한 상설공연을 만들었고 크게 성공하였다. 그리고 국내

그림 7

의 다른 공연단체에게도 용기를 주었다. 앞 사진의 한국인 공연자도 그 중에 한 명으로 보인다. 꽤 많은 사람들이 즐겁게 관람하고 있다.

② 실내공연

실내공연은 무료도 있지만 티켓을 구매해야 하는 경우가 많다. 공연티켓은 인터넷이나 현장 매표소에서 구매할 수 있다. 특정 공연을 꼭 보고 싶은 것이 아니라 축제를 즐기는 차원에서 한두 개의 공연을 관람하려고 한다면 인터넷 예매를 하지 않고 현장에 와서 상황에 따라 구매해도 된다. 현장 분위기를 보면서 인기가 있거나 할인하는 공연 또는 자신의 여행 스케줄에 맞는 공연을 선택한다. 가격은 3만 원~6만 원 정도가 많아서 많이 비싸지 않은 편이다. 매표소는 여러 장소에 있는데 그 중에 50% 할인 등 저렴한 티켓을 판매하는 Half Price Hut도 있다. 매우 인기 높은 공연은 아니지만 이 중에도 좋은 공연이 많고 축제를 즐기는 차원에서 저렴하게 관람해 보는 것도 괜찮다.

비평지나 비평가로부터 높은 점수를 받은 공연은 포스터에 별점을 표시하기도 한다. 여러 기관으로부터 모두 높은 점수를 받았다면 정말 볼 만한 공연이다. 예를

그림 8

들어 아래 미스 줄리에(Mies Julie)는 남아프리카 공연팀의 연극인데 과거 신분제도가 있을 때의 에피소드를 다룬 것이다. 즉 백인 주인의 딸과 흑인 노예와의 사랑 이야기다. 국가를 초월해서 이런 주제가 소설이나 연극의 보편적인 소재가 되는 것 같다. 또 다른 공연인 드주키 말라(Djuki Mala)는 호주 원주민의 춤을 흥겹게 연출한 것이다.

그림 9

실내공연은 전문 공연장에서 개최되기도 하지만 대학교의 세미나실에 조명과 음향을 설치하여 임시로 공연장을 만들기도 한다. 아무래도 전문 시설이 아니다 보니 고품질의 공연을 기대할 수는 없지만 프린지페스티벌이라는 점을 감안할 때 충분히 공연을 즐길 수 있는 정도는 된다. 대부분 소극장이어서 협소하지만 그만큼 공연을 가까이 볼 수 있어 좋다.

그림 10

③ 타투

타투를 프린지페스티벌의 야간 공연이라고 알고 있는 사람이 많지만 사실은 프린지페스티벌과 무관한 별개의 공연이다. 프린지페스티벌의 거리공연이 주로 주간에만 개최되는데 비슷한 장소의 야외에서 타투가 개최되다 보니 오해를 할 수 있다. 그러나 관광객의 입장에서는 동일 축제인가 아닌가는 별로 게의치 않는다. 야간에 멋진 야외 공연을 볼 수 있다는 것에 큰 만족감을 갖는데 타투의 정식 명칭은 로열 에든버러 밀리터리 타투(The Royal Edinburgh Military Tattoo)다. 국내에서는 짧게 타투라고 통용되는 경우가 많다. 타투는 한마디로 군악대 공연이다. 타투는 1950년 인터내셔널페스티벌에서 영국 군악대가 공연을 하여 인기를 얻은 이래 현재는 독립적인 형태로 운영되고 있다.

타투 공연을 위해 해마다 약 10개 국가의 군악대가 초청되는데 우리나라 군악대도 초청된 적이 있다. 공연 장소는 에든버러 성 입구의 앞마당이다. 저녁이 되면 성 마당은 무대가 되고 성 정면은 미디어 파사드를 비추는 스크린이 된다. 관광객은 마당 양쪽에 조립된 좌석에서 관람할 수 있다. 타투 공연의 입장료는 좌석 위치에 따라 5만 원~18만 원 정도이며 식사나 기념품이 포함된 패키지는 30만 원~40만 원 정도다.

깜깜한 밤하늘 아래 에든버러 성에서 보는 공연은 특별한 감동을 준다. 특히 스코틀랜드 군악대가 털 달린 커다란 모자를 쓰고 온몸을 휘감은 망토를 입고 백파이프 연주를 하며 나타나면 관광객은 큰 환호와 박수를 보내고 완전히 몰입하여 관람한다. 각 국가의 군악대 공연에는 전통 음악과 무용이 곁들여진다. 우리나라 군악대가 초청되었을 때는 취타대, 사물놀이, 농악, 한국무용을 보여주었다. 야외 공연이지만 음향, 음악, 조명, 연주 모두 최고다. 약 2시간 동안 국가별로 번갈아 가면서 공연을 하고 마지막에는 모든 국가의 군악대가 나와서 함께 공연한다. 그리고 관광객에게 작별의 인사를 하고 불꽃놀이와 함께 피날레를 장식한다.

그림 11

(3) 축제 연계 관광

- 에든버러 성: 천혜의 요새로서 성 내부에 12세기의 건물이 남아있음
- 홀리루드하우스 궁전: 원래 수도원의 예배당이었던 것이 16세기에 궁전으로 개

축되었고 현재 영국 왕실의 정식 궁전임

- 로열마일: 에든버러 성에서 홀리루드하우스 궁전까지 연결된 1마일의 거리
- 세인트 자일스 교회: 에든버러에서 가장 오래된 교회로 12세기에 건립됨
- 스카치 위스키 익스피리언스: 스카치 위스키의 역사와 제작 과정에 관한 체험관
- 엘리펀트 하우스: 조엔 롤링이 해리포터를 집필한 장소로 유명해진 카페
- 보비 강아지 동상: 주인이 죽자 무덤 곁을 10년 동안이나 지켰다는 의로운 강아지 동상
- 칼튼 힐: 구시가지를 내려다볼 수 있는 언덕
- 인근 여행지: 세인트 앤드류스, 글래스고, 스털링

그림 12 **칼튼 힐**

3) 생각 나누기: 소재와 배경

사람들은 종종 우리나라에서도 세계적인 축제가 탄생하려면 어떤 소재를 선정해

야 하는가에 대해서 토론을 한다. 그런데 프린지 페스티벌과 타투를 보면 소재도 중요하지만 그 배경이 진정한 가치와 차이를 만든다는 생각이 든다. 사실 프린지페스티벌 거리에서 연주되는 공연의 내용과 수준은 대중적으로 볼 만한 정도이지 특출난 공연은 아니다. 또 이런 형태의 거리 공연은 세계 곳곳에 있고 우리나라에도 여러 도시에서 볼 수 있다. 타투도 에든버러에서만 공연되는 것이 아니다. 미국, 러시아, 말레이시아 등 여러 나라에서 공연되고 있고 우리나라에서도 진해 등 여러 지역에서 공연되고 있다.

그렇다면 무엇이 차이를 만드는 것일까? 동일한 공연이라도 중세 건물로 둘러싸인 거리의 공연과 일반 거리의 공연은 다르게 느껴진다. 또 900년 된 성에서 보는 군악대 공연과 공설운동장이나 체육관에서 보는 군악대 공연은 다르게 느껴진다. 따라서 소재도 중요하지만 축제가 개최되는 장소의 역사와 문화 그리고 외적 디자인 등 그 배경이 정말 중요한 요소일 수 있다. 마치 동일한 요리라도 어떤 스토리가 있는지 그리고 어떤 접시에 담아 어떻게 플레이팅 하느냐가 가치를 다르게 하는 것과 같다. 축제가 독특한 역사적 건물이나 현대적 건물 또는 자연을 배경으로 개

그림 13

최될 수 있다면 관광객에게 더 진한 감동을 줄 수 있다. 앞 사진은 제주 세계유산 축전 기간 중 성산일출봉에서의 야외 공연 장면이다. 이 공연은 해녀의 삶을 다룬 것인데 성산일출봉의 왼쪽 옆면을 미디어파사드를 비추는 배경으로 삼고 앞바다를 무대로 사용했다.

1. 축제 개최 필요성

지역주민 또는 지자체에서 신규 축제를 개최해보자는 의견을 제시하면 그 필요성과 타당성을 검토한 후에 개최 여부를 결정하게 된다. 축제를 개최할 필요가 있고 축제를 개최하더라도 예산, 인력, 프로그램, 실행 등이 타당하다면 개최를 결정하고 축제계획을 수립한다. 그러나 축제를 개최할 필요성이 명확하지 않거나 타당성이 부족하다면 개최하지 말아야 한다. 이를 무시하고 밀어부쳤다가 예산만 낭비하고 효과는 미미한 경우가 있다. 따라서 축제 개최의 필요성과 타당성을 철저히 분석하고 그 결과를 잘 따라야 하겠다.

① 특산물 판매

지역의 특산물을 판매하고자 축제를 개최할 수 있다. 특히 출하 시기가 있는 농산물의 경우 한 장소에서 단기간에 대량 판매가 가능하다는 점에서 축제를 고려하는 경우가 많다. 축제는 일반 판매에 비해서 다양한 장점을 가지고 있다. 첫째, 유통비용을 절감할 수 있다. 축제는 유통업체를 통해서 특산물을 판매하는 것에 비해 유통 비용을 줄일 수 있고 그만큼 더 많은 수익을 얻을 수 있다. 둘째, 광고비용을 절감할 수 있다. TV나 신문 또는 인터넷 광고비용이 비싸기 때문에 일반 농가에서 부담하기 어렵다. 그러나 축제가 개최되면 자연스럽게 언론에 홍보가 되기 때문에 광고비용을 들이지 않고도 더 효과적인 홍보를 할 수 있다. 셋째, 포장 및 운송비용을 절감할 수 있다. 특산물을 택배로 보내기 위해서는 포장 및 운송비용이 소요된다. 그러나 축제장에서는 관광객이 직접 구매하고 가져가는 경우가 많기 때문에 비용을 절감할 수 있다. 넷째, 신선도와 만족도를 제고할 수 있다. 농산물을 출하하자마자 축제장에서 판매하기 때문에 신선한 상태로 판매할 수 있다. 게다가 가격도 시중보다 저렴하여 관광객의 만족도도 높다. 또한 생산자가 직접 판매하는 농산물이기 때문에 신뢰감도 높다. 다섯째, 사후 판매를 기대할 수 있다. 특산물을 구매한 관광객이 사후에 재구매를 하거나 주위에 구전을 함으로써 판매가 늘어날 수 있다. 또한 축제를 개최하면서 특산물의 이미지가 고양되어 축제가 끝난 이후에 다른 사람들도 직접 지역을 방문하거나 택배를 이용한 구매가 늘어난다. 그리고 농산물에 대한 인지도가 높아질수록 백화점, 마트, 시장에서의 판매율도 높아진다. 이렇게 다양한 장점이 있어서 실제로 특산물 판매를 위한 축제가 많이 개최되고 있다. 문화체육관광부에서 지정한 문화관광축제 중에서도 특산물 판매형 축제가 가장 많다.

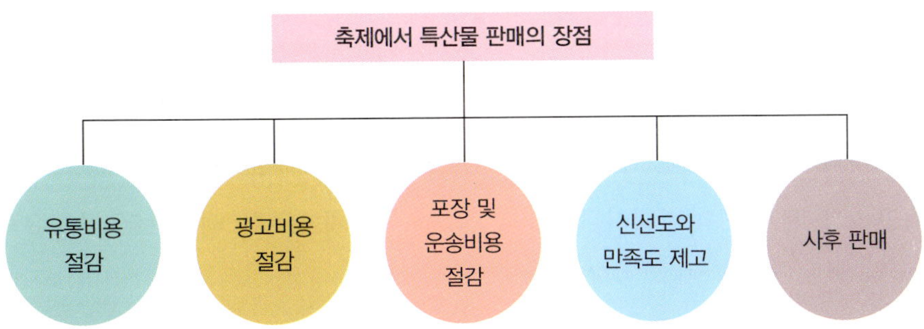

그림 14

표 1 문화관광축제 유형

유형	축제	개수
전통역사	강진청자축제, 고령대가야체험축제, 고창모양성제, 대구약령시한방문화축제, 문경전통찻사발축제, 통영한산대첩축제, 해미읍성축제	7개
문화예술	밀양아리랑대축제. 수원화성문화제, 안성맞춤남사당바우덕이축제, 영암왕인문화축제, 원주다이내믹댄싱카니발, 음성품바축제, 인천펜타포트음악축제, 추억의 충장축제, 춘천국제마임축제, 평창효석문화제	10개
지역특산물	강경젓갈축제, 강릉커피축제, 괴산고추축제, 담양대나무축제, 보성다향대축제, 산청한방약초축제, 순창장류축제, 여주오곡나루축제, 영덕대게축제, 완주와일드푸드축제, 이천쌀문화축제, 임실N치즈축제, 한산모시문화제, 횡성한우축제	14개
자연생태	봉화은어축제, 무주반딧불축제, 서동연꽃축제, 시흥갯골축제, 진도신비의바닷길축제, 평창송어축제	6개
주민화합	대구치맥축제, 정남진장흥물축제, 제주들불축제, 포항불빛축제	4개

특산물 판매 축제 중 하나인 논산 강경젓갈축제는 약 90만 명의 관광객이 참여하고 젓갈 판매액도 300억 원에 달하는 축제다. 논산의 여러 젓갈 업체들 중에서도 전통 방식으로 젓갈을 만들고 생산지 표시 및 상거래 질서를 지키는 업체만 선별하여 축제장에서 판매를 하도록 하여 품질과 명성을 유지하고 있다. 강경포구는 금강을 따라 내륙 깊숙이 갈 수 있어서 해상운송이 발달하여 1930년대 전국 3대 시장의 하나로서 하루 100여 척의 배와 2~3만 명의 상인이 들어왔었다. 당시 팔고 남은 생선을 보관하기 위해 염장법과 수산가공법이 발달하였다. 현재까지도 그 명맥을 유지하고 있어 국내 최대의 젓갈시장을 형성하고 있다. 강경젓갈은 국산 천일염을 사용하고 토굴에서 적정 온도로 유지시켜 숙성한다. 강경젓갈축제 기간에는 젓갈판매 이외에 젓갈 시식, 젓갈 담그기, 젓갈 김치 담그기, 어린이 체험 프로그램, 각종 공연과 전시가 마련된다. 석양이 질 무렵 강경포구를 배경으로 사진을 찍는 관광객도 많이 볼 수 있다.

그림 15 강경젓갈축제

② 주민화합

현대의 많은 축제들이 관광객을 유치하기 위한 목적이 강하지만 주민의 화합을 더 중요하게 생각하는 축제도 있다. 사실 관광객용 축제는 지역주민도 주인이 아니라 객으로 여길 때가 종종 있다. 이런 경우 지역민들은 축제에 대해서 관심도 애착심도 적다. 자칫 축제로 인해 생활만 불편하게 느끼는 경우도 종종 있다. 축제를 통해 주민의 화합을 도모하는 이유는 몇 가지가 있다.

첫째, 지역의 역사적 사건이나 인물 또는 전통과 문화를 중심으로 공동체의 소속감과 정체성을 유지하기 위해서 축제를 개최한다. 일본 유아미마츠리(湯あみ 祭り)는 온천으로 유명한 벳푸에서 개최되는데 1200년대 벳푸에서 온천을 탕치로 활용하기 시작한 잇펜쇼닌 대사를 기리기 위한 축제다. 축제 기간 동안 전통의상을 입은 어린이들이 행렬의 선두에 서고 이어서 잇펜쇼닌의 목상을 모신 가마가 따라가며 동네를 한 바퀴 순회한다. 벳푸 주민들은 유아미마츠리를 통해 벳푸 온천산업의 기원이 된 잇펜쇼닌 대사에게 감사하고 공동체의 전통과 문화를 이어나간다.

그림 16 **일본 벳푸 유아미마츠리**

둘째, 한 지역 내에 다부족, 다인종, 다문화가 거주할 경우 이들의 화합을 위해 축제를 개최한다. 지역 구성원들이 함께 축제에 참여하면서 다른 집단에 대해 이해를 하게 되고 더 큰 울타리의 일원이라는 인식을 갖게 된다. 파푸아뉴기니는 서로 언어가 다른 800여 부족으로 구성되어 있는데 이들을 결집하기 위해 해마다 고로카쇼(Goroka Show)라는 축제를 개최한다. 이 축제는 1957년부터 시작되었으며 축제 기간에 각 부족은 전통의상과 소품 그리고 음악과 춤을 선보인다. 고로카쇼에서

그림 17 파푸아뉴기니 코로카쇼

유명한 머드맨(mudmen) 분장은 고로카 지역의 부족이 다른 부족과 전투를 하던 중 머드 속에 숨어 있다가 일어서자 유령으로 착각하여 도망간 것에서 유래되었다고 한다.

셋째, 주민 간의 친목을 도모하기 위해서 축제를 개최하기도 한다. '군민의 날'이나 '시민의 날'과 같은 행사가 이에 해당하는데 지역 내의 주민들이 모여 운동회, 장기자랑, 경연대회, 음식 나누기 등 한바탕 즐기면서 서로의 친목을 다진다. 처음에는 지역민들만의 행사였던 것이 외부인에게도 알려져서 큰 축제가 되기도 한다.

그림 18 남양주 시민의 날 행사

③ 관광활성화

관광객을 유치하여 지역 관광을 활성화하기 위해 축제를 개최할 수 있다. 축제는 사람들의 관심을 이끌어내고 홍보 효과가 크기 때문에 지역의 인지도를 높여 관광객이 증가할 수 있다. 지역에 특별한 관광자원이 없더라도 축제 자체가 매력적이라면 많은 관광객을 유치할 수 있다. 지역에 풍부한 관광자원이 있다면 축제가 그 가치를 높여서 더 많은 관광객을 모을 수 있다. 사실 대부분의 지역에서 축제를 개최하면서 기본적으로 기대하는 것은 관광활성화와 그것으로 인한 긍정적 파급효과다.

강원도 화천은 특별한 관광자원이 없지만 산천어축제를 개최하여 많은 관광객을 유치하고 있다. 2003년 처음 축제를 개최한 이래 빠르게 성장하여 꾸준히 100만 명 이상의 관광객이 방문하고 있다. 얼어붙은 강에 구멍을 뚫고 산천어를 낚는 간단한 체험이지만 폭발적인 인기를 얻었다. 특히 입장료가 있는 유료 축제임에도 불구하고 많은 관광객을 유치한 것은 이례적이다. 이런 성과 덕분에 신생 축제임에도 불구하고 2010년 문화체육관광부 최우수축제로 선정되었고 2014년~2018년까지

그림 19 화천산천어축제

대한민국 대표축제로 선정되었다. 외국인 관광객도 10만 명 이상이 참가하여 2019년에는 글로벌 육성축제로 선정되었다. 화천산천어축제는 캐나다 윈터카니발, 일본 삿포로 눈축제, 중국 하얼빈 빙등제와 더불어 세계 4대 겨울축제로 거론되기도 하였다. 화천산천어축제는 얼음낚시 이외에도, 산천어 맨손잡기, 얼음썰매, 얼음스포츠, 산천어 회/구이 시식, 공연과 전시 등 다양한 프로그램을 진행하고 있다.

④ 경쟁자 방어

축제가 관광객 유치의 주요 수단이 되자 관광객을 경쟁 지역에 빼앗기지 않기 위하여 축제 개최를 고려하곤 한다. 축제가 없는 지역에서는 안팎에서 축제를 만들어 보자는 의견이 오가곤 한다. 실제 이런 이유로 지역 축제가 급증하기도 하였다. 1995년 문화관광축제 제도가 시행되기 전에는 전국에 약 200개의 축제가 있었지만 각 지자체에서 경쟁적으로 신규 축제를 개최하면서 10년 만에 1,000개를 넘어섰고 이후에도 지속적으로 증가했다.

그림 20 산청황매산철쭉제

그러나 타당성을 충분히 고려하지 않고 남들도 하니까 우리도 하자는 식으로 개최 자체에만 집중하면 여러 비판에 직면하게 된다. 실제 2000년대에 급증한 축제에 대해 우후죽순, 난립, 제살 깍아먹기, 복제 행사, 특색 없는 축제, 혈세 낭비, 소모성 행사, 지자체장의 실적 쌓기, 구조조정 필요, 통합 필요 등 우려의 목소리가 높았다. 예를 들어 봄에 개최되는 철쭉축제나 진달래축제는 전국적으로 같은 시기에 10개 이상 개최된다. 물론 철쭉이나 진달래가 군락을 이룬 모습은 장관이지만 주제 자체가 독특하지 않고 다른 지역과 차별화되지도 않는데 많은 예산을 들여 너도나도 개최하는 것이 적절한지 검토가 필요하다는 시각이 있다. 앞 산청황매산철쭉제는 1983년에 처음 개최하였으며 전국 최대 철쭉 군락지로 유명하다. 축제 기간에는 철쭉을 감상할 수 있는 황매산 트래킹, 자연생태 놀이터, 약초 족욕 체험장, 연날리기, 공연 및 전시 행사가 열린다.

2. 축제 개최 타당성

축제를 신규로 개최한다면 기대성과를 얻을 수 있을지 타당성 분석을 하는 것이 바람직하다. 전문가로 구성된 위원회에게 자문을 구하거나 조사 업체에게 용역을 맡길 수도 있다. 업체 용역은 전문성과 객관성을 가지고 조사를 한다는 점에서 유익할 수 있다. 그런데 종종 지자체에서 신규 축제 개최를 이미 확정해 놓고 타당성 조사를 맡기는 경우가 있다. 이렇게 되면 객관적인 결과를 얻기 어렵고 신규 축제 개최에 대한 근거를 만들어 주는 조사로 전락할 수 있다. 이런 타당성조사 결과보고서는 축제를 개최했을 때의 장점, 그중에서도 경제적 효과를 부풀려서 장밋빛 환상을 갖게 한다. 그에 반해 단점이나 우려되는 점에 대해서는 거의 언급하지 않는다. 축제를 개최함에 있어서 경제적 효과도 중요하지만 아래 사항들을 검토할 필요가 있다.

① 주제 적합성

신규 축제를 개최하기 위해 고려하고 있는 주제가 적합한지 여러 측면에서 검토할 필요가 있다. 첫째, 지역을 대표하는 주제인지 검토한다. 지역의 역사, 문화, 전통, 자연, 특산물 등 지역에 근거하고 있는 것이라야 성공 가능성이 높다. 예를 들어 옥토버페스트는 맥주 제조에 대해 약 700년의 역사를 가지고 있다. 그러나 다른 지역에서 특별한 역사적 문화적 배경도 없이 맥주축제를 개최하면 아류로 남을 수 밖에 없다.

둘째, 독특하고 차별성이 있는 주제인지 검토한다. 여러 다른 지역에서 이미 선점한 주제가 아닌 새로운 주제가 이목을 집중시킬 수 있고 차별화된 이미지를 생성할 수 있다. 경쟁자가 많은 주제는 레드 오션(red ocean)이나 다름없다. 그 보다는 블루오션(blue ocean)을 선택하는 것이 바람직하다. 물론 다른 지역에서 선택하지 않은 주제가 인기가 없거나 시의적절하지 않은 것인지는 살펴봐야한다. 그래서 지역특색이 있으면서 독특하고 차별성이 있는 주제가 좋다. 경남 고성은 수백 개의 공룡 발자국이 발견된 것을 계기로 공룡이라는 주제로 축제를 개최함으로써 확고한 이미지를 가지고 있다. 축제 기간에 공룡 모형 전시를 비롯해 공룡과 관련된 프로그램을 체험할 수 있고 전시를 감상할 수 있다.

그림 21 경남 고성공룡세계엑스포

셋째, 사회적으로 공감할 수 있는 주제인지 검토한다. 환경, 동물, 성(sex), 범죄, 죽음 등의 주제는 사회적으로 민감하게 받아들이고 반대에 직면할 수 있으므로 주의해야 한다. 동일한 주제라도 사회적 배경에 따라 다르게 받아들 수 있다. 가령 동성애자 축제의 경우 흔쾌히 공감하는 사회도 있고 불쾌감을 가지는 사회도 있다. 호주 시드니에서는 해마다 세계 최대의 동성애자 축제인 마디그라 퍼레이드(Sydney Gay and Lesbian Mardi Gras)를 개최한다. 1978년 처음으로 개최했을 때는 에이즈를 퍼트린다는 이유로 참가자가 경찰에 붙잡혀 갔으나 현재는 전 세계의 동성애자들이 모이는 축제로 발전하였다. 이렇게 사회 인식의 변화에 따라 점점 수용되기도 하지만 반대의 경우도 있다. 스페인에는 수백 년간 투우와 관련된 축제를 개최하고 있는데 현대에는 동물보호단체들이 격렬히 항의를 하고 있어서 축소 또는 폐지하는 경우가 발생하고 있다. 따라서 신규로 축제를 개최할 때는 현재 그리고 다음 세대까지 고려해서 사회적 공감성에 문제가 없는 주제를 선택하는 것이 적합하다.

그림 22 시드니 마디그라퍼레이드

② 주요 대상

축제의 주요 대상으로 고려하고 있는 집단이 타당한지 검토할 필요가 있다. 간혹 주요 대상이 누구인지 명확히 하지 않은 경우가 있는데 주요 대상이 있어야 그에 어울리는 프로그램과 시설을 기획할 수 있다. 축제의 주요 대상은 주제에 따라 달라지는데 지역주민이 될 수도 있고 관광객이 될 수도 있다. 또 관광객이라고 하더라도 가족이 주요 대상이 될 수도 있고 특정 연령대나 관심사 또는 직업군이 주요 대상이 될 수도 있다. 많은 축제가 어린 자녀를 둔 가족을 주요 대상으로 삼고 있는데 가장 많은 인원을 동원할 수 있고 축제 행사장에서도 활동적이고 지출도 많기 때문이다. 그러나 아무리 관광객 규모가 매력적이더라도 축제의 주제와 연관성이 있어야 효과가 있다. 예를 들어 영남알프스 하이트레일 나인피크 대회는 가족을 주요 대상으로 삼는 것이 타당하지 않다. 그보다는 등산객이 적합하다. 이 축제는 울주를 중심으로 1,000m가 넘는 9개의 산을 등반하는 대회로 체력, 장비, 기술이 요구된다.

그림 23 영남알프스 하이트레일 나일피크 대회

③ 주요 프로그램, 개최장소, 개최기간

주요 프로그램과 개최장소 그리고 개최기간이 적합한지 검토할 필요가 있다. 특히 주요 프로그램이 축제의 주제와 주요 대상을 고려한 것인가가 중요하다. 가령 주제가 역사적 인물이고 주요 대상이 가족 또는 어린이라면 해당 역사와 인물에 적합한 프로그램을 구성하여야 한다. 매우 당연한 것인데도 축제들 중에는 주제나 주요 대상과 관련성이 적은 프로그램을 배치하는 경우가 종종 있다.

개최장소도 가급적 축제의 주제와 관련된 것이 좋다. 그러나 인원 수용 규모와 주차시설 등을 감안한다. 개최장소는 공원, 천변, 공설운동장 등 넓은 공터를 활용하는 경우가 많지만 전용 극장이나 학교 또는 거리를 활용하는 등 지역의 여건에 따라 결정할 수 있다. 또한 개최장소가 주요 대상이 이용하기 적합한지 그리고 주요 프로그램을 진행하기에 적합한지도 고려해야 한다.

개최기간도 축제의 주제와 관련된 것이 좋다. 특산물축제는 출하 시기에 맞춰 개최하고 해변 축제와 같이 계절성이 있는 축제도 해당 기간에 개최한다. 개최기간이 연휴나 명절인가도 고려할 수 있다. 주요 대상을 고려해서 개최기간을 설정할 수도 있는데 가령 어린이를 대상으로 한 축제는 어린이날 연휴 기간에 개최할 수 있다. 개최 일수도 고려할 수 있다. 축제에 따라 수일~한 달 이상 개최하기도 한다. 그만큼 예산이나 인력이 더 필요하다는 것은 감안해야 한다.

개최장소나 개최기간이 다른 축제와 겹쳐서 경쟁 관계가 되지 않는지 검토할 필요가 있다. 지역 내에 또는 주변에서 같은 기간에 여러 축제가 개최되면 관광객이 분산되어 축제 효과가 반감될 수 있다. 따라서 기존에 어떤 축제가 개최되고 있는지 분석해 보아야 한다. 그런데 인근에 여러 축제가 개최되는 것이 꼭 나쁜 것은 아니다. 오히려 시너지 효과를 낼 수도 있다. 관광객 입장에서는 한번에 여러 축제를 즐길 수 있는 장점이 있다. 앞서 살펴본 에든버러에는 비슷한 기간에 인터내셔널페스티벌, 프린지페스티벌, 타투가 개최되지만 상호보완 관계에 있다. 인터내셔널페스티벌은 고가격 클래식음악 축제이고 프린지페스티벌은 저가격 대중음악 거리축제이고 타투는 야간 야외공연이어서 서로 겹치지 않고 상호 부족한 부분을 채우고 있다. 개최장소와 개최기간 측면에서 경쟁이 불가피한 경우도 있다. 바로 올림픽이나 월드컵과 같이 유치가 필요한 경우다. 역시 유치의 필요성과 타당성을 검토한 후에 경쟁에 뛰어들 것인지 결정을 해야 한다.

충남 아산의 성웅이순신축제는 임진왜란 때 조선을 구한 충무공 이순신 장군을 기리는 축제다. 이 축제는 1961년 온양문화제로 출발하여 2004년부터 아산성웅이순신축제로 개칭하여 운영하고 있다. 주요 프로그램은 이순신장군 출정식, 무과재연 퍼포먼스, 충무공 해상대전, 도전 이순신 골든벨, 이순신 활과 검 만들기, 거북선 전시 등 이순신 장군이라는 주제에 적합한 프로그램을 다수 운영하고 있다. 개최장소는 이 충무공의 사당인 현충사이고 개최기간은 이 충무공이 탄생한 4월28일 전후여서 역시 이순신 장군과 연관된 장소와 기간을 선정하고 있다.

그림 24 아산 성웅이순신축제

④ 예산 확보 가능성

축제를 개최하기 위해서는 수억 원~수십억 원의 막대한 예산이 필요한데 이런 자금을 조달할 수 있는지 타당성을 검토한다. 일회성이 아닌 수십년 이상 지속적으로 개최할 수 있도록 안정적으로 예산을 확보할 수 있어야 한다. 특히 주요 프로그램을 운영할 수 있을 정도의 충분한 예산인지가 중요하다. 에든버러 프린지페스티벌의 경우 약 550만 파운드의 예산을 사용하는데 티켓 판매, 공연 단체 참가비, 광고 수입, 기업 스폰서, 지자체 및 정부 보조금, 프로젝트 수입, 기타 수입 등 다양한 방법으로 축제 운영 자금을 확보하고 있다. 우리나라의 지역 축제는 전적으로 지자체와 정부 보조금에 의존하는 경우가 많다. 지자체나 정부에서 지원이 중단될 경우 축제 자체가 중단되거나 크게 축소될 수 있는 위험에 처해 있다.

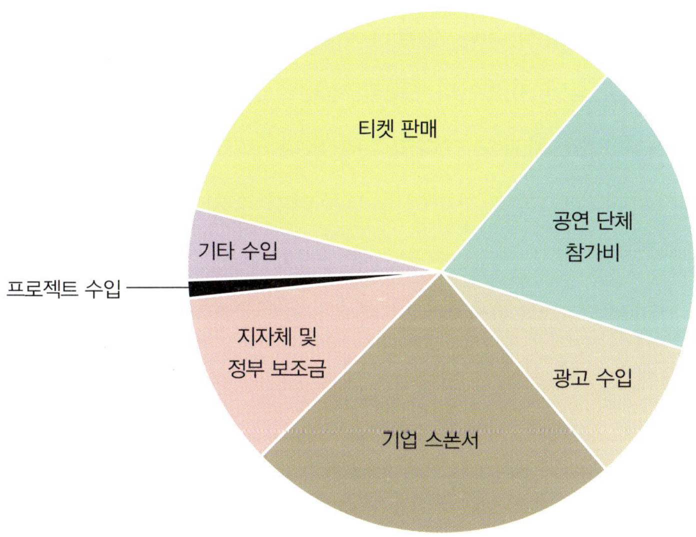

그림 25 에든버러 프린지페스티벌 수입 분포

⑤ 리스크

축제를 개최할 때 발생할 수 있는 리스크가 없는지 검토가 필요하다. 코로나 · 사스 · 메르스와 같은 전염병, 장마 · 혹서 · 혹한과 같은 기후, 테러 · 전쟁과 같은 불안, 불경기, 기타 환경이나 사회문화적 리스크가 발생할 가능성이 높으면 축제를 개

그림 26 평창송어축제

최하지 말아야 한다. 평창송어축제는 화천산천어축제와 마찬가지로 겨울에 얼음낚시를 하는 것이 주요 프로그램이다. 그러나 2019~2020 겨울에 지구온난화로 기온이 높아서 얼음이 얼지 않자 안전의 문제가 우려되어 축제를 연기하였다. 그런데 이것은 당해만의 문제가 아니라 해마다 겨울 기온이 상승하고 있어서 향후 축제를 지속할 수 있을지에 대한 걱정이 있다.

⑥ 예상 성과

축제를 개최함으로써 얻게 되는 성과가 타당한지 검토한다. 방문객 수는 축제의 성과를 나타내는 대표적인 지표이다. 축제 자체가 사람을 모이게 하는 것이므로 많이 모일수록 인기가 많고 성과도 크다고 판단된다. 그런데 예상되는 방문객 수라고 하더라도 현실적이어야지 희망 사항이나 부풀려진 수치가 되면 안된다. 앞서 검토한 주제 적합성, 주요 대상, 주요 프로그램, 개최장소, 개최기간, 예산 확보 가능성, 리스크를 감안하여 예상해야 한다. 다음으로 경제적 효과를 예상해 볼 수 있다. 관광객이 축제장에서 지출한 금액, 축제장 외에 지역에서 지출한 금액, 축제로

그림 26 세계유산축전

인한 고용효과, 인프라 구축 등 축제 개최로 인한 직간접적인 효과를 산정한다. 축제 초기부터 흑자가 날 수도 있지만 처음에 적자였다가 점점 흑자로 전환될 수도 있으니 무조건 적자라고 실망할 필요는 없다. 많은 축제가 홍보성 행사여서 지출만 있고 수입은 없어 적자가 된다. 그러나 축제로 인해 인지도가 높아져서 향후 관광이 활성화되면 결국 지역 경제에 긍정적 영향을 미칠 수 있다. 지역에 미치는 사회문화적 효과에 대해서도 분석하여 축제를 개최하는 것이 타당한지 검토한다. 앞서 살펴본 바와 같이 축제는 지역민이 문화를 향유하는 기회를 주지만 축제로 인한 유흥업소 증가 등은 지역 문화에 부정적 영향을 미칠 수 있다. 앞 사진은 세계유산축전의 일환으로 제주 만장굴 내부에서 진행된 제주굿의 한 장면이다. 세계유산축전은 유네스코의 세계유산으로 등재된 국내의 문화유산과 자연유산을 알리고자 하는 축제다. 비록 직접 경제효과는 없지만 간접적인 경제효과와 문화효과 그리고 향후 관광활성화를 기대할 수 있다.

학습정리

에든버러 프린지페스티벌

- 에든버러 프린지페스티벌은 1947년 인터내셔널 페스티벌에 초청받지 못한 공연 단체가 공연장 주변의 소규모 공간을 빌려 공연한 것이 계기가 되어 열리게 됨
- 프린지페스티벌은 대부분 무료 거리공연과 저렴한 실내공연이어서 관광객이 부담 없이 즐길 수 있음
- 프린지페스티벌과 연계된 로열 에든버러 밀리터리 타투가 야간에 에든버러 성에서 개최됨
- 축제 연계 관광: 에든버러 성, 홀리루드하우스 궁전, 로열마일, 세인트 자일스 교회, 스카치 위스키 익스피리언스, 엘리펀트 하우스, 보비 강아지 동상, 칼튼 힐, 세인트 앤드류스, 글래스고, 스털링

축제의 개최 여부 결정

- 지역주민 또는 지자체에서 신규 축제를 개최해보자는 의견을 제시하면 그 필요성과 타당성을 검토한 후에 개최 여부를 결정해야 함
- 축제 개최 필요성: ① 특산물 판매, ② 주민화합, ③ 관광활성화, ④ 경쟁자 방어
- 축제 개최 타당성: ① 주제 적합성, ② 주요 대상, ③ 주요 프로그램, 개최장소, 개최기간, ④ 예산 확보 가능성, ⑤ 리스크, ⑥ 예상 성과

학습평가

01 프린지페스티벌과 연계하여 야간에 에든버러 성에서 개최되는 군악대 공연은 무엇인가?

① 에든버러 인터네셔널페스티벌

② 로열 에든버러 밀리터리 타투

③ 에든버러 아미 밴드

④ 에든버러 밀리터리 밴드

02 신규 축제를 개최할 필요성으로 거리가 먼 것은?

① 정기 여행상품 기획

② 특산물 판매

③ 주민화합

④ 관광활성화

[정답 및 해설]

01 ②

해설: 로열 에든버러 밀리터리 타투가 야간에 에든버러 성에서 개최됨

02 ①

해설: 신규 축제를 개최할 필요성으로 특산물 판매, 주민화합, 관광활성화, 경쟁자 방어가 있다. 축제는 1년에 1회 개최하는 것이므로 정기적으로 판매되는 여행상품을 기획하기에는 적합하지 않다.

CHAPTER 05

축제 계획

05

학습목차

- ■ 사례에서 배운다: 후쿠오카 하카타 기온야마카사

1. 축제 계획 단계
2. 목적 설정
3. 환경 분석
4. 목표 설정
5. 운영 계획
6. 실행 및 피드백

학습목표

- 후쿠오카 하카타 기온야마카사 사례의 성공 요소를 우리나라 축제에 응용할 수 있다.
- 축제를 계획할 수 있다.
- 축제의 목적을 설정할 수 있다.
- 축제의 내부 · 외부 환경을 분석할 수 있다.
- 축제의 목표를 설정할 수 있다.
- 축제의 운영계획을 수립할 수 있다.
- 축제를 실행하고 피드백하여 보완할 수 있다.

Chapter 05

축제 계획

■ 사례에서 배운다: 후쿠오카 하카타 기온야마카사

1) 후쿠오카

그림 1

일본 후쿠오카시(福岡市)는 우리나라 부산에서 가까운 규슈(九州) 후쿠오카현(福岡縣)에 북쪽에 위치해 있다. 옛날부터 우리나라와 왕래가 많았고 현재도 항공기와 선박을 이용한 관광객이 많은 곳이다. 후쿠오카시는 7개의 행정 구(하카타구, 주오구, 니시구, 미나미구, 사와라구, 조난구, 히가시구)로 구성되어 있는데 그 중 하카타구는 항구가 있어 옛날부터 무역도시로서 번성하였다. 4세기 말부터 고구려, 백제, 신라에서 건너온 도래인(渡來人)이 후쿠오카를 통해 문물을 전해주어 일본의 기술과 학문 등 사회 전반에 영향을 주었다. 중국인들도 하카타에 많이 들어왔는데 11세기에는 대당가(大唐街)라고 불리는 중국인 거리가 형성될 정도로 무역과 왕래가 활발하였다. 15세기부터 16세기까지 일본은 다이묘와 사무라이들이 권력 쟁취를 위해 서로 죽고 죽이는 전국시대(戰國時代)에 돌입하는데 그 여파로 하카타가 상당한 피해를 입었다. 전국시대를 끝내고 일본을 통일한 토요토미 히데요시가 1587년 하카타를 정비하고 발전시켰다. 그리고 1592년 조선을 침략하는 임진왜란을 일으키면서 하카타를 물류 보급 기지로 활용했다. 하카타는 무역도시로서 독립된 시(市)로 존재하였으나 1889년 후쿠오카시와 통합되면서 구로 편입되었다. 현대에는 후쿠오카의 주요 시설인 기차역이나 항구의 이름 등에 하카타라는 지명을 사용하여 명맥을 유지하고 있다.

2) 하카타 기온야마카사

(1) 유래

일본의 민속축제를 마츠리(祭り)라고 하는데 신에 대한 감사와 기원을 담은 의식이다. 마츠리는 특정한 날에 신이 인간 세상에 내려와 잠시 머물렀다가 원래 자리로 돌아가는 가는 형식을 가지고 있다. 즉 신 맞이(神迎え) → 신과 인간의 합일(神人合一) → 신 보내기(神送り)의 순서로 구성된다. 먼저 신을 맞이하기 위해 경내를 청소하고 금줄을 쳐서 신성한 장소임을 나타낸다. 신을 맞이하는 제관은 심신을 청정한 상태로 유지하기 위해 목욕재계하고 깨끗한 의관을 갖춘다. 모든 준비가 끝나면 제사를 통해 신을 부른다. 신은 하늘에서 내려와 가마에 앉는다. 사람들은 가마를 어깨에 메고 마을을 돌고 신은 영력을 나누어 준다. 신은 인간세상에 며칠간 머

무는데 이때 사람들은 신에게 감사와 기원을 하며 제물을 바치고 춤과 노래로 신을 기쁘게 한다. 마지막으로 신의 세계로 돌려보내는 의식을 한다. 이것은 우리나라의 강릉단오제에서 진행하는 신목 찾기 → 신목 모시기 → 송신제의 내용과도 유사하다.

하카타 기온야마카사((博多祇園山笠)는 1241년 하카타 지역에 역병이 돌자 쇼이치(聖一)라는 스님이 가마를 타고 길에 물을 뿌려 역병을 물리쳤다는 것에서 유래한다. 일본 마츠리 중에 기온(祇園)이라는 이름을 가진 것은 대부분 역병 퇴치와 관련이 있다. 일본 여름은 덥고 습해서 과거에 역병이 많이 돌았고 이를 물리치려는 신앙이 축제로 이어진 것이다. 하카타 기온야마카사는 역병을 다스리는 신을 모시고 있는 구시다신사(櫛田神社)를 중심으로 개최되고 있으며 현재까지 약 780년의 역사를 가지고 있다.

(2) 주요행사

① 카자리 야마카사(飾り山笠) 설치

축제는 7월 1일부터 15일까지 보름간 개최되는데 7월1일에는 전시용 가마인 카자리 야마카사(飾り山笠) 10여 개를 후쿠오카 전역에 설치한다. 원래 가마의 높이가 15미터 정도로 꽤 큰데 메이지 시대(明治時代) 이후 거리에 전신주와 전선이 생기자 가마가 걸리는 문제가 발생하였다. 그래서 높은 가마는 전시용으로 사용하고 5미터 정도의 낮은 가마를 따로 제작하여 이동용으로 사용하고 있다. 이동용 가마는 가키 야마카사(かき山笠)라고 부른다.

카자리 야마카사는 전시용 가마답게 화려하게 장식되는데 일본의 역사적 인물, 신화, 애니메이션 캐릭터, 중국의 왕, 힌두 여신 등 신적이고 이국적인 요소를 인형으로 만들어 가마 위에 장식한다. 카자리 야마카사는 신사, 기차역, 쇼핑몰, 전통시장 등 사람들이 많이 모이는 곳에 설치되며 저마다 특색있게 장식된다. 후쿠오카 전역에 있는 카자리 야마카사를 찾아다니며 사진을 찍는 사람들도 있다.

그림 2

② 오이야마 나라시(追い山ならし)

오이야마(追い山)는 수십 명의 남자들이 가키 야마카사를 어깨에 메고 경주하는 행사인데 초기에는 존재하지 않았으나 1687년 경쟁 관계에 있던 두 마을의 청년들이 서로 지지 않으려고 빠르게 달린 것이 오늘날 축제의 메인이벤트로 발전하였다. 하카타에는 7개의 마을이 있는데 각자 독특한 가마를 만들어서 7월 7일 이전에 신을 가마에 앉혀 가마를 신격화한다. 7월 9일에는 경기 참가자들이 신사에 참배하며 안전을 기원한다. 7월 10일 각 마을의 가마를 사람들에게 공개한다.

7월 12일과 13일 오후에 가마 경주를 연습하는 오이야마 나라시(追い山ならし)가 개최된다. 시내 도로에서 진행되기 때문에 관광객도 관람할 수 있다. 천여 명의 남자들이 훈도시를 입고 가마를 메고 달리는 모습이 장관이다. 가마 위에 앉은 사람들이 "오이샤! 오이샤!"를 외치며 가마를 멘 사람들을 독려한다. 가마 주위에 있는 남자들이 대기하고 있다가 중간중간 교대로 가마를 멘다. 관광객은 도로 양쪽에 서서 함성과 박수로 격려하고 가마꾼에게 물을 뿌려서 열을 식혀 준다.

7월 14일 연습 경기를 바탕으로 각 마을별로 최종 점검을 하고 7월 15일의 본경기를 준비한다. 가마 경주를 남자들의 축제라고 부르는데 옛날에는 신성한 행사에 남자만 참가하는 전통이 있었고 더군다나 훈도시를 입고 무거운 가마를 메고 달리기 때문에 복장이나 안전을 위해서라도 남자들만 참가한다.

그림 3

③ 오이야마(追い山)

7월 15일 새벽 4시 59분, 드디어 본 경기, 즉 오이야마가 시작된다. 오이야마는 구시다신사에서 5분 간격으로 한 대씩 출발하여 5km를 달려서 가장 빨리 도착점에 도달하는 마을이 우승한다. 아직 어두운 새벽이지만 엄청나게 많은 사람들이 도로 양쪽에 빼곡이 서서 가마 경주를 구경한다. 이 장

그림 4

면은 TV와 유튜브로 생중계된다. 가마꾼들은 마을의 명예를 걸고 와! 하는 함성과 함께 전력을 다해서 달린다. 마지막 가마가 도착하면 축제는 막을 내린다.

(3) 축제 연계 관광

- **구시다 신사**: 불로장생과 번성의 신을 모시고 있으며 하카타 기온야마카사가 개최되는 장소
- **스미요시 신사**: 순항과 선박 수호의 신이자 음악의 신인 스미요시를 숭상하는 신사
- **도초지**: 국보로 지정된 천수관음보살과 16m의 목조 불상이 있음
- **조텐지**: 우동과 메밀국수의 발상지
- **라쿠스이엔**: 메이지 시대에 지은 별장
- **캐널시티 하카타**: 운하 옆에 위치한 후쿠오카 최대의 쇼핑몰
- **야타이**: 나카스 강변의 포장마차 거리이며 돈코츠 라멘이 개발됨

그림 5 구시다 신사

3) 생각 나누기: 선두에서 달리는 아이들

가마 경주에는 아이들도 참여한다. 아이들은 가마보다 앞서서 달린다. 선두에서 마을을 상징하는 깃발을 단단히 들고 달리는 아이들의 표정에서 자부심과 비장함이 느껴진다. 이어서 30~40명의 아이들이 뒤따라온다. 그 다음에 어른들이 가마를 메고 따라온다. 이 축제에서 아이들은 마을을 대표하는 주인공이다. 어릴 때의 경험이 성인이 되어서도 영향을 미친다는 점을 감안할 때 이 축제의 경험이 성인이 되어서도 자신이 지켜나가야 할 유산이라는 자긍심과 사명감을 주게 된다. 이것이 이 축제가 780여 년간 이어져 내려온 비결이 아닌가라는 생각이 든다. 아주 어린 아이들은 할아버지나 아빠의 손을 잡고 달린다. 이렇게 3대가 똑같은 옷을 입고 함께 손을 잡고 달리면서 자연스럽게 전통과 정신이 전승된다. 경주에 참여하지 않는 다른 주민도 도로 양쪽에 서서 환호와 박수로 힘껏 응원하면서 모두 하나가 된다. 그렇게 마을의 결속력을 다지고 정체성을 이어 나간다.

그림 6

1. 축제 계획 단계

축제는 단기간에 많은 인력과 장비 그리고 예산이 소요되기 때문에 치밀하게 계획되어야 한다. 특히 축제는 1년에 한 번 개최되는 것이므로 시행착오나 실패가 용납되지 않는다. 축제의 계획은 모든 실행에 대한 지침이 되므로 심사숙고하여 작성되어야 한다. 한 번뿐인 기회가 성공적으로 마무리될 수 있도록 철저한 준비가 요구된다.

축제 계획 과정은 목적 설정, 환경 분석, 목표 설정, 운영 계획, 실행 및 피드백으로 구성된다. 목적 설정 단계에서는 당해 축제의 결과로 무엇을 얻으려고 하는지 목적을 분명히 한다. 환경 분석 단계에서는 외부 환경과 내부 환경을 분석한다. 목표 설정 단계에서는 현실적이고 실현 가능한 목표를 설정한다. 운영 계획 단계에서는 프로그램, 시설, 홍보, 인력, 현장관리, 예산, 일정 등에 관한 구체적인 계획을 수립한다. 실행 및 피드백 단계에서는 축제를 실시하고 잘 진행되고 있는지 모니터링을 하고 보완이 필요한 부분은 피드백을 하고 축제 운영에 관한 평가를 실시한다.

▮ 축제 계획 과정

단계	내용
목적 설정	당해 축제의 결과로 무엇을 얻으려고 하는지 목적을 분명히 함
환경 분석	외부 환경 분석, 내부 환경 분석
목표 설정	현실적이고 실현가능한 목표 설정
운영 계획	프로그램, 시설, 홍보, 인력, 현장관리, 예산, 일정 등 구체적인 계획 수립
실행 및 피드백	축제 실시, 모니터링, 피드백, 평가

2. 목적 설정

그림 7 88서울올림픽 성화봉송

축제의 목적은 축제를 개최하여 얻으려고 하는 최종 성과이므로 모든 과정의 등대가 된다. 따라서 처음부터 축제를 개최하는 목적을 분명히 할 필요가 있다. 축제의 목적은 개최자가 누구냐에 따라 달라지는데 국가는 국가 관광 홍보, 국가 이미지 제고, 국가 경제 활성화를 위해서 축제를 개최한다. 예를 들어 올림픽의 경우 올림픽을 유치한 시점부터 올림픽 이후까지 수년간 지속적으로 언론에 노출되기 때문에 홍보 효과가 높다. 우리나라가 88서울올림픽을 개최하면서 당시 북한과의 긴장감과 군사정권이라는 부정적인 이미지를 평화, 화합, 스포츠, 전통, 문화의 이미지로 전환할 수 있었다. 또한 올림픽이라는 대규모 국제적인 행사를 개최할 수 있을 만큼 능력을 갖춘 국가라는 이미지도 심어줄 수 있었다. 올림픽을 준비하면서 88고속도로 건설, 올림픽선수촌 건설 등 경기가 호전되고 전반적인 수준이 향상되었다. 올림픽 개최 이후 우리나라를 방문하는 외래 관광객이 늘어나기 시작했다.

지자체는 특산물 판매나 주민화합 또는 관광활성화의 목적을 가지고 축제를 개최할 수 있다. 축제 기간에 특산물을 판매하여 직접적인 소득을 기대하거나 주민들의 일체감, 소속감, 화합을 도모하거나 지역의 관광자원을 홍보하여 관광객을 유인하는 것을 목적으로 설정할 수 있다. 하나의 축제로 위 세 가지를 모두 기대하면 자칫 애매한 축제가 될 수 있다. 그보다는 하나의 명확한 주요 목적을 설정하고 다른 것은 부목적으로 설정하는 것이 색깔있는 축제를 만드는 데 도움이 된다. 특히 특산물 판매나 주민화합 목적의 축제는 자연스럽게 관광활성화로 이어진다. 특산물 판매나 주민화합을 주목적으로 하지 않고 관광활성화만을 주목적으로 설정할 수 있다. 무주반딧불축제는 도시에서는 접할 수 없는 자연상태의 바딧불이를 직접 볼 수 있는 축제다. 이 축제는 무주가 청정지역이라는 것을 알리며 24만 명의 방문객을 유치하여 관광활성화를 달성하고 있다.

그림 8 무주반딧불축제

관광기업은 브랜드 이미지를 제고하거나 기업의 인지도를 높이거나 상품을 판매하려는 목적으로 축제를 개최할 수 있다. 예를들어 테마파크는 장미축제나 삼바축제 등을 개최해서 즐거움이 가득한 곳이라는 이미지를 제고하고 항공사는 할인 이벤트나 기념일 이벤트를 통해서 기업을 알린다. 호텔은 각종 이벤트를 통해 객실 판매율을 높인다. 아래 이미지는 워커힐호텔의 가을 이벤트에 대한 홈페이지 홍보다. 이런 활동을 통해 브랜드 인지도를 높이고 상품 판매를 촉진하고 있다.

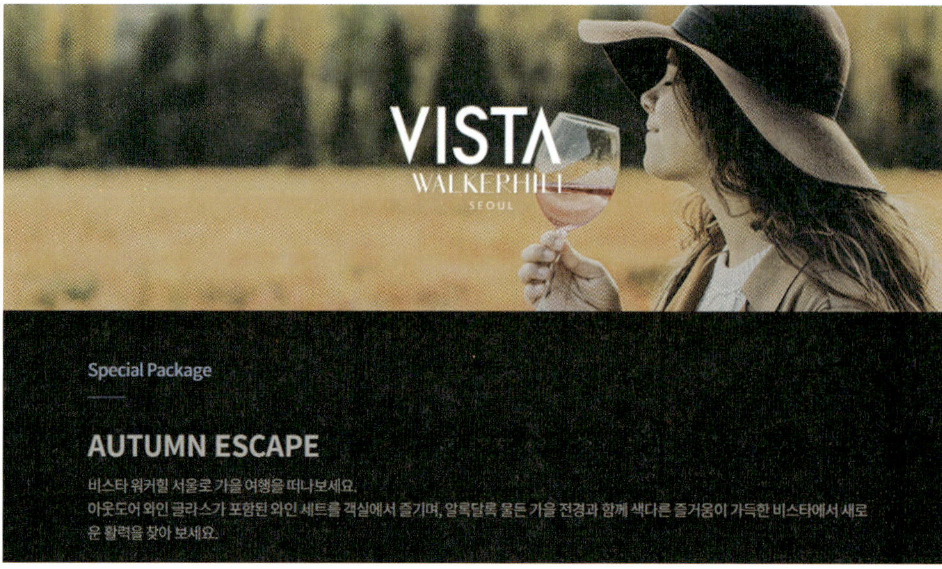

그림 9 워커힐호텔 스페셜 패키지 이벤트

민간에서는 어떤 사안에 대해 홍보하는 축제를 개최하거나, 문화예술인이 모여서 작품을 전시하고 예술 활동을 하는 축제를 열거나, 레저스포츠 협회나 동호회 주최로 레저스포츠 대회나 체험을 개최하기도 한다. 광주광역시 양림동에는 시인,

그림 10 굿모닝!양림 문화예술축제

소설가, 화가, 음악가 등 문화예술인이 많이 거주하고 있다. 이들은 한번씩 모여 시를 낭송하고 문학에 대해 토론하고 그림을 전시하고 음악을 연주하는 문화예술 활동을 하였는데 이것이 점점 축제로 발전하여 광주 남구와 문화체육관광부에서도 지원하는 축제로 발전하였다. 지자체와 정부에서 지원을 받더라도 여전히 문화예술인 중심으로 축제를 개최하고 있다. 축제 기간에는 문화예술인과 문화예술을 사랑하는 시민이 모여서 낭만적인 추억을 만든다.

개최자에 따른 축제 목적

개최자	목적
국가	• 국가 관광 홍보 • 국가 이미지 제고 • 국가 경제 활성화
지자체	• 특산물 판매 • 주민화합 • 관광활성화
관광기업	• 브랜드 이미지 제고 • 인지도 제고 • 판매 제고
민간	• 이슈 홍보 • 문화예술 활동 • 레저스포츠 활동

3. 환경 분석

환경분석은 외부 환경과 내부 환경으로 나누어 분석할 수 있다. 외부 환경은 축제 외적인 요소로서 경제, 정치, 법, 전염병, 기후, 사회문화, 기술, 인구통계 등 축제측에서 통제할 수 없는 요인이다. 내부 환경은 축제 내적인 요소로서 자본, 인력, 행사장 시설, 방문객 등 축제측에서 통제할 수 있는 요인이다.

1) 외부 환경 분석

① 경제

경기가 호황인지 불황인지에 따라서 축제를 방문하는 사람들의 숫자가 달라질 수 있다. 경기가 호황일 때 사람들의 가처분소득이 높고 금전적 그리고 심리적 여유가 생겨서 더 쉽게 축제에 갈 수 있다. 따라서 호황일 때는 축제의 목표를 상향할 수 있고 반대로 불황일 때는 목표를 하향할 수 있다. 경제 요인과 관련된 지표로는 물가, 실업률, 소득, 주가, 환율 등이 있다.

② 정치

정부나 지자체가 축제에 대해 호의적이면 예산이나 행정적인 지원이 늘어난다. 정부는 전국의 축제를 활성화하기 위해 1995년부터 문화관광축제 제도를 시행하고 있다. 그러나 2000년대 말부터 축제가 난립한다는 비판이 커지자 축제의 수를 조절하려는 움직임이 있었다. 정치적 환경에 따라 축제 주최 측에서는 목표를 다르게 설정할 수 있다.

③ 법

정부와 지자체에서는 법이나 조례로 축제를 육성하거나 제한할 수 있다. 축제 주최 측에서는 법에 의해 지원 받을 수 있는 부분이 있는지 또는 법을 위반하는 사항은 없는지 살펴볼 필요가 있다. 관광진흥법 제48조의 2에서 문화관광축제의 지정 및 지원, 지역축제의 실태조사와 평가 그리고 통폐합 등에 대해 규정하고 있다. 관광 이외의 법에 의해서도 축제는 영향을 받을 수 있다. 파주는 100여개의 출판사가 모여 있는 출판도시다. 파주는 책 문화를 공유하고자 2011년부터 파주북소리축제를 개최하고 있다. 축제기간 동안 최대 90%까지 할인하는 책을 구입할 수 있어서 관광객에게 큰 인기를 얻었다. 그런데 2014년 11월 출판문화산업진흥법에 의해 도서정가제가 시행되면서 모든 도서는 정가의 10%까지만 할인이 가능하게 되었다. 그러자 파주북소리축제의 방문객이 대폭 줄어들었다. 이후 북판매보다는 출판사,

작가, 독자가 교류하는 축제로 변화를 꾀하였다.

관광진흥법 제48조의2(지역축제 등)

① 문화체육관광부장관은 지역축제의 체계적 육성 및 활성화를 위하여 지역축제에 대한 실태조사와 평가를 할 수 있다.
② 문화체육관광부장관은 지역축제의 통폐합 등을 포함한 그 발전방향에 대하여 지방자치단체의 장에게 의견을 제시하거나 권고할 수 있다.
③ 문화체육관광부장관은 다양한 지역관광자원을 개발 · 육성하기 위하여 우수한 지역축제를 문화관광축제로 지정하고 지원할 수 있다.
④ 제3항에 따른 문화관광축제의 지정 기준 및 지원 방법 등에 필요한 사항은 대통령령으로 정한다.

그림 11 **파주북소리축제**

④ 전염병

아프리카 돼지열병, 광우병, 구제역, 사스(SARS), 메르스(MERS), 신종플루 등 전염병이 심각하게 발생하면 축제는 취소되거나 연기된다. 특히 코로나19의 영향력은 너무 커서 2020년의 축제는 거의 취소되었다. 국내뿐 아니라 해외축제도 동일한 현상이 벌어졌다. 이듬해에 온라인으로 개최하는 축제가 있었지만 정상적으로 개최되는 축제는 거의 없었다. 앞으로도 전염병의 발병과 확산 가능성을 충분히 검토할 필요가 있다.

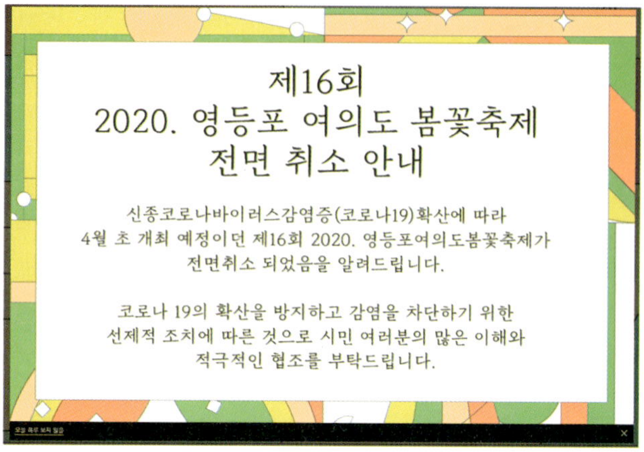

그림 12 코로나19로 인한 축제 취소 안내

⑤ 기후

대부분의 축제가 야외에서 개최되므로 기후의 영향을 많이 받는다. 국내 축제의 80%가 봄과 가을에 개최되는 것은 다른 요인도 있겠지만 사람들이 활동하기 좋은 시기이기 때문이다. 한여름과 한겨울에 야외 활동을 하기는 어렵다. 또 여름에는 태풍과 장마가 있어서 축제 기간을 정하기가 어렵다. 가령 3일 내내 비가 온다면 축제는 실패가 되버린다. 앞서 살펴본 바와 같이 축제의 특성상 여름과 겨울에 개최하는 축제도 있다. 그런데 지구온난화 때문에 겨울에도 기온이 높아서 축제 진행에 어려움을 겪고 있다. 아래 사진은 축제 행사 중에 비가 온 장면이다. 비가 약하게 내려서 공연을 취소하지 않고 진행하긴 했지만 전반적으로 어수선하고 앞 사람의 우산에 가려 뒷줄에 있는 사람은

그림 13 우천 중의 축제

공연을 제대로 볼 수 없었다. 축제는 이렇게 기후에 취약한 점이 있다.

⑥ 사회문화 요인

사회문화적 특성은 계속 변하기 때문에 지속적으로 분석하고 따라가야 한다. 과거에는 관람형 여행과 단체여행이 주를 이루었지만 현대에는 체험형 여행, 개인여행이 대세를 이루고 있다. 과거 세대와 달리 젊은 세대는 명품 구매에 적극적이므로 이것을 어떻게 축제에 반영할지 고민해 볼 수 있다. 그 외에 다양한 사회문화 현상을 분석하여 축제에 적용시킬 수 있다. 최근 SNS에 여행 사진을 공유하는 것이 일반적이어서 멋지고 독특한 사진을 찍을 수 있는 장소와 축제가 선호된다. 사람들은 사진 속의 장소에 방문하기를 원하기 때문에 홍보 효과와 방문객 유치 효과가 크다. 옆 사진은 행사장에서 사진을 찍어서 SNS에 공유하면 상품을 준다는 안내이다.

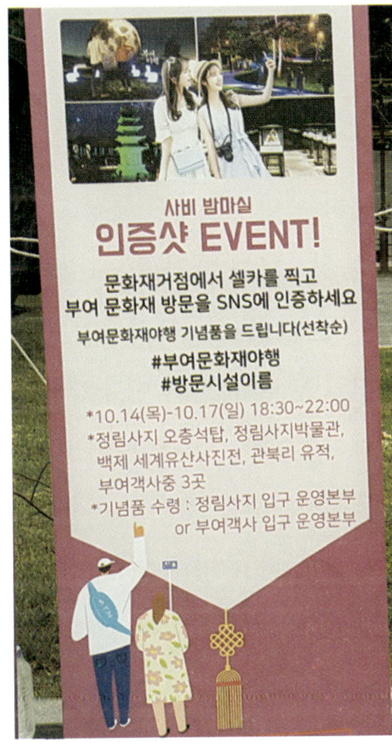

그림 14 인증샷 SNS 공유 유도

⑦ 기술 요인

새로운 기술을 축제에 적절히 응용하면 관광객에게 호기심과 흥미를 줄 수 있다. 축제 행사장의 무대, 영상, 음향 관련 기술이 향상됨에 따라 공연의 수준도 올라가고 있다. 축제장 부스에서는 AR이나 VR 등 최신 기기를 활용한 체험도 일상화되고 있다. 주최측

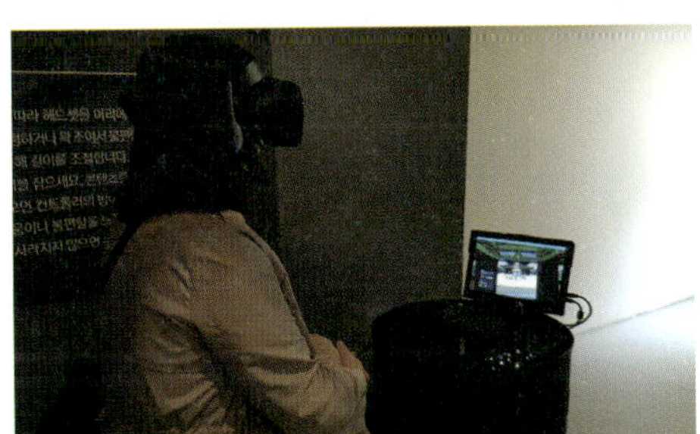

그림 15 행사장의 VR체험

에서는 통신 및 신용카드 빅데이터와 AI를 활용하여 관광객의 행태를 분석하여 시설과 서비스를 개선하고 있다. 현장의 설문조사도 과거에는 종이 설문지와 볼펜을 사용했으나 요즘은 QR코드와 인터넷 설문지가 보편화되고 있다.

⑧ 인구통계 요인

인구통계는 성별, 연령, 직업, 교육수준, 동반자 등을 나타내는 지표인데 축제를 방문하는 인구통계적 특성도 계속 변하기 때문에 이에 대한 분석이 필요하다. 최근의 특성으로는 핵가족, 고령화, 싱글족 등이 있다. 축제를 비롯한 여행레저 시장에서 어린자녀를 둔 핵가족이 주류를 차지하고 있다. 최근 고령화가 진행되고 있지만 과거와 달리 금전적 여유와 체력도 좋아서 여행레저 시장에서 상당한 역할을 하고 있다. 갈수록 결혼 연령이 많아지고 있는 가운데 만혼이 흔해지고 있고 이들은 젊었을 때 인생을 즐기려고 한다. 그 밖에 다문화 가정이나 돌싱 등이 인구 분포에 변화를 미치고 있다. 전체적인 인구통계의 변화를 분석하는 것도 중요하지만 자기 축제의 방문객이 어떤 분포를 가지고 있는지 분석하는 것이 더 중요하다. 축제의 특성에 따라 인구통계 특성도 다르다는 것을 기억해야 한다. 춘천닭갈비막국수축제는 춘천의 대표적인 먹거리를 주제로 하고 있다. 주최 측에서 의도한 것은 아니지만 실제 방문객 중 노년층이 가장 많다. 이렇게 인구통계적 변화를 분석하면 축제 계획을 수립을 할 때 상당히 도움이 된다.

그림 16 춘천닭갈비막국수축제

2) 내부 환경 분석

① 자본

축제를 개최하고 운영하려면 많은 자본이 필요하므로 어떤 수입을 얻을 수 있는지 분석한다. 자본 규모에 따라 축제의 질이 달라지므로 많이 확보할수록 유리하다. 먼저 축제가 가지고 있는 보유액이 얼마인지 확인한다. 그리고 정부나 지자체에서 받을 수 있는 보조금을 신청한다. 지역의 축제가 문화관광축제로 지정되면 정부에서 보조금을 지급한다. 2000년에는 전국의 문화관광축제 지원 금액이 16.5억 원이었고 해마다 증가하여 2008년에는 73억 원까지 늘어났다. 그리고 2019년까지는 축제의 등급(대표축제, 최우수축제, 우수축제, 유망축제)에 따라 2억7천만 월~7천만 원으로 차등 지급하였으나 2020년부터는 축제당 6천만 원 이내로 균등 지급하고 있다. 이런 국고 보조금이나 지자체의 지원금 이외에 기업 스폰서나 광고 수입 또는 부스 수입이 얼마나 될지도 산정한다. 유료 축제라면 입장료와 부가 수입도 분석하고 기타 수입이 있다면 그것도 포함해서 가용할 수 있는 총수입을 분석한다.

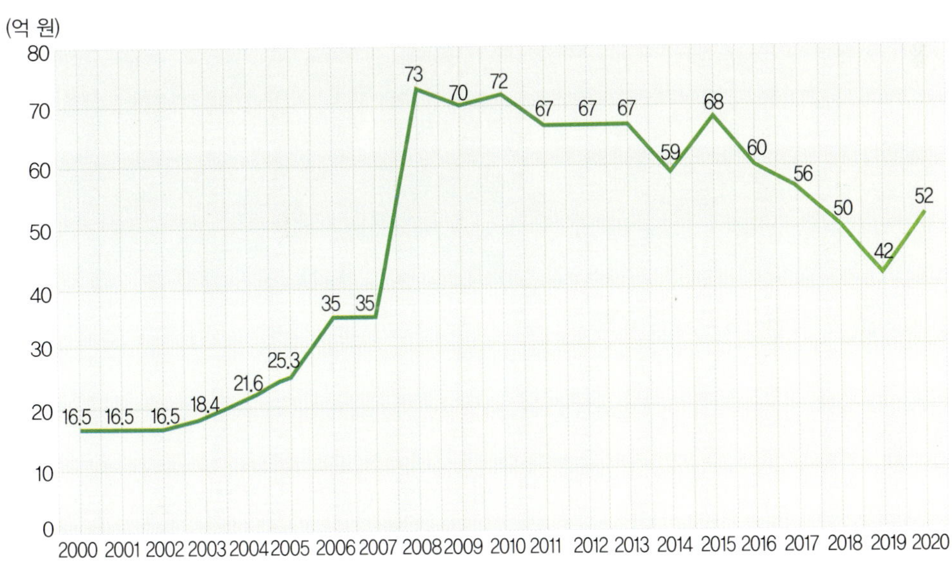

그림 17 문화관광축제 연도별 국고보조금 지원 현황

② 인력

축제는 시설, 안내, 공연, 전시, 체험, 청소, 안전, 주차, 매표소 등등 많은 인력이 필요하다. 이들을 어떻게 조달하고 훈련하고 배치하느냐에 따라서 축제의 성공에 절대적인 영향을 미친다. 유급 종사자와 자원봉사자, 관리자와 일반직, 풀타임과 파트타임 등 각각 인력을 얼마나 가용할 수 있는지 확인한다. 인력의 규모는 예산을 염두해 두고 산정한다. 총감독이나 특별 게스트 등 전문성이나 유명세가 있는 인력을 확보할 수 있는지도 분석한다.

그림 18 축제 행사장의 진행 요원

③ 행사장 시설

축제 행사장소가 적절한지 분석한다. 방문객이 접근하기 쉽고 많은 인원을 충분히 수용할 수 있는지 등을 검토한다. 국내 축제 행사장 중에는 복잡한 시내를 벗어나서 한적한 공터나 수변을 활용하는 경우가 많은데 이때 진입로, 교통체증, 대중교통, 셔틀버스, 주차공간, 혼잡도 등도 고려한다.

행사장의 시설은 어떤 것들이 있는지 살펴본다. 무대 시설, 음향 및 조명 시설, 체험 시설, 전시 시설 등이 잘 갖추어져 있는지 확인한다. 에든버러 프린지페스티벌은 주간에 개최되는 거리축제여서 간단한 시설만으로도 운영이 가능하지만 야간에 에든버러 성에서 개최되는 타투는 전문 고가 장비가 필요하다. 원주 다이내믹댄싱카니발이 타투를 모델로 해서 개최가 되고 있는데 훌륭한 음향조명 장비를 갖춘 전용 행사장을 건설하여 행사를 진행하고 있다.

방문객 편의시설 중에 화장실에 대한 불만 그리고 그늘과 식수에 대한 요청이 많이 있다. 축제 행사장에는 임시 화장실이 설치되곤 하는데 과거에는 재래식 화장실이 많아 불만이 컸다. 그러나 요즘은 수세식 화장실을 배치하는 경우가 많아 불만이 줄어들었다. 그런데 일시에 많은 사람들이 이용하니까 청소가 제대로 되지 않는 경우가 종종 있다. 그래서 화장지가 수북하게 쌓여서 지저분한 상태로 있거나 냄새가 나기도 한다. 따라서 청소 주기도 검토할 필요가 있다. 태양이 내리쬘 때는 그늘에 대한 요청이 많다. 그늘이 있으면 사람들이 편히 쉴 수 있고 오래 머물 수 있다. 그늘을 만들려면 별도의 설치 공간과 비용이 소요된다. 야외에서 축제를 감상하다 보면 쉽게 갈증이 난다. 무료 음수대를 갖출 수 있으면 좋고 여의치 않으면 구매할 수 있는 시설을 제공해야 한다.

그림 19 축제 행사장에 마련된 그늘 쉼터

④ 방문객

축제 방문객과 관련된 사항을 분석한다. 먼저 방문객의 규모가 어느 정도인지 산정해 보고 적정한 규모인지 판단한다. 그리고 방문객의 특성을 분석한다. 지역주민과 방문객, 성별, 연령별, 결혼, 동반자, 직업, 교육 수준, 소득, 거주지 등 인구통계 특성을 분석함으로써 이들에게 적합한 프로그램과 시설을 준비할 수 있다. 또한 방문객의 욕구, 동기, 태도, 라이프스타일, 행동, 기대, 만족 등 심리적 특성도 분석하면 유용한 정보가 된다. 방문객 분석은 과거의 방문객 평가 자료, 방문객이 SNS에 올린 글, 축제 홈페이지에 올린 글, 칭찬 또는 불만 사항 등을 활용할 수 있다. 아래 이미지는 강남페스티벌의 프로그램 중 하나인 K-POP 콘서트에서 대한 댓글이다. 국내뿐만 아니라 해외에서도 반응을 남겼다.

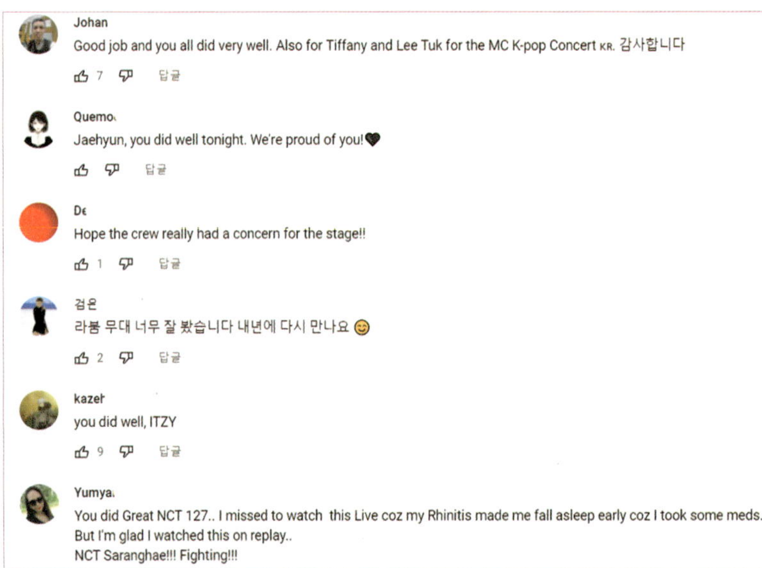

그림 20 강남페스티벌 유튜브 채널

3) SWOT 분석

SWOT 분석은 축제의 내부 환경과 외부 환경을 분석하는데 사용되곤 한다.

SWOT은 강점(Strength)과 약점(Weakness), 기회(Opportunity)와 위협(Threat) 요소를 사분면에 작성하여 전반적인 상황을 쉽게 파악할 수 있도록 한 것이다. 강점과 약점은 축제의 내부 환경에 관한 것이고 기회와 위협은 외부 환경에 관한 것이다. SWOT분석은 축제 주최 측에서 직접 작성할 수 있다. 이미 알고 있는 것일지라도 이렇게 분석해보면 강점, 약점, 기회, 위협 요소가 더 명확해져서 대처방안을 도출할 수 있고 새로운 아이디어도 얻을 수 있다.

SWOT 분석

	강점(Strength)	약점(Weakness)
내부환경	– – –	– – –
	기회(Opportunity)	**위협(Threat)**
외부환경	– – –	– – –

아래 그림의 SWOT분석 예시를 살펴보면 해당 축제의 강점은 독특하고 차별화된 주제를 가지고 있고 자본도 넉넉하다. 그리고 수준급 전용 극장을 보유하고 있다. 그러나 약점은 인지도가 낮아서 홍보 활동을 강화할 필요가 있다. 그리고 행사장 앞의 진입로가 비포장이어서 시급히 포장하여 방문객이 불편하지 않도록 조치가 필요하다. 또 하나의 약점은 자원봉사자가 미숙하다는 것인데 우선 그 원인을 파악해야 하겠다. 가령 교육 시간이 짧은 것인지 교육 내용에 문제가 있는 것인지 아니면 자원봉사자의 능력이 부족한 것인지 등을 분석하여 조치를 취한다.

해당 축제의 기회요인은 정부에서 축제에 대한 지원을 강화하겠다고 발표한 것이다. 재정적 지원이든 홍보 지원이든 축제를 발전시킬 수 있는 좋은 기회다. 이에 맞추어 해당 축제는 예산이나 홍보를 강화해서 축제의 규모를 키울 수 있다. 또 다른 기회 요소는 축제에 대한 관심이 고조되고 있고 한류 관광객도 증가하고 있어서 국내외 방문객이 늘어날 것이라는 점이다. 이에 따라 시설을 확장하고 외국인 안내 및 편의시설도 보완하는 것이 필요하다. 그러나 경기가 침체되어 국민의 소득이 감소될 것으로 예상되고 전염병이 발생할 수도 있어 이에 대한 대비책이 마련되어야 한다.

이와 같이 SWOT분석을 통해서 발견된 강점과 기회 요소는 최대화하고 약점과 위협 요소는 최소화할 수 있도록 한다. 아래 예시에서는 각 요인마다 편의상 3개씩 나열했으나 축제의 주요 상황에 따라 더 나열할 수 있다. SWOT분석은 중요 내용을 한눈에 알아보기 위한 것이므로 너무 세부적인 것까지 기입할 필요는 없다.

▮ SWOT분석 예시

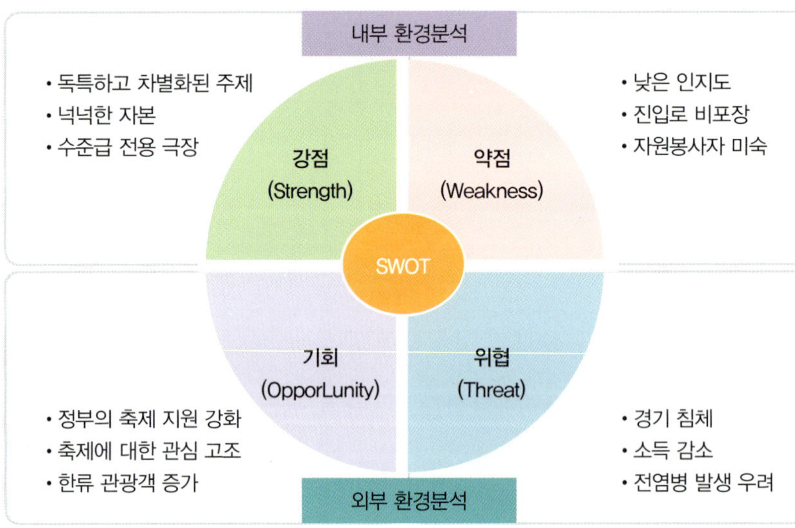

4. 목표 설정

1) 목표 설정 지침

① 현실성

목표 설정 단계에서는 이번 축제에서 달성하고자 하는 목표를 명확히 한다. 축제의 목표는 다음 사항에 유의하여 설정한다. 먼저 목표가 현실적이어야 한다. 가령 관광객 수가 해마다 5~10%씩 늘어나던 축제가 이번 해의 목표를 300% 증가로 설정하면 지나치게 과도하여 달성하기가 어렵다. 물론 타당한 이유가 있다면 상관없다. 예를 들어 300%를 증가시킬 수 있을 만큼 예산이 많이 유입되었다든가, 프로그램이 바뀌었다든가, 특별한 외부 환경 요인이 있다면 목표를 높게 설정도 된다. 그러나 일반적으로 갑자기 축제의 관광객 수를 300%나 증가시킬 수는 없다. 간혹 '목표를 크게 잡아야 어느 정도라도 달성할 수 있다'는 믿음을 가지는 사람도 있지만 많은 예산과 인력을 투입해서 축제를 개최하는 것인만큼 현실적이지 않은 목표는 자칫 구성원들의 공감을 얻을 수 없고 예산 및 인력 낭비로 이어질 수 있다.

② 구체성

다음으로 축제의 목표를 구체적으로 설정해야 한다. 예를 들어 '방문객 만족도 증가'는 증가 폭이 얼마인지 다소 막연하다. 그보다는 '만족도 10% 증가'와 같이 구체적으로 목표를 설정하는 것이 바람직하다. 목표를 구체화시키기 위해서는 수치로 표현하는 것이 좋다.

③ 시간 계획

목표 달성 시기를 세부적으로 설정할 필요가 있다. 예를 들어 10만 명의 방문객을 유치하겠다고 목표를 설정했다면 기간이나 일자별로 목표를 설정하는 것이 좋다. 축제 기간 중 평일의 방문객 수와 주말의 방문객 수는 다르다. 방문객 수에 따라 인력이나 재료비가 달라지기 때문에 날짜나 요일별로 목표를 설정하면 축제 운영 계획에 도움이 된다. 또 일자별 목표 달성 추이를 보면서 축제 실행 과정을 보완할 수 있다.

2) 목표 설정 항목

① 방문객 수

축제의 방문객 수를 목표로 설정할 수 있다. '굳이 방문객 수를 목표로 설정할 필요가 있는가?', '방문객은 많을수록 좋은 것이 아닌가?'라는 생각을 할 수도 있지만 방문객 수가 설정되어야 그에 따른 적정한 시설과 프로그램을 준비할 수 있다. 방문객 수를 고려하지 않으면 시설과 프로그램이 부족하여 충분한 인원을 수용하지 못하고 불만족으로 연결될 수 있다. 반대로 실제 숫자보다 시설과 프로그램을 과잉으로 만들어서 예산 낭비가 되고 적자폭이 커질 수 있다. 따라서 적정한 목표 방문객 수를 설정해서 축제 운영에 문제가 없도록 해야 한다.

축제의 목적과 특성에 따라 특정 집단에 대한 방문객 수를 목표로 설정할 수도 있다. 가령 외국인 관광객 2만 명 유치, 한류 관광객 3만 명 유치, 대학생 5만 명 유치, 트레킹 동호회원 3,000명 유치 등이 목표가 될 수 있다. 2010년에 시작한 제

그림 21 제주올레걷기축제 코스

주올레걷기축제는 제주 올레길을 걸으며 문화예술 공연과 지역 먹거리를 즐기는 이동형 축제로 도보여행자를 목표로 하고 있다. 실제로 내국인뿐 아니라 대만, 미국, 영국, 일본, 캐나다 등 세계 1만여 명의 도보 여행자들이 참여하고 있다. 인솔자의 안내에 따라 올레길을 걸으며 제주의 아름다움을 만끽한다.

② 인지도와 만족도

인지도와 만족도를 축제의 목표로 설정할 수 있다. 인지도는 사람들이 해당 축제에 대해서 잘 알고 있는가를 측정하는 척도인데 축제를 몇 년간 개최했음에도 불구하고 그 축제에 대해서 잘 모르는 경우가 종종 있다. 이 경우 인지도가 낮은 것이다. 일단 인지도가 높아야 방문객 수도 증가할 수 있으므로 인지도 상승을 목표로 설정할 수 있다. 또한 이미지에 대한 목표를 설정할 수도 있다. 이미지는 축제 프로그램에 대한 정보일 수도 있고 재미있다와 같은 감정적인 것일 수도 있다.

축제 방문객의 만족도가 높아야 체류시간과 소비가 늘어나고 구전이나 재방문도 높아지기 때문에 축제측은 만족도에 대해서 신경을 많이 쓴다. 따라서 만족도를 목표로 설정함으로써 더 나은 축제를 개최하려고 한다. 가령 지난해의 만족도가 5점 만점 중에 3.7이어서 올해는 최소 4.0점까지 도달할 수 있도록 목표를 설정할 수 있다.

③ 수입

입장료나 상품을 판매하는 축제의 경우 수입을 목표로 삼을 수 있다. 가령 입장료 수입이 지난해에 2억 원이었는데 올해는 2.5억 원을 목표로 하는 것이다. 특산물 판매를 하는 축제는 일정 수준의 매출액 또는 수입을 목표로 설정할 수 있다. 기타 광고 수입, 기념품 판매 수익, 스폰서 기업의 지원 등도 목표로 설정할 수 있다. 일본 니가타현 유자와 지역에서 개최되는 후지 록페스티벌은 일본 및 해외에서 200여 명의 가수와 DJ가 연주하고 20만 명의 관광객이 방문하여 무려 300억 원의 매출을 올리는 축제다. 이 축제에는 7개의 무대가 있으며 메인 무대는 5만 명까지 수용할 수 있다. 또한 세계의 음식, 캠핑 사이트, 아이들 놀이터, 곤돌라 등 다양한 편의시설이 갖추어져 있다.

그림 22 후지 록페스티벌

5. 운영 계획

1) 축제명

축제명은 단순한 이름이 아니라 축제를 상징하는 것이므로 신중하게 작성되어야 한다. 축제명은 연도 또는 회수, 개최 지역, 특성을 포함해야 어떤 지역에서 어떤 축제를 개최하는지 쉽게 전달할 수 있다. 축제가 몇 회째인지 기입하는 것은 그만큼 축제가 오래되고 역사가 있는 것이라는 알린다. 신생 축제인 경우에는 연도를 표시해서 언제 개최하는지를 알리곤 한다.

축제명에 개최 지역을 명확히 넣는 것이 좋은데 애매하게 넣거나 아예 넣지 않으면 혼란을 줄 수 있다. 예를 들어 강남페스티벌이라는 축제명은 강남역 인근에서 개최되는 것으로 인식되지만 실제로는 삼성, 압구정, 선릉 등 강남구 전역에서 개최되고 있고 실제 주최자도 강남구다. 따라서 강남구페스티벌이라고 하는 것이 개최 지역을 분명하게 설명할 수 있다.

축제명에 축제의 소재 및 특성을 표시하는데 가령 '~벚꽃축제', '~도자기축제', '~댄싱카니발'의 형식이다. 그런데 '굿모닝!양림'이라는 축제 제목은 어떤 소재나 특성을 가지고 있는지 충분히 전달하지 못하고 있다. '굿모닝!양림' 축제의 주요 프로그램을 살펴보면 문학, 그림, 음악 등 문화예술과 관련된 것이므로 '양림문화예술축제'로 명명하는 것을 생각해 볼 수 있다. 물론 축제가 매우 유명하면 축제명이 이런 특성을 가지고 있지 않더라도 상관없다. 가령 에든버러 인터내셔널페스티벌이나 에든버러 프린지페스티벌은 축제명이 음악이나 공연이라는 특성을 나타내지 않고 있지만 사람들은 공연축제라는 것을 잘 알고 있다. 그러나 신생 축제가 인지도를 높이기 위해서는 축제명에 개최 장소와 축제 특성이 드러날 수 있도록 작성하는 것이 좋다.

축제명에 부제목 형식으로 주제를 넣는 경우가 있다. 이것은 축제가 해마다 새로운 주제를 가지고 개최되고 있다는 것을 표시한다. 따라서 언제나 똑같은 축제가 아니라는 변화와 새로움을 줄 수 있어서 관심도를 높이고 재방문을 유도할 수 있다. 그러나 부제목이 무엇을 의미하는지 알 수 없는 추상적인 용어로 작성되면 효과가 반감될 수 있으니 유의해야 한다.

제29회 이천도자기축제 도자, 색에 물들다	2022 원주다이내믹댄싱카니발

2) 개최 기간과 장소

개최 시기를 언제로 할 것인가, 그리고 며칠간 개최할 것인가를 계획한다. 개최

시기는 축제의 특성에 따라 월, 요일, 연휴 등을 고려하여 결정한다. 개최 기간은 길수록 총 방문객 숫자와 홍보 효과가 증가되지만 그만큼 많은 비용과 인력이 필요하다. 따라서 축제측의 여력에 따라 개최기간을 결정한다. 또 축제의 준비 기간과 사후 마무리 기간도 고려하여 세부 일정을 계획한다. 축제 준비 기간, 개최 기간, 마무리 기간에 대해 축제 항목 별로 월별, 주별, 일별로 세분화하여 일정표를 만드는 것도 좋다.

다음으로 축제 행사 장소를 어디로 할 것인지를 계획한다. 이때 접근성, 교통, 주차장, 수용력, 편의시설, 안전 등을 고려한다. 축제 기간에는 일시에 많은 사람과 차량이 몰려서 혼잡할 수 밖에 없는데 이를 감안하여 축제 장소를 계획한다. 그리고 개최 기간 중 평일과 주말 그리고 연휴에 따라 혼잡도가 달라진다는 점도 고려한다. 아래 이미지는 고창모양성제 행사 장소를 표시한 것이다.

그림 23 고창모양성제 행사장 배치도

3) 주최, 주관, 후원

그림 24 **안동국제탈춤페스티벌 포스터**

주최는 축제의 책임기관이라고 할 수 있다. 관광축제의 경우 주로 지자체에 해당한다. 가령 고창모양성제의 경우 고창시가 주최자가 된다. 주최자는 대부분 단독이지만 예산이나 홍보 또는 기타 이유로 공동으로 주최하는 경우도 있다. 주관은 실제 축제를 진행하는 조직이다. 종종 축제조직위원회가 결성되어 주관을 한다. 이때 축제조직위원회의 구성을 합리적으로 계획해야 한다. 축제에 따라 축제조직위원회 없이 주최자가 주관까지 병행하기도 한다. 후원자는 금전, 현물, 홍보 등을 지원해 주는 기관이나 기업이다. 문화관광축제의 경우 문화체육관광부가 후원자가 된다. 그밖에 한국관광공사, 지역의 기업이나 기관이 후원자가 될 수 있다. 후원자의 이름이 축제의 수준을 말하기도 한다. 예를 들어 문화체육관광부에서 후원하는 축제라는 것만으로도 일정 수준 이상의 축제일 것이라고 기대하게 된다. 또 유명 기업이 후원하고 있다는 것은 그만큼 매력적인 축제라는 것을 의미한다. 규모가 너무 작은 기관이나 기업을 후원자로 표시하는 것은 축제에 대해 왜곡된 인식을 가질 수 있으니 유의해야 한다. 축제의 주최, 주관, 후원은 홈페이지와 포스터에 표시된다. 위 안동국제탈춤페스티벌 포스터 하단에 안동시 주최, 안동축제관광재단 주관, 문화체육관광부 · 문화재청 · 경상북도 후원이 표기되어 있다.

4) 주요 대상

축제에 참가하는 대상에 대해 계획한다. 전 국민 그리고 전 세계인이 잠재 수요가 되겠지만 실제 많이 방문하는 집단이나 앞으로 유치하고 싶은 집단에 대해서 계획을 수립한다. 주요 대상의 특성에 따라서 프로그램, 시설, 홍보 등이 달라지므로 주요 대상을 명확히 한다. 현실적으로 주변 지역에서 오는 방문객이 가장 많은데 가령 전라남도의 한 도시에서 축제를 개최한다면 대다수의 방문객은 개최 지역과 인근 지역 그리고 광주광역시에 온다. 따라서 이들이 주요 대상이 된다.

5) 프로그램

그림 25 굿모닝! 양림축제 전시 프로그램

축제의 핵심 프로그램과 보조 프로그램 그리고 개막식, 폐막식, 체험 프로그램 등에 대해 계획한다. 각 프로그램 별로 시간, 장소, 내용, 담당자, 예산을 꼼꼼히 작성한다. 프로그램이 서로 겹치는 일이 없도록 시간 및 공간의 간격도 유지한다. 모 축제에 가보니 작은 야외무대에서 가수가 노래를 하고 있는데 바로 옆으로 수문장 교대식을 위한 취타대가 지나가서 두 행사의 소리가 겹친 적이 있었다. 또 다른 축제에서는 두 무대가 마주 보고 있는데 동시에 공연을 해서 어떤 것도 집중할 수 없었다.

6) 광고 및 홍보

인터넷 · 스마트폰 · TV · 라디오 · 신문 · 지하철 · 버스 등의 광고, 플래카드 · 포스터 · 리플릿 등의 제작, TV나 신문의 기사화, SNS 이벤트 등의 홍보 계획을 수립한다. 각각 장소, 기간, 비용도 고려한다. 매체에 따라 비용과 효과가 다르므로 예산 내에서 효과적으로 배분할 필요가 있다. 아래는 행사 리플릿이다.

그림 26 부여문화재야행 리플릿

7) 시설

축제 행사장에는 많은 시설이 있다. 공연 및 전시 체험 시설, 식음료 · 쉼터 · 음수대 · 화장실과 같은 편의시설 그리고 안내 · 응급치료 · 미아보호 · ATM 등등의 시설

그림 27 축제 행사장의 종합안내소

이 갖추어진다. 각 시설에 대한 장소, 운영시간, 설치 비용에 관한 세부사항도 계획한다.

8) 인력

축제는 많은 인력이 필요하며 각 시설이나 프로그램별로 적절히 배치하여야 한다. 우선 인력선발에 관한 계획을 세워야 한다. 업무에 따라 공채, 오디션, 스카우트, 타 기관 협조 요청을 할 수 있다. 인력이 선발되면 각 업무에 따라서 적절하게 인력을 할당한다. 그리고 해당 업무를 잘 수행할 수 있도록 훈련시킨다. 여기에는 담당 업무 지식뿐만 아니라 서비스 마인드와 안전 교육을 포함한다. 그리고 축제에 대한 기초 교육을 실시하여 누구나 관광객의 질문에 대해 답변하거나 담당자를 안내해 줄 수 있어야 한다. 종종 축제 행상에서 안내를 담당한 인력조차 제대로 답변을 못하는 경우가 있다. 아무리 단순해 보이는 업무라도 예상 시나리오를 작성해서 관광객의 요청에 잘 대응할 수 있어야겠다.

9) 안전 및 위생

축제는 야외, 간이시설, 인파로 인해 안전 및 위생 문제가 발생할 수 있으므로 이에 대한 대비를 해야 한다. 코로나19와 같이 전염병이 발생했을 경우에는 인원 제한, 출입자 통제, 마스크 착용과 체온 측정, 감염 의심증상자 대응 태세 등에 관해 상세한 계획한다. 그리고 화재, 감전, 폭발 등 재난 및 위

그림 28 공주 석장리구석기축제 부교 안전관리 부스

기사항이 발생했을 경우 대비할 수 있도록 계획을 수립한다. 또 응급환자나 안전사고 환자를 위한 의료 지원을 계획하고 치안 관련 문제가 생겼을 때도 대비한다.

위생 관련 사항도 계획한다. 야외에서 많은 사람들에게 음식을 제공하다보면 식중독에 노출되기가 쉽니다. 이에 대해 철저히 관리 및 감독할 수 있도록 한다. 쓰레기 처리나 화장실 청소도 시간 계획을 수립해서 위생적으로나 미관상으로 불편함이 없도록 하는 것이 필요하다.

6. 실행 및 피드백

그림 29 대전칼국수축제 평가보고회

실행 단계는 실제 축제를 개최하는 것이다. 각 프로그램이 계획대로 잘 진행되고 있는지 담당자별로 모니터링을 한다. 문제가 있거나 조치가 필요한 사항이 생기면 관리자나 운영 본부에 피드백하여 보완한다. 우천이 발생할 때를 대비해서 우의를 준비하거나 기온이 급하강할 때를 대비해서 핫팩을 준비하는 등 예상할 수 있는 문제는 예방하거나 대비책을 마련한다.

그리고 축제의 실행에 대해서 평가하여 차기 축제 계획에 기초 자료로 활용될 수 있도록 한다. 특히 방문객이 어떤 점에서 만족 또는 불만족했는지를 평가한다. 그리고 경제적인 효과 분석, 사회문화적 효과 분석, 홍보 효과 분석, 지역민 만족도 분석 등을 실시한다. 이들 결과를 하나의 보고서 형태로 제작한다. 마지막으로 평가 자료를 가지고 평가 보고회를 실시하고 축제를 최종적으로 마무리한다.

학습정리

후쿠오카 하카타 기온야마카사

- 마츠리(祭り)는 일본의 민속 축제를 일컫는 말로 신에 대한 감사와 기원을 담은 의식임
- 하카타 기온야마카사는 1241년 하카타 지역에 역병이 돌자 쇼이치(聖一)라는 스님이 가마를 타고 길에 물을 뿌려 역병을 물리쳤다는 것에서 유래함
- 7월1일 전시용 가마인 카자리 야마카사 10여 개를 후쿠오카 전역에 설치함
- 7월 12일과 13일 오후에 가마(가키 야마카사) 경주를 연습하는 오이야마 나라시(追い山ならし)가 개최됨
- 7월 15일 오이야마가마가 구시다신사에서 출발하하여 가장 빨리 도착점에 도달하는 마을이 우승함
- 축제 연계 관광: 구시다 신사, 스미요시 신사, 도초지, 조텐지, 라쿠스이엔, 캐널시티 하카타, 야타이

축제 계획

- 축제는 단기간에 많은 인력과 장비 그리고 예산이 소요되기 때문에 치밀하게 계획되어야 함
- 축제 계획 단계: 목적 설정 → 환경 분석 → 목표 설정 → 운영 계획 → 실행 및 피드백
- 축제의 목적은 개최자가 누군가에 따라 달라지는데 지자체는 특산물 판매나 주민화합 또는 관광 활성화의 목적을 가지고 축제를 개최함
- 외부 환경 분석: 경제, 정치, 법, 전염병, 기후, 사회문화, 기술, 인구통계 등
- 내부 환경 분석: 자본, 인력, 행사장 시설, 방문객 등
- SWOT분석은 외부 환경과 내부 환경을 사분면에 정리하여 한눈에 알아볼 수 있도록 분석한 것
- 축제의 목표 설정 시 현실성, 구체성, 시간 계획을 고려함
- 축제의 목표 설정 항목: 방문객 수, 인지도, 만족도, 수입 등
- 축제 운영 계획에는 축제명, 개최 기간, 개최 장소, 주최, 주관, 후원, 주요 대상, 프로그램, 광고, 홍보, 시설, 인력, 안전, 위생 등을 포함함
- 축제를 실행하면서 각 프로그램이 계획대로 잘 진행되고 있는지 담당자별로 모니터링을 하고 문제가 있거나 조치가 필요한 사항이 생기면 관리자나 운영 본부에 피드백하여 보완함
- 축제의 경제적 효과, 사회문화적 효과, 홍보 효과, 방문자 만족도 분석, 지역민 만족도 분석 등을 실시하여 차기 축제 계획에 기초 자료로 활용될 수 있도록 함

학습평가

01 일본의 민속 축제를 일컫는 말로 신에 대한 감사와 기원을 담은 의식은 무엇인가?

① 야마카사

② 하카타

③ 마츠리

④ 기온

02 외부 환경 분석의 요소로 거리가 먼 것은?

① 경제

② 자본

③ 기후

④ 사회문화

[정답 및 해설]

01 ③

해설:마츠리(祭り)는 일본의 민속 축제를 일컫는 말로 신에 대한 감사와 기원을 담은 의식임

02 ②

해설: 자본은 내부 환경 분석 요인임

CHAPTER 06

축제 방문객 분석

06

학습목차

- 사례에서 배운다: 캘거리 스탬피드

1. 방문객 조사 방법
2. 설문조사
3. 방문객 특성

학습목표

- 캘거리 스탬피드 사례의 성공 요소를 우리나라 축제에 응용할 수 있다.
- 다양한 방법으로 축제 방문객의 욕구와 특성을 분석할 수 있다.
- 설문지를 작성하고 설문조사를 실시할 수 있다.
- 방문객의 인구통계, 방문 행태, 방문 동기 등의 특성을 분석할 수 있다.

Chapter 06

축제 방문객 분석

■ 사례에서 배운다: 캘거리 스탬피드

1) 캘거리

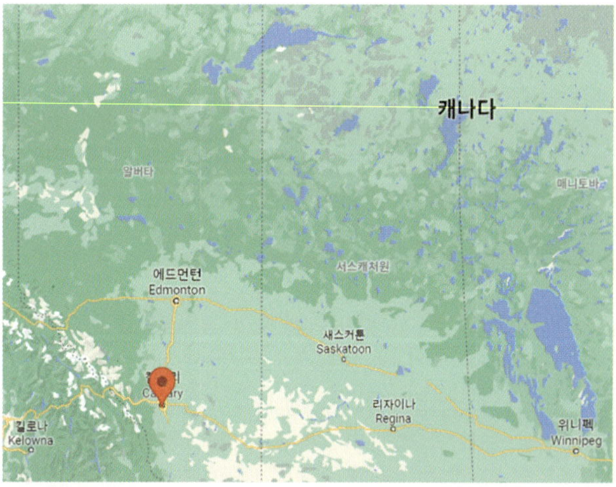

그림 1

캐나다 남서쪽에 위치한 캘거리(Calgary)는 앨버타(Alberta) 주의 중심 도시로서 서쪽으로는 로키 산맥이 뻗어있고 동쪽으로는 대평원이 펼쳐져 있다. 캘거리는 해발 1,050m에 위치해 겨울에는 춥고 눈이 많이 내린다. 캘거리에는 11,000년 전부터 원주민이 살았다고 전해지며 1787년부터 서양인들이 들어오기 시작했다. 캘거리는 1876년 북서 기마경찰(North-West Mounted Police)의 기지가 된 이후 1883년 캐나다 동부와 서부를 잇는 대륙횡단 철도가 캘거리를 지나게 되면서 본격적으로 도시로 형성되었다. 캘거리라는 이름은 스코틀랜드의 한 지명에서 따왔는데 '목초지의 해변(Beach of the meadow)'이라는 뜻을 가지고 있다. 캘거리는 1886년부터 목축업을 발전시키기 위해 박람회를 개최했는데 이후 오늘날까지 목축업이 주요 산업 중 하나로 자리를 잡았고 캘거리의 육질 좋은 소고기는 지역 특산물이 되었다. 캘거리를 지탱하는 또 하나의 산업은 석유산업인데 1947년 캘거리에 대규모 유전이 개발된 이래 석유 관련 산업이 발달하였다. 1970년대와 80년대에 이주민들이 늘어나면서 도시가 팽창하였다. 그러나 1980년대와 90년대에 오일 가격의 하락으로 인해 지역 경제가 큰 타격을 받았다. 1988년 동계올림픽을 개최한 이래 관광산업을 육성하고 첨단 산업을 발전시키는 등 지역 산업의 다양화를 추진하고 있다.

2) 캘거리 스탬피드

(1) 유래

캘거리 스탬피드(Calgary Stampede)는 1912년 가이 위딕크(Guy Weadick)라는 카우보이가 4명의 농장주에게 후원을 받아 처음으로 개최하였다. 가이 위딕크는 후원자 사진을 축제 홍보 포스터에 넣어 감사함을 표시했다. 6일간 개최된 제1회 축제 기간 중 여러 날에 걸쳐 비가 와서 일정에 차질이 빚어졌다. 그러나 축제가 흥미롭다고 입소문을 타면서 8만 명이 관람하고 12만 달러의 수익을 올리는 등 소기의 성과를 거두었다. 이듬해에는 캐나다 서부의 경기 불황으로 인해 축제가 개최되지 못했다. 그다음 해인 1914년에 제1차 세계대전이 발발해서 축제가 개최되지 못했고 전쟁 기간 내내 개최되지 못했다. 1919년 전쟁이 끝나자 이를 기념하기 위해 제2회 스탬피드 축제를 개최하였다. 그러나 전후의 경제적 상황이 좋지 않아 수익은 별로 많지 않았다. 이후 3년간 축제가 개최되지 못했다.

1923년 캘거리 전시회와 스탬피드 축제를 결합하여 규모를 키워서 다시 개최하게 된다. 이때 퍼레이드 시간도 2시간 정도로 늘리고 인디언도 퍼레이드에 참가시키고 다른 참가자들에게 서부시대의 복장을 입게 하는 등 좀 더 흥미진진하게 개편하였다. 그리고 주변 상점들도 축제에 어울리게 외관을 장식하였다. 또한 기존에는 로데오 경기만 치렀는데 마차 경기를 추가하였다. 이렇게 오늘날의 스탬피드 축제의 면모를 갖추게 되면서 큰 인기를 얻었고 수많은 관광객을 불러 모으는 세계적인 축제가 되었다.

매년 7월에 개최되는 캘거리 스탬피드는 세계 최대의 카우보이 축제다. 관광객도 카우보이 모자와 부츠 그리고 체크무늬 셔츠와 청바지를 입고 축제를 즐기고 마치 자신도 카우보이가 된 듯한 기분을 만끽한다. 캘거리 스탬피드는 목축업에 대한 자부심과 지역에 대한 긍지를 느낄 수 있는 축제이기도 하다. 갈수록 산업화가 진행되고 있는 가운데 전통적인 목축업을 매력적인 축제로 발전시킨 사례라고 할 수 있다. 스탬피드(stampede)는 소떼나 가축이 우르르 뛰어가는 모습을 표현하는 단어다.

그림 2 가이 위딕크와 후원자 사진을 넣은 축제 포스터

(2) 주요 행사

① 개막 퍼레이드

개막일 아침 9시, 시내에서부터 축제 행사장인 스탬피드 파크(stampede Park)까지 멋진 퍼레이드가 행진한다. 관람객은 도로 양쪽에 서거나 계단식 좌석에서 관람한다. 별도의 관람료는 없다. 본격적인 퍼레이드에 앞서 미리 나온 사람들을 위해 8시부터 곳곳에서 묘기, 댄스, 삐에로, 승마 기술 등 다양한 볼거리로 분위기를 띄운다. 퍼레이드에는 100여 개의 기관과 단체에서 3,000여 명이 참가한다. 그리고 약 700마리의 말과 100여 대의 마차가 사용된다. 퍼레이드에는 군악대가 흥을 돋

그림 3

우는 연주를 하며 행진한다. 백파이프 연주단도 함께 한다. 이어서 수십 명의 카우보이가 말을 타고 따라오고 이 지역의 토착민인 인디언도 나선다. 그리고 수십 개의 깃발 행렬이 지나가고 이어서 치어리더와 피에로가 즐거움을 더한다. 퍼레이드 뒤에 청소차가 따라오면서 곧바로 깨끗이 청소한다. 퍼레이드 행렬이 축제 행사장에 다다르면 스탬피드 축제의 상징인 하얀 카우보이 모자를 쓴 연주단과 깃발 부대가 환영해준다. 마침내 퍼레이드 행렬이 축제 행사장 안으로 입장하면 개막 선언과 함께 축제가 시작된다.

② 로데오

이 축제의 가장 대표적인 행사인 로데오(rodeo)는 길들여지지 않은 말이나 소를 타고 오래 버티는 경기다. 캘거리 스탬피드에서 개최하는 로데오는 단순히 축제의 일환으로 진행되는 이벤트가 아니다. 재미로 하는 것이 아니라 전 세계 로데오 선수들이 참가하는 실제 경기다. 총 상금이 10억 원이 넘을 정도로 세계적인 로데오 대회이며 여기에서 우승하는 사람은 부와 명예를 얻는다. 로데오는 10일 간 매일 오후에 열린다. 처음 8일간은 각 종목별로 상위권 10명 내외의 선수를 선발하는 예선전(go-round)을 치른다. 9일째는 상위 7명을 선발하는 준결승전(short go)을 치른다. 10일째는 준결승에서 선발된 7명과 과거 챔피언 3명을 합쳐 10명이 결승전(Sudden Death)을 치른다. 이날이 가장 수준 높은 로데오 경기를 볼 수 있는 날이다. 로데오를 보기 위해서는 입장료를 지불해야 하고 좋은 좌석을 얻으려면 필수적으로 예매를 해야 한다.

로데오 경기는 여러 종목으로 진행되는데 가장 전형적인 경기는 안장 있는 야생마 타기(saddle bronc riding)다. 로데오 선수가 야생마 위에서 오래 버틸수록 그리고 야생마를 제어하는 기술이 뛰어날수록 높은 점수를 받는다. 안장 없이 야생마 타기(bareback riding)도 있다. 안장이 없으니 오래 버티기가 더욱 힘들다. 야생마 대신 거친 황소를 타기(bull riding)도 있다. 황소 위에서 한 손을 들고 8초 이상 견뎌야 하는 경기인데 이를 버티지 못하고 땅바닥에 떨어지면 황소에게 밟히거나 치여서 위험한 상황이 되기도 한다. 그런 아찔함이 있어서 사람들이 더 열심히 보게 되는 것 같다. 수송아지 뿔 잡고 쓰러뜨리기(steer wrestling)는 수송아지가 달려나가면 카우보이가 말을 타고 쫓아가다가 재빨리 몸을 날려 수송아지의 뿔을 잡고 쓰러뜨리는 경기다. 카우보이의 용맹과 힘 그리고 기술을 볼 수 있다. 송아지 다리 묶기(calf roping)는 달리는 송아지 목에 로프를 던져 쓰러트린 뒤 다리를 묶는 경기다. 송아지가 잡히지 않으려고 줄행랑을 치는 모습이 웃음을 주기도 하지만 로프에 목이 걸려 뒤로 넘어지고 금세 다리가 묶이는 모습은 안쓰럽기도 하다. 카우보이가 로프를 던져서 송아지를 쓰러뜨리고 다리를 묶는 데까지 7초 정도 밖에 걸리지 않는다. 정말 순식간에 해내기 때문에 감탄이 나오지 않을 수 없다. 여성 카우보이가

그림 4

참가하는 경기도 있다. 경기장에 놓인 세 개의 원통을 한 바퀴 도는 경기(ladies barrel racing)인데 빨리 들어올수록 높은 점수를 받는다. 이 경기는 남자들 경기처럼 위험하지 않다. 관광객은 남성들의 거친 경기만 보다가 여성의 경기가 있으니까 분위기가 부드럽게 중화되는 느낌을 받는다.

다른 많은 축제들이 공연 위주로 개최되지만 캘거리 스탬피드는 경기 방식의 축제여서 흥미와 재미가 크다. 매 경기마다 다른 양상을 띠기 때문에 관광객이 더욱 집중하고 몰입한다. 멋진 경기를 펼치는 선수들에게 환호와 탄성을 내지르고 아쉬운 결과에는 박수와 격려를 보낸다. 이런 경기 방식의 축제는 공연과 전시 그리고 지역 문화를 곁들이면 대부분 성공적인 축제가 된다.

③ 마차경주

마차경주는 네 마리의 말이 끄는 마차(wagon)를 타고 원형 경기장을 한 바퀴 도는 경기다. 마차경주는 낮의 온도가 너무 높기 때문에 말이 지치지 않도록 초저녁

그림 5

에 개최한다. 초저녁이지만 여름이라서 아직 밝다. 경기는 한 번에 네 팀씩 9회에 걸쳐 36대의 마차가 경기를 펼친다. 그리고 10일 간의 성적을 합산해서 최종 순위를 결정하게 된다. 로데오와 달리 마차경주는 상대 선수가 있기 때문에 또 다른 스릴과 재미를 준다. 다른 선수를 견제하거나 쫓아가면서 전력을 다해 달리는 모습이 정말 흥분된다. 장내 아나운서의 숨 가쁜 설명, 기수가 말을 독려하며 외치는 소리, 말이 달릴 때 근육의 움직임과 힘찬 발굽 소리, 마차 뒤로 날리는 흙먼지, 관중의 함성 소리가 뒤섞여 짜릿한 경기가 된다. 각 마차에는 스폰서 기업의 브랜드가 새겨져 있어서 광고 효과가 크다. 게다가 장내 아나운서가 경기를 설명할 때 '지금 에어캐나다가 추월하고 있습니다'와 같이 스폰서 기업의 브랜드를 호명하기 때문에 광고 효과가 더욱 크다.

④ 그랜드스탠드 쇼

마차경주가 끝나고 주위가 어두어지면 경기장은 공연장이 된다. 그랜드스탠드 쇼(Grandstand Show)라는 이름의 공연은 노래, 춤, 마술, 서커스 등으로 구성되어 있다. 그런데 로데오 경기나 마차경주를 할 때는 없었던 멋진 무대가 경기장 안에 순식간에 만들어지는 모습이 흥미로운 볼거리다. 마치 합체 로봇처럼 경기장 양 옆에서 각 부분들이 한 곳으로 모이고 공중에서도 내려오고 심지어 땅에서도 올라와 순식간에 완벽한 무대로 조립된다. 2시간의 열띤 공연이 끝나면 화려한 불꽃놀이가 피날레를 장식한다.

그림 6

⑤ 놀이시설과 야외공연

로데오 경기장 밖에는 수많은 놀이시설이 있어서 가족이나 관광객이 다양하게 즐길 수 있다. 솜사탕, 피자, 핫도그, 햄버거 등 다양한 먹거리도 판매한다. 축제 행사장에 아이들이 많은데 캐릭터 인형이 아이들을 반기고 사진을 찍어주기도 한다. 그리고 무료 야외 공연도 개최된다. 사람들은 잔디에 앉아서 편안하게 앉거나 누워서 공연을 감상한다.

그림 7

(3) 축제 연계 관광

- **다운타운:** 캘거리 시내에서 옛 건물과 꽃 화분을 만날 수 있음
- **캘거리타워:** 시내 중심에 있으며 꼭대기 전망대에서 시내의 빌딩 숲과 올림픽 공원 그리고 멀리 로키산맥까지 볼 수 있음
- **밴프 국립공원:** 1885년에 지정된 캐나다 최초의 국립공원
- **케이브 앤 베이슨:** 캐나다 국립공원의 탄생지

- 레이크 루이스: 영국 공주의 이름을 따서 명명된 밴프의 호수
- 모레인 레이크: 1899년 월터 윌콕스라는 사람에 의해서 발견된 밝은 청록색의 호수

그림 8 캘거리타워

3) 생각 나누기: 스탬피드 팬케이크

캘거리 스탬피드에는 스탬피드 팬케이크(Stampede pancake)라는 행사가 있다. 축제 기간에 쇼핑센터나 공원에서 아침에 팬케이크를 무료로 나눠주는데 1923년 와일드호스 잭(Wildhorse Jack)이라는 사람이 처음으로 시작했다. 이름이 야생마는 뜻을 가지고 있어서 축제와 잘 어울린다. 당시 전쟁이 끝난 직후여서 전체적으로 경제 상황이 좋지 았았다. 그래서 축제 기간에 사람들에게 음식을 나눠주는 행사를 개최했고 이것이 계속 이어져 하나의 전통이 되었다.

그 아름다운 뜻을 이어받아서 현재는 여러 기업과 지역 커뮤니티에서 동참하고 있다. 기업은 긍정적인 이미지를 만드는 부가적 홍보 효과를 얻기도 한다. 팬케이

크를 만들고 나눠주는 사람은 대부분 지역 자원봉사자다. 이렇게 지역 전체가 나눔의 행사를 함께 함으로써 축제에 참여한다는 자부심과 소속감을 갖는다. 원래 축제라는 것은 제사를 지내고 그 음식을 나눠 먹으며 화합과 공동체 의식을 느끼는 것인데 캘거리 스탬피드에서도 음식을 나누면서 축제가 더욱 풍성해진다. 관광객 입장에서는 대접받는 느낌과 함께 더욱 행복한 마음으로 축제를 즐긴다. '스탬피드 팬케이크'는 하나의 고유명사가 되었으며 캘거리 스탬피드의 명물이 되었다. 아래 사진은 skyfire라는 태양열 에너지 회사가 팬케이크를 나눠주는 장면이다.

그림 9

1. 방문객 조사 방법

축제 방문객의 특성을 분석함으로써 그에 맞는 프로그램과 시설을 준비할 수 있다. 축제가 외부 관광객을 유치하려는 목적을 가지고 있다면 그들이 누구인지 무엇을 원하는지 알아야 한다. 방문객의 특성을 분석하지 않은 채 축제를 기획하고 실시하면 축제를 위한 축제가 될 수 있다. 방문객의 인구 통계적인 분석과 방문 동기 등의 분석은 축제 프로그램, 홍보, 인력, 시설 계획을 위한 중요한 정보가 된다. 또한 기업의 후원을 요청할 때 축제 방문객의 특성이 기업의 주요 고객과 일치한다는 것을 보여줌으로써 수월하게 후원을 이끌어낼 수 있다. 방문객 조사 방법은 문헌조사, 설문조사, 심층면접법, 표적집단면접법, 전문가조사, 사례조사, 관찰법, 빅데이터 조사 등이 있다.

1) 문헌조사

문헌조사는 이미 다른 사람에 의해서 발간된 자료를 수집하여 분석하는 것이다. 문헌 자료는 인쇄 자료, 인터넷 자료, 내부 자료로 구분할 수 있다. 인쇄 자료는 문화체육관광부 발간 자료, 한국관광공사 발간 자료, 연구소 발간 자료, 서적, 언론 기사 등이다. 인터넷 자료는 관광지식정보시스템(https://www.tour.go.kr/), 한국관광 데이터랩(https://datalab.visitkorea.or.kr/), 축제별 홈페이지, SNS 자료 등으로부터 얻을 수 있다. 내부 자료는 전년도 축제 평가 자료, 예산 사용 내역, 기타 조직 내부에 존재하는 자료다.

문헌 자료

구분	자료 수집처
인쇄 자료	문화체육관광부 발간 자료, 한국관광공사 발간 자료, 연구소 발간 자료, 서적, 언론 기사
인터넷 자료	관광지식정보시스템(https://www.tour.go.kr/), 한국관광 데이터랩(https://datalab.visitkorea.or.kr/), 축제별 홈페이지, SNS 자료
내부 자료	전년도 축제 평가 자료, 예산 사용 내역, 기타 조직 내부에 존재하는 자료

문헌 자료는 이미 발간된 자료이므로 빠른 시간 내에 획득할 수 있고 구입 비용도 매우 적은 장점이 있다. 그러나 문헌 자료는 과거에 작성된 것이어서 현재 시점과 다를 수 있고 다른 목적을 위해 작성된 것이기 때문에 현재의 조사목적에 부합하지 않을 수 있다. 따라서 문헌 자료는 전체적인 트렌드나 조사 설계 등 본 조사를 위한 참고자료로 사용하기에 유용하다.

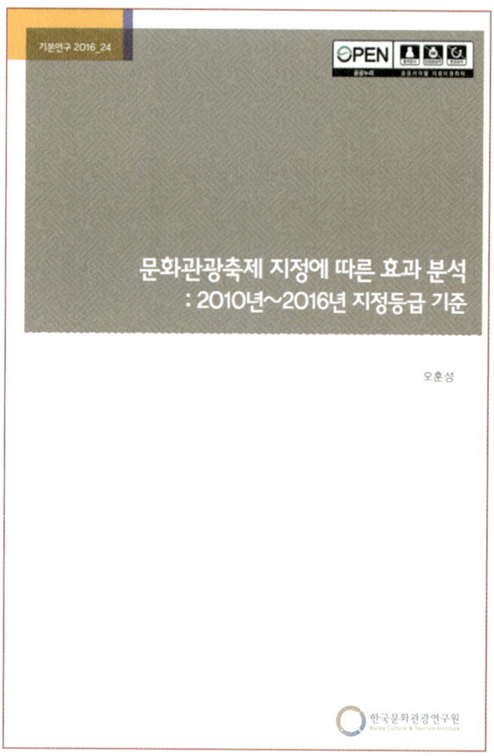

그림 10 **한국문화관광연구원 발간 자료**

2) 설문조사

설문조사는 사전에 제작된 설문지를 통해 잠재 방문객, 현장 방문객, 지역 주민의 특성과 의견을 수집하는 것이다. 설문조사는 많은 응답자에게 자료를 수집할 수 있어서 객관적인 해석이 가능하다. 그리고 정량적인 통계분석이 가능하여 각 변수별, 집단별 특성을 통계 수치로 설명할 수 있다. 그러나 설문지에 적절한 문항을 구성하는 것이 쉽지 않다. 설문 문항의 내용이나 순서의 미묘한 차이에 의해서 잘못된 결과가 나오기도 한다. 그리고 정형화된 설문 항목으로 인해 응답자의 다양한 의견을 끌어내지 못하고 피상적인 질문이 될 수 있다. 또 설문조사는 인쇄비, 설문 조사원 인건비, 설문 응답 사례비 등 비용이 소요되고 설문 부수가 많을수록 비용도 올라간다. 그리고 응답자가 질문을 잘못 이해하거나 성의 없이 답변하는 경우가 많아 분석 결과에 대한 신뢰성이 문제가 될 수 있다. 또한 통계분석 과정에서 미숙하거나 실수로 인해 부적절한 결과를 얻을 수 있다.

그림 11 축제 행사장 설문조사

설문지 배포 방법은 대인 면접, 전화 면접, 우편 설문, 인터넷 배포 등이 있다. 대인 면접(personal interview)은 조사원이 현장에서 방문객을 직접 대면하여 설문지를 배포하고 응답을 요청하는 방식이다. 이것은 조사 대상자에게 동기부여하여 응답률을 높일 수 있고 조사 대상자가 문제를 이해하지 못했을 경우 도와줄 수 있다. 그러나 다른 사람이 쳐다본다는 생각 때문에 응답자가 솔직하게 답변하지 않을 수 있고 조사원이 응답자에게 설명하는 과정에서 주관이 개입될 수 있다.

전화 면접(telephone interview)은 현장까지 가지 않고 전화만으로 설문 자료를 수집할 수 있다. 그리고 전화번호만 있으면 지역적으로 폭넓은 조사가 가능하다. 그러나 문항을 일일이 불러주는 불편이 있어서 질문이 짧은 것이 좋고 문항 수도 적어야 불만이 적다.

우편 설문(mail questionnaire)은 응답자가 편리한 시간에 응답할 수 있고 역시 주소만 있으면 전국적으로 응답 자료를 수집할 수 있다. 그러나 응답자가 문항을 이해하지 못할 때 도움을 줄 수 없고 설문지를 회수하는 데 시간이 오래 걸리고 회수

율도 낮다.

인터넷 설문(internet questionnaire)은 인터넷으로 설문지를 만들어서 이메일이나 모바일로 링크를 보내 응답을 받는 방식이다. 인터넷 설문은 설문지 인쇄비, 설문 조사원 인건비, 전화비, 우편비 등이 없어 비용이 매우 저렴하다는 장점이 있다. 그리고 이메일 주소와 링크의 배포만으로 방대한 자료를 수집할 수 있다. 응답자 입장에서도 마우스로 클릭하거나 손가락으로 터치하면 설문 문항에 답변할 수 있어서 간편하다. 게다가 응답자의 답변은 자동으로 코딩(coding) 되므로 코딩에 필요한 시간과 비용을 절약하고 입력 오류를 방지할 수 있다. 그러나 조사원도 없고 응답하기도 쉬운 만큼 하나의 번호로 일관하거나 불성실한 응답이 많은 편이다.

축제 현장에서 가장 많이 사용하는 방법은 대인 면접이다. 많은 방문객이 모여 있으므로 설문지를 배포하기가 쉽다. 축제 전과 후에는 방문객을 만나기 어려우므로 전화, 우편, 인터넷 설문이 가능하나 특별한 목적이 있는 경우에 활용한다. 최근에는 축제 현장에서 QR코드와 스마트폰을 활용한 인터넷 설문이 많아지고 있다.

3) 심층면접법

심층면접법(depth interview)은 면접자와 피면접자가 1:1로 탐사방식(probing skills)에 의해 1~2시간 동안 심층적으로 질문하여 상세한 정보를 얻는 방법이다. 설문조사와 같이 질문이 정해져 있는 것이 아니라 응답자의 답변을 단서로 질문을 계속 이어가는 방식이다. 그렇다고 준비가 전혀 없는 것은 아니고 조사 목적을 달성할 수 있는 핵심 질문을 미리 준비해서 면접에 임한다. 심층면접법은 면접원의 커뮤니케이션 능력, 청취 능력, 탐사 능력 등 능숙한 기술이 요구된다. 심층면접법은 깊이 있는 정보를 얻을 수 있지만 응답자 수가 제한적이고 계량화하거나 일반화하기 어렵다.

피면접자에게 자주 하는 질문

왜 그렇게 생각하십니까?
이유가 뭐죠?
어떻게 하면 되나요?
다른 해결방안은 무엇입니까?
이 분야에 대해서 더 자세히 알고 싶으면 누구를 만나야 하나요?

4) 표적집단면접법

표적집단면접법은 FGI(Focus Group Interview)라고도 하는데 6~8명의 응답자를 하나의 그룹으로 형성하여 1~2시간 동안 질문하여 정보를 획득한다. 심층면접은 한 사람에게만 집중적으로 질문하므로 피면접자가 부담스럽게 여기거나 응답이 잘 생각나지 않을 수 있다. FGI는 여러 명의 응답자들이 집단의 역동적 분위기 속에서 풍부한 토론을 한다. 그러나 한 참여자의 발언이 다른 참여자의 발언을 유도하기도 한다. 그래서 FGI는 진행자의 역할이 중요한데 커뮤니케이션 능력, 청취 능력, 탐사 능력이 요구된다. 또한 진행자로서 세련된 매너를 가져야 하고 편안한 분위기를 조성해서 참여자들이 답변하는데 부담이 없도록 해야 한다. 그리고 소외되는 참여자가 없도록 골고루 답변을 끌어내고 다른 사람을 압도하는 참여자가 없도록 유의해야 한다. 마지막으로 진행자가 너무 전문가로 비추어져 참여자를 주눅들게 하거나 특정 방향으로 토론을 유도하면 안된다.

FGI 참여자들이 자주 하는 반응

맞아, 맞아, 저도 그랬어요!
저 같은 경우에는…

5) 전문가조사

전문가조사는 지식과 경험을 갖춘 전문가에게 아이디어나 정보 또는 해결책을 얻는 조사방법이다. 전문가 조사는 평소 알기 어려운 특수한 정보를 얻을 수 있는 장점이 있다. 조사 대상자는 축제 분야 고위 공무원, 대학 교수, 축제 감독 등이다. 또한 전문가를 지식과 경험이 있는 사람이라는 관점으로 영역을 넓히면 축제 자원봉사자나 현장 직원 등도 포함할 수 있다. 전문가 조사는 면접 조사 또는 델파이((Delphi) 기법을 활용한다.

6) 사례조사

사례조사(case study)는 성공한 축제를 집중적으로 분석하여 성공 요소를 도출하는 것이다. 성공 사례뿐만 아니라 실패 사례에서도 배울 점이 있으므로 도움이 될 만한 사례를 분석한다. 그런데 겉으로 드러난 것만으로는 의미 있는 정보를 얻지 못하는 경우가 종종 있다. 따라서 사례 축제와 관련된 문헌 자료를 검토하고 축제 담당자와 인터뷰를 하고 주변 전문가의 자문을 얻는 등 다각적으로 검토할 필요가 있다.

7) 관찰조사

관찰조사는 축제 방문객의 언어적 · 비언어적 행위를 사람이 직접 혹은 기계를 이용하여 관찰하면서 정보를 수집하는 것이다. 관찰조사를 통해서 방문객의 행동을 관찰하여 만족 또는 불만족 요소를 발견할 수 있다. 예를 들어 공연이나 체험 프로그램에 참가한 방문객의 반응을 살피거나 주차장 또는 화장실 등 편의시설을 사용하는 방문객을 관찰하면서 미흡한 부분을 발견할 수 있다.

관찰조사는 방문객의 무의식적인 언어와 행동을 측정할 수 있고 어린이나 노인과 같이 설문조사가 어려운 대상으로부터도 정보를 얻을 수 있다. 축제 행사장에서 설문조사의 응답자는 20대~60대가 대다수인데 20대 미만의 청소년과 어린이 그리고 70대 노년층의 의견은 적절히 반영하지 못한다. 관찰조사는 이것을 보완할 수 있다. 또한 관찰조사는 설문조사에 비해 불성실한 응답, 부정확성, 의도적 왜곡, 회신 불능 등의 문제가 적다. 그러나 관찰 조사는 관찰자의 주관이 개입될 여지가 있고 겉으로 드러난 행동만 관찰할 수 있어서 내면적인 요인은 측정하기 어렵다. 또 방문객의 행동은 동반자나 상황에 의해 영향을 받기 때문에 관찰 내용이 일시적인 것일 수 있어 일반화에 제약이 따른다.

방문객을 관찰하는 방법은 관찰자가 현장에서 직접 관찰하거나 CCTV를 통해 관찰하거나 비디오로 녹화한 후 나중에 관찰하는 방법이 있다. 직접 관찰은 오감각을 다 사용할 수 있어 주변 환경도 감안해서 관찰할 수 있다. 그러나 방문객이 관찰당하고 있다는 것을 인지하면 불편하게 느낄 수 있고 부자연스럽게 행동할 수 있다. CCTV나 비디오는 장시간 동안 관찰이 가능하고 반복해서 돌려볼 수 있는 장점이 있다. 그러나 카메라 앵글 내에서만 관찰할 수 있고 시각 및 청각 이외의 감각은 사용하기 어렵다.

관찰 내용을 기록지로 작성해두면 유용한데 정형화된 관찰지와 비정형화된 관찰지로 구분하여 작성하고 있다. 정형화된 관찰지는 관찰할 항목을 미리 결정해서 기입하는 것으로 핵심 행동을 관찰하고 기록할 수 있어서 효율적이지만 그 외의 중요한 부분은 기록되지 않아 간과될 수 있다. 비정형화된 관찰지는 관찰자의 판단에 따라 방문객의 행동을 기록하는 것이어서 다양한 정보를 알 수 있지만 관찰자의 관찰 능력에 따라 질적 차이가 발생할 수 있다.

관찰목적에 따라 관찰자가 방문객과 얼마나 접촉하는가를 선택할 수 있다. 완전한 관찰자(Complete observer)는 관찰자가 자신의 신분을 노출시키지 않고 방문객과 거리를 두고 오로지 관찰만 하는 방식이다. 완전한 참여자(Complete participant)는 관찰자가 자신의 신분을 노출시키지 않고 방문객과 함께 활동을 하면서 관찰하는 방식이다. 참여자적 관찰자(Observer as participant)는 자신이 관찰자라는 사실을 알려주고 방문객과 함께 활동을 하면서 관찰하는 방식이다. 관찰자적 참여자(Participant as observer)는 자신이 관찰자라는 사실을 알려주지만 어떤 역할을 하지 않고 관찰만 하는 방식이다. 방문객과 활동을 함께 하면 방문객의 입장을 더 잘 이해할 수 있고 질의응답도 가능하다. 그러나 방문객이 관찰자를 의식할 수 있다.

정형화된 관찰기록지 예시

○○○○○축제 관찰기록지

- 관찰 장소:
- 관찰 일시:
- 관찰자 성명:
  1. 방문객이 공연 프로그램의 내용과 시설에 대해 만족하는가?
  2. 방문객이 전시 프로그램의 내용과 시설에 대해 만족하는가?
  3. 방문객이 식사 메뉴 및 장소에 대해 만족하는가?
  4. 방문객이 특산물 가격에 대해 만족하는가?

- 추가적인 관찰 내용 :

비정형화된 관찰기록지 예시

○○○○○축제 관찰기록지

- 관찰 장소:
- 관찰 일시:
- 관찰자 성명:

- 관찰 내용:

8) 빅데이터 분석

빅데이터(Big Data) 분석은 1만 개 이상의 대량 자료를 분석하는 것이다. 컴퓨터 성능의 향상, 데이터베이스의 발전, 인터넷 보편화, SNS 공유, GPS 활용, 스마트폰 사용 등에 힘 입어 빅데이터 분석이 발전하게 되었다. 빅데이터 분석은 방문객 수나 방문객 지출액과 같은 정형데이터 그리고 방문객이 소셜미디어에 소감을 기록한 비정형데이터를 사용한다.

문화관광축제의 성과 지표 중 하나가 방문객 수인데 과거에는 축제장의 수많은 방문객 수를 셀 수 없어서 눈대중으로 또는 임의적으로 기입하였다. 그래서 방문객 수를 믿을 수 없다는 비판이 나오게 되었고 이를 보완하기 위해 축제 행사장에 입구를 만들고 사람이 계수기로 일일이 체크를 하였다. 그러나 이것도 방문객이 여러 번 들락거리면 여러 명으로 체크되는 등 부정확하였다. 그런데 빅데이터를 활용하면서 이 문제가 어느 정도 해소되었다. SK나 KT와 제휴하여 방문객의 이동통신 데이터를 얻게 됨으로써 95% 이상 정확한 집계가 가능하게 되었다. 또 BC카드나 신한카드 등 카드회사와 제휴하여 축제 행사장과 주변에서 방문객이 지출하는 비용 데이터를 수집할 수 있게 되었다. 한국관광공사는 한국관광 데이터랩(https://datalab.visitkorea.or.kr/)을 통해서 관광 관련 빅데이터를 무상으로 제공하고 있다.

그림 12 한국관광 데이터랩 홈페이지

2. 설문조사

1) 설문조사 계획

설문조사는 가장 대표적인 방문객 조사 방법이므로 좀 더 자세히 살펴보고자 한다. 먼저 설문조사 계획을 수립해야 하는데 설문 대상, 설문 규모, 설문 기간, 설문 장소, 사례비/사례품, 설문 조사원에 관한 내용을 포함한다. 첫째, 설문 대상을 선정해야 하는데 설문 목적에 따라 잠재 방문객, 현장 방문객, 전문가 등이 해당될 수 있다. 여기에 연령이나 직업 등을 결합하여 대상 범위를 좁힐 수도 있다. 가령 문항을 이해하고 의견을 제시할 수 있는 20세 이상의 성인을 설문 대상으로 하는 경우가 많다.

둘째, 설문 규모를 어느 정도로 할 것인지 계획한다. 설문 규모가 클수록 신뢰도가 높지만 비용이 많이 소요된다. 모든 방문객을 대상으로 설문조사를 하면 좋지만 현실적으로 어렵고 또 시간이나 비용 측면에서 효율적이지 않다. 현장 방문객을 대상으로 한다면 보통 300~500명 정도를 선정하지만 축제의 조사목적, 조사결과의 신뢰도, 비용 등을 고려하여 규모를 결정한다.

셋째, 설문 기간은 언제 시작할 것인지와 얼마나 오래할 것이지를 정하는 것이다. 먼저 축제 개최 전, 중, 후 중 언제 설문조사를 할 것인지 정한다. 만약 축제 기간 중에 설문조사를 한다면 매일 할 것인지 특정 요일에 할 것인지 오전에 할 것이지 오후에 할 것인지 등을 결정한다. 설문 기간에 따라 설문 결과가 다를 수 있으므로 신중하게 계획한다.

넷째, 설문 장소를 결정한다. 전화나 인터넷은 설문 장소가 없어도 되지만 전문가나 방문객을 대면하는 조사는 장소를 선택해야 한다. 축제 현장에서 실시하는 설문 조사라도 입구, 출구, 행사장 내부 중에 가장 적합한 곳을 선택한다. 축제 프로그램에 대한 조사를 할 경우에는 출구 조사가 바람직하다. 종종 입구나 행사장 내부에서 설문조사를 하는 경우도 있는데 반드시 방문객에게 프로그램을 경험했는지 물어보고 실시해야 사실에 입각한 결과를 얻을 수 있다.

다섯째, 설문 응답자에 대한 사례비나 사례품을 계획해야 한다. 이것은 설문 응답에 대한 감사의 표현이다. 그리고 사례비나 사례품이 있어야 설문 요청도 용이하다. 보통 문구류, 머그컵, 마스크, 식음료 등을 준비하는데 인터넷 이모티콘이나 쿠폰을 제공하기도 한다. 축제 행사장 내부나 주변 지역에서 사용할 수 있는 식음료 쿠폰이나 농수산물 쿠폰은 상인들의 소득에 기여하고 지역 음식이나 특산물을 알릴 수 있는 기회가 된다. 그런데 설문 응답은 대충하고 사례품만 받아 가려고 하는 방문객이 있으니 유의해야 한다. 또 설문 규모가 늘어나면 사례비나 사례품이 증가하고 비용도 상승한다점을 감안해야 한다.

여섯째, 설문 조사를 수행하는 설문 조사원에 대해서도 적절히 계획해야 한다. 설문 규모에 따라 몇 명을 배치할 것인지 산정한다. 또 전문 설문 조사원을 채용할 것인지 아르바이트 대학생에게 요청할 것인지도 결정한다. 종종 설문 조사원의 상량함이나 설문조사 권유 방법에 따라 설문 응답율과 응답 성실성이 달라진다. 따라서 사전에 설문 조사원에게 조사의 목적과 주의사항 등을 충분히 교육시켜야 한다.

설문 조사원 행동 요령

1. 응답자에게 예의바른 태도로 인사하고 미소로 설문을 요청한다.
2. 조사 목적에 부합하는 방문객에게 응답을 요청한다.
3. 응답자가 연령이나 성별로 편중되지 않도록 유의한다.
4. 응답자의 일행이 4명 이상일 경우 가급적 모두에게 응답을 받지 말고 절반 또는 그 이하의 사람에게만 응답을 받는다.
5. 방문객이 설문에 응하겠다고 승낙하면 감사하다는 말을 하고 깨끗한 설문지와 펜을 정중하게 건네준다. 이때 설문지는 응답자가 보기 좋은 방향으로 돌려서 주고 펜도 응답자가 잡기 편한 방향으로 준다.
6. 응답자가 작성을 시작하면 조사원은 시선을 응답자에게서 약간 비켜 두거나 다른 응답 가능성이 있는 방문객을 찾아본다.
7. 응답자가 설문 문항에 대해 질문하면 응답자의 입장에서 친절하게 답변한다.
8. 설문 작성이 완료되면 설문지를 받아서 빠르게 훑어보고 오류나 빈 문항이 있으면 응답자에게 보완을 요청한다.
9. 이상이 없으면 펜과 설문지를 돌려받고 감사의 인사와 함께 사례품을 제공한다.

10. 완료된 설문지는 따로 보관하거나 손에 들고 있는 설문지 꾸러미의 맨 아래에 넣어서 응답자의 설문지가 비밀 보장이 됨을 가시적으로 보여준다.

2) 설문지 설계

설문지를 설계할 때 다음 사항을 고려한다. 첫째, 선행조사의 설문지를 참조하여 설문 문항을 작성한다. 선행 자료를 살펴보면 설문조사의 윤곽이 보이고 아이디어를 얻을 수 있고 보완할 점이 발견된다. 이를 참조하면 더욱 완성도가 높은 설문지를 작성할 수 있다.

둘째, 조사목적에 합당한 질문을 한다. 가령 조사 목적이 축제 프로그램의 만족도 분석인데 '우리나라 축제 정책에 대해 어떻게 생각하십니까?'와 같은 질문은 거리가 멀다. 그런데 실제 부적합한 질문이 있는 설문지가 종종 있다. 특히 조사목적과 관련이 적은데도 다른 설문지에서 본 적이 있다는 이유로 넣는 경우가 있으니 유의해야 한다. 응답자 입장에서 왜 이런 질문을 하는지 의아할 수 있고 설문지 전체에 대한 신뢰에 의구심을 가질 수 있다.

셋째, 응답자가 대답할 수 있는 질문을 한다. 가령 축제 현장 방문객에게 '본 축제의 운영 예산은 얼마가 적정하다고 생각하십니까?'라고 질문해봐야 응답자는 이에 대한 지식이나 정보가 없기 때문에 대답할 수가 없다.

넷째, 가급적 전문용어보다는 일상용어를 사용한다. 설문지를 작성하는 사람은 이론이나 통계에 대해 잘 알기 때문에 전문용어를 사용하지만 일상적인 전문용어가 일반인에게는 처음 듣는 말이어서 질문을 이해하지 못할 수 있다. 가령 '귀하는 얼마나 플로우 경험을 하였습니까?'라고 질문하면 일반인은 플로우에 대해서 이해하지 못하거나 잘못 이해하고 답변할 수 있다.

다섯째, 선택형 질문과 개방형 질문을 적절히 선택한다. 가령 연령의 경우 '( ) 세'의 개방형 형식으로 질문하거나 '1) 20대 이하, 2) 20대, 3) 30대, 4) 40대, 5) 50대 이상'과 같이 선택형으로 질문할 수 있다. 그런데 20대의 경우 대학생과 회사원이 포함되어 있어서 생활 방식이나 소득이 다르기 때문에 동일한 집단으로 보는 것이 적절치 않을 수 있다.

여섯째, 대답을 유도하지 않는다. 가령 '이번 축제 프로그램이 매우 독특한데요. 특히 어떤 점이 가장 독특한가요?'라고 묻는다면 축제 프로그램이 독특하다는 것을 전제로 하고 있어서 왜곡된 결과를 얻을 수 있고 반대 의견은 무시될 수 있다.

일곱째, 설문지의 처음에 나오는 질문은 가급적 쉽고 흥미를 유발할 수 있는 것이 좋다. 가령 '귀하의 교통수단은 무엇입니까?'는 고민 없이 즉시 대답할 수 있는 것이다. 그런데 '본 축제의 활성화 방안이 무엇인지 기술해 주시오'와 같은 질문이 처음부터 나오면 응답자들이 부담스러워서 설문을 중단할 수 있다.

여덟째, 프라이버시와 관련이 있거나 인적 사항에 관련된 민감한 질문은 가능한 마지막에 한다. 이런 질문이 처음에 있으면 응답을 하지 않고 넘어가거나 거짓 정보를 기입하거나 아예 중단할 수도 있다. 그런데 마지막에 넣으면 앞에 이미 다른 질문에 답했기 때문에 관성적으로 답변하는 경향이 크다.

마지막으로, 설문지가 작성되면 전문가에게 검수를 받고 설문 문항에 이상이 없는지 예비 조사를 실시한다. 이상이 있으면 보완하여 최종적으로 완성한다.

3) 질문의 유형

설문지의 질문은 그 내용에 따라 다양한 형태로 만들 수 있다. 이분형은 '예', '아니오'와 같이 응답 대안이 두 가지인 질문이다. 선다형은 응답 대안이 세 가지 이상인 질문으로 연령이나 직업을 묻는 질문이다. 리커트 척도(Likert scale)는 응답자의 동의 정도를 묻는 질문으로 5점 척도 또는 7점 척도로 묻는다. 중요성 척도는 리커트 척도와 형태가 비슷하나 개별 속성의 중요도를 묻는 질문이다. 어의차이 척도는 양쪽 끝에 상반되는 뜻을 가진 형용사를 표시한 척도다. 고정 총합법은 여러 속성들의 상대적 중요도를 나타내는 척도로서 각 속성의 총합이 100이 될 수 있도록 수치를 기입한다.

① 이분형 질문

귀하는 성별은 무엇입니까?
1) 남자 2) 여자

② 선다형 질문

귀하의 직업은 무엇입니까?
1) 학생 2) 주부 3) 회사원 4) 전문직 5) 기타

③ 리커트 척도

안내 직원이 친절하였습니까?
1) 전혀 그렇지 않다 2) 그렇지 않다 3) 보통이다 4) 그렇다 5) 매우 그렇다

④ 중요성 척도

축제 행사장의 안전 관리는 얼마나 중요하다고 생각하십니까?
1) 전혀 중요하지 않다 2) 중요하지 않다 3) 보통이다 4) 중요하다 5) 매우 중요하다

⑤ 어의차이 척도

이번 축제는
불친절하다 1 2 3 4 5 친절하다
불결하다 1 2 3 4 5 청결하다
재미없다 1 2 3 4 5 재미있다

⑥ 고정 총합법

축제 선택시 상대적 중요도를 총합이 100이 되도록 기입하시오

- 주제 ( )
- 프로그램 ( )
- 편의 시설 ( )
- 접근성 ( )
- 식음료 ( )

100

3. 방문객 특성

1) 인구통계

인구통계는 축제 방문객을 유형화하여 집단별 특성을 분석하는 대표적인 변수다. 축제 방문객 조사에서 자주 사용되는 인구통계 변수는 성별, 연령, 결혼상태, 동반자, 거주지, 직업, 학력, 월평균 가구소득 등이다. 가령 남성이 많은 축제인지 여성이 많은 축제인지에 따라 프로그램과 시설을 다르게 구성할 수 있다. 그런데 설문조사 결과에만 의존하면 실제와 다를 수 있으니 유의해야 한다. 설문조사는 전체 방문객 중 일부인 수백 명에 대해서 조사하는 것이므로 실제 분포와 차이가 날 수 있다. 따라서 설문조사의 표본추출 방법을 잘 계획하든지 아니면 관찰조사 등을 통해 보완한다.

아래 표는 가상의 여름해변축제 방문객의 인구통계 특성을 분석한 예시다. 성별은 남성이 67.2% 그리고 여성이 32.8%다. 이 결과만으로 해변축제니까 남자가 더 많다고 생각할 수 있지만 이것은 어디까지나 설문 응답자의 분포일 뿐 전체적인 분포는 아니라는 점이다. 그럼 이런 분석이 무슨 의미가 있을까라는 의문이 들 수 있으나 동기, 이미지, 관여도 등 다른 변수와 결합해서 분석하면 유용한 결과를 얻을

수 있다.

연령의 분석 결과를 살펴보면 20대가 가장 많고 40대 이상이 가장 적다. 이 축제가 여름해변축제인만큼 이런 분포가 실제로도 유사할 수 있다. 그러나 다시 한 번 잊지 말아야 것은 이 분석 결과는 어디까지나 응답자의 비율이라는 것이다. 결혼상태는 미혼이 기혼의 2배 이상이다. 동반자는 친구 및 애인이 52.2%로 가장 많고 거주지는 지역 외 방문객이 83.6%나 된다. 이상의 분석 결과를 종합해 보면 여름해변축제의 주요 방문객은 친구 및 애인과 함께 온 20대 미혼의 관광객이다.

응답자의 직업은 학생이 40.8%로 가장 많고 학력은 대졸 이상이 41.1%로 가장 많다. 월평균 가구소득은 201만 원~300만 원이 37.0%로 가장 많다.

여름해변축제 방문객의 인구통계 특성 분석 예시

구분		응답자 수(명)	구성비(%)
성별	남성	125	67.2
	여성	61	32.8
연령	10대	24	13.0
	20대	104	56.2
	30대	38	20.5
	40대 이상	19	10.3
결혼상태	기혼	59	31.9
	미혼	126	68.1
동반자	가족	53	28.5
	친구, 애인	97	52.2
	기타	36	19.4
거주지	지역 내	32	17.4
	특별시, 광역시	57	31.0
	기타 지역	95	51.6
직업	학생	75	40.8
	주부	15	8.2
	회사원	51	27.7
	공무원, 전문직	23	12.5
	기타	20	10.9

학력	고졸 이하	59	31.9
	대학 재학	50	27.0
	대졸 이상	76	41.1
월평균 가구소득	200만 원 이하	55	31.8
	201~300만 원	64	37.0
	301~400만 원	39	22.5
	401만 원 이상	15	8.7
합계		186	100.0

2) 방문 행태

축제 방문객의 행태에 관한 분석도 자주 사용된다. 축제 방문 행태 변수는 교통수단, 숙박 형태, 1인당 지출 비용, 축제 정보 매체 등이 있다. 이들의 분석 결과를 통해서 축제 방문객에 적합한 프로그램이나 시설을 갖출 수 있고 문제점을 발견하여 보완할 수 있다.

아래 여름해변축제 방문객의 행태를 분석한 결과를 살펴보면 승용차를 이용하는 사람이 64.3%로 매우 많다. 이렇게 승용차가 많으면 교통체증이 일어나게 된다. 대부분의 축제 장소가 외진 곳에 있어 도로도 좁은데 승용차가 일시에 몰리면 교통체증이 발생해서 축제 행사장에 도착하기도 전에 방문객이 지치고 불만이 생기게 된다. 따라서 이런 분석 결과를 통해서 방문객이 대중교통을 이용할 수 있도록 홍보를 할 필요가 있다는 것을 알 수 있게 된다. 그런데 지방에는 대중교통이 원활하지 않은 경우가 많기 때문에 기차역이나 버스터미널에서 축제 행사장까지 셔틀버스를 운영하는 방안을 생각해 볼 수 있다.

숙박 형태는 숙박하지 않는 당일 방문객이 66.5%로 가장 많다. 그 이유를 추가로 분석할 필요가 있다. 숙박하지 않는 이유가 숙박 시설이 부족해서인지, 숙박비가 너무 비싸기 때문인지, 아니면 축제 프로그램의 매력성이 떨어져서인지 등을 분석하여 보완해야 한다. 숙박 고객이 많을수록 지역 경제에 도움이 된다. 숙박 방문객은 숙박비 지출 뿐만 아니라 저녁 식사비, 유흥비, 아침 식사비를 지출하므로 지역 파급 효과가 크다. 캘거리 스탬피드의 그랜드스탠드 쇼나 에든버러의 타투 공연과 같이 강력한 야간 프로그램이 있으면 숙박 관광객을 늘릴 수 있다.

1인당 지출 비용은 5만 원 미만이 62.3%로 가장 많다. 즉 사람들이 축제를 즐기지만 별로 지출하지 않는다는 것을 의미한다. 이것도 그 이유를 분석해서 보완할 수 있다. 축제에 대해서 알게 된 정보 매체에 대한 분석 결과는 인터넷이 55.9%로 가장 많다. 따라서 인터넷을 활용한 홍보나 이벤트가 많아야 함을 의미한다. 축제 방문횟수는 첫 방문이 76.2%, 재방문이 23.8%로 첫 방문객이 많다.

여름해변축제 방문객의 행태 분석 예시

구분		표본수(명)	비율(%)
교통 수단	승용차	119	64.3
	시외/고속버스	22	11.9
	기차	22	11.9
	기타	22	11.9
숙박 형태	당일	123	66.5
	모텔	15	8.1
	콘도	26	14.1
	호텔	21	11.4
1인당지출 비용	5만 원 미만	114	62.3
	5~10만 원	49	26.8
	10만 원 초과	20	10.9
축제 정보 매체	인터넷	104	55.9
	TV/신문	32	17.2
	구전	24	12.9
	여행사	10	5.4
	플래카드	8	4.3
	기타	8	4.3
방문횟수	첫 방문	141	76.2
	재방문	44	23.8
합계		186	100.0

3) 방문 동기

축제 방문객의 방문 동기를 비롯한 심리 변수도 축제의 프로그램과 시설 계획에 중요한 정보가 된다. 축제 방문 동기는 당연히 축제를 보기 위해서라고 생각할 수 있지만 사람에 따라서 가족과 주말을 함께 보내려고 하거나 자연을 향유하기 위한 동기가 강할 수 있다. 또 단일 동기가 아니라 여러 동기가 복합되어 축제에 방문하기도 한다. 가령 축제 프로그램도 즐기고 주변의 자연도 감상하면서 가족과 주말을 보내려는 동기로 축제에 방문하는 것이다. 또한 축제 방문객은 하나의 동질 집단이 아니므로 집단별로 주요 방문 동기가 다를 수 있다.

축제 방문 동기는 축제의 특성에 따라 다르지만 일반적으로 축제 동기, 문화 동기, 자연 동기, 가족 동기, 사교 동기, 일상탈출 동기가 있다. 축제 동기는 축제의 흥분, 재미, 진기함, 스릴 등을 체험하려는 동기다. 문화 동기는 축제 자체의 문화적 요소나 축제 개최 지역의 문화를 경험하려고 하는 동기다. 자연 동기는 주로 도시인들이 축제행사장 주변의 자연을 향유하려는 동기다. 가족 동기는 가족과 시간을 보내면서 추억을 만들려고 하는 동기다. 사교 동기는 친구나 애인 또는 다른 관광객이나 지역 주민과 교류하려는 동기다. 일상탈출 동기는 무료하고 스트레스로 가득한 일상을 벗어나 자유와 새로운 경험을 추구하는 동기다.

아래 여름해변축제 방문 동기 분석 예시를 살펴보면 자연 동기가 3.96으로 가장 높다. 즉 해변에서 개최되는 축제여서 바다를 즐기려는 동기가 가장 크다는 것을 알 수 있다. 다음으로 일상탈출 동기가 높다. 다시 말해 시멘트와 콘크리트에 둘러싸인 일상에서 벗어나고 싶은 동기가 강하다는 것이다. 그 다음이 사교 동기다. 아마도 20대 젊은이가 많은 축제여서 친구나 연인 또는 다른 방문객과 어울리고자 하는 동기가 높은 것으로 보인다. 그 다음이 축제 동기인데 평균 점수가 3.41이어서 별로 높지 않다. 따라서 축제 자체가 가장 강한 동기가 아니라는 것을 알 수 있다. 문화 동기가 3.06으로 가장 낮은데 해변 축제이기 때문에 문화적 요소에 대한 동기가 크지 않을 수 있다.

여름해변축제 방문 동기 분석 예시

동기	평균값	표준편차
축제	3.41	0.71
문화	3.06	0.82
자연	3.96	0.56
가족	3.17	0.68
사교	3.45	0.52
일상탈출	3.61	0.73

방문 동기를 인구통계 변수나 방문 행태 변수와 결합해서 분석하면 좀 더 다양하고 세밀한 결과를 얻을 수 있다. 아래 예시는 성별에 따른 방문 동기를 나타내고 있다. 축제 동기, 문화 동기, 가족 동기가 성별로 차이가 있지만 그 차이가 미미해서 의미 있는 차이라고 보기 어렵다. 자연 동기, 사교 동기, 일상탈출 동기는 남녀의 차이가 의미 있게 나타나고 있다. 자연 동기는 여자가 높고 사교 동기와 일상탈출 동기는 남자가 높다. 참고로 성별과 같이 두 집단을 비교하기 위해서 t-test와 같은 통계기법을 사용하지만 여기에서는 간단히 평균값만으로 살펴보았다.

성별에 따른 방문 동기 분석 예시

동기	남자	여자	차이
축제	3.33	3.48	−0.15
문화	3.04	3.08	−0.04
자연	3.81	4.12	−0.31
가족	3.17	3.16	0.01
사교	3.65	3.24	0.41
일상탈출	3.77	3.45	0.32

학습정리

캘거리 스탬피드

- 캐나다 캘거리 스탬피드는 1912년 가이 위딕크라는 카우보이가 4명의 농장주들에게 후원을 받아 처음으로 개최함
- 이후 경기 불황과 세계대전이 겹치면서 원활하게 개최되지 못함
- 1923년 캘거리 전시회와 스탬피드 축제가 결합하면서 규모를 키워 오늘날의 스탬피드 축제의 면모를 갖추게 됨
- 주요 행사: 개막 퍼레이드, 로데오, 마차경주, 그랜드스탠드 쇼, 놀이시설과 야외공연
- 축제 연계 관광: 다운타운, 캘거리타워, 밴프 국립공원, 케이브 앤 베이슨, 레이크 루이스, 모레인 레이크

축제 방문객 분석

- 방문객 조사 방법: 문헌조사, 설문조사, 심층면접법, 표적집단면접법, 전문가조사, 사례조사, 관찰법, 빅데이터 분석
- 설문조사 계획에 설문 대상, 설문 규모, 설문 기간, 설문 장소, 사례비/사례품, 설문 조사원에 관한 내용을 포함함
- 설문지를 설계할 때 선행조사를 참조하는 등 체계적으로 작성함
- 설문지의 질문 유형: 이분형, 선다형, 리커트 척도, 중요성 척도, 어의차이 척도, 고정 총합법
- 방문객의 인구통계, 방문 행태, 방문 동기 등을 분석하여 방문객의 특성을 분석할 수 있음

학습평가

01 **캐나다에서 개최되는 세계 최대의 카우보이 축제는 무엇인가?**

① 캐나다 카우보이 인터내셔널

② 테이스트 오브 캘거리

③ 캐나다 페스티벌

④ 캘거리 스탬피드

02 **면접자와 피면접자가 1:1로 탐사방식에 의해 1~2시간 동안 심층적으로 질문하여 상세한 정보를 얻는 방법은 무엇인가?**

① 문헌조사

② 설문조사

③ 심층면접법

④ FGI

[정답 및 해설]

01 ④

해설: 캐나다 캘거리 스탬피드는 세계 최대의 카우보이 축제로 개막 퍼레이드, 로데오, 마차경주, 그랜드스탠드쇼 등을 관람할 수 있음

02 ③

해설: 심층면접법(depth interview)은 면접자와 피면접자가 1:1로 탐사방식(probing skills)에 의해 1~2시간 동안 심층적으로 질문하여 상세한 정보를 얻는 방법임

CHAPTER 07

축제의 인적자원

07

학습목차

- 사례에서 배운다: 하얼빈 빙등제

1. 축제 조직
2. 축제 인력선발 및 교육
3. 축제 관리자
4. 축제 자원봉사자

학습목표

- 하얼빈 빙등제 사례의 성공 요소를 우리나라 축제에 응용할 수 있다.
- 축제 조직을 설명할 수 있다. 구성할 수 있다.
- 축제 인력을 선발하고 교육시킬 수 있다.
- 축제 조직을 관리할 수 있다.
- 축제 자원봉사자에게 업무를 배분할 수 있다.

Chapter 07

축제의 인적자원

■ 사례에서 배운다: 하얼빈 빙등제

1) 하얼빈

그림 1

중국 동북 지역에 자리 잡고 있는 하얼빈(哈尔滨)은 만주족어로 '그물 말리는 곳'이라는 뜻을 가지고 있다. 하얼빈은 19세기까지 사람이 거의 살지 않는 곳이었고 송화강(松花江) 주변에 작은 어촌마을이 형성된 정도였다. 그러다가 1898년 러시아가 시베리아 횡단 철도를 건설하면서 하얼빈에 기차역을 개설하였고 그 이후 사람들이 모이고 도시로 성장하였다. 점차 중국의 창빈선(長濱線), 빈저우선(濱洲線), 빈베이선(濱北線), 빈쑤이선(濱綏線), 빈라선(濱拉線) 등의 철도가 하얼빈을 교차하여 교통의 중심지가 되었다. 하얼빈은 1950년대부터 기계, 유리, 화학, 방직 공장이 들어섰고 공업 도시로 발전하였다.

하얼빈 중심가에는 러시아풍의 건물이 많이 남아있어 중국이 아니라 러시아에 있는 듯한 기분이 든다. 하얼빈 맥주는 중국 최초의 맥주로서 유명한데 러시아에서 제조 방식을 전수받았다. 하얼빈은 러시아인에게 대접하기 위해 개발한 꿔바로우(锅包肉)의 탄생지로도 유명하다. 하얼빈에는 우리나라와 관련된 곳이 두 군데가 있다. 한 곳은 하얼빈 역인데 1909년 안중근(安重根) 의사가 이토 히로부미(伊藤博文)를 사살한 장소이다. 하얼빈 역 플랫폼에 사살 장소가 표시되어 있다. 그리고 그 표시를 직접 볼 수 있는 곳에 안중근 의사 기념관이 있어서 하얼빈을 방문하는 한국인은 반드시 방문한다. 또한 하얼빈에는 조선인, 중국인, 러시아인의 인체 실험을 했던 일본 731부대 유적이 남아있다. 하얼빈은 중국에서 가장 추운 지역으로서 겨울이 길고 기온이 최저 영하 40도까지 내려가는 혹한 지역이다. 그러나 여름에는 선선하고 쾌적해서 피서지로 인기가 높다.

2) 하얼빈 빙등제

(1) 유래

하얼빈의 강추위는 넓은 송화강도 꽁꽁 얼어붙게 만드는데 1963년 주민들이 송화강의 얼음을 잘라 다양한 모양으로 조각해서 그 안에 형형색색의 등을 넣어 불을 밝히는 빙등을 만들었다. 그리고 자오린공원(兆麟公园)에서 빙등유원회(冰灯游园会)라는 제목으로 빙등을 전시하였다. 1983년 홍콩 관리들이 하얼빈을 방문했을 때 빙등 전시에 감탄하는 것을 보고 하얼빈시에서 관광축제로서의 가능성을 감지하게 된다.

1985년 하얼빈시는 빙등 작품 전시에다가 눈 조각 작품 전시를 더하여 제1회 하얼빈 빙설절(哈尔滨冰雪節)을 자오린공원에서 개최한다. 축제가 인기를 얻게 되자 갈수록 규모가 커져 나중에는 자오린공원만으로는 수용하기 어려울 정도가 되었다. 그래서 1999년 송화강 강변에 빙설대세계(冰雪大世界)라는 테마파크를 지었고 이후 이곳에 대규모 빙등 작품을 전시하고 있다. 2001년 국제스키축제와 결합하면서 축제 이름을 하얼빈국제빙설절(哈尔滨國際冰雪雪節)로 개칭하였다. 우리나라에서는 오래전부터 빙등제로 소개되면서 하얼빈 빙등제로 부르고 있다.

하얼빈의 겨울 기온이 보통 영하 20도 이하로 내려가므로 축제를 보러 가기 위해서는 감기와 동상에 걸리지 않도록 복장을 단단히 갖추어야 한다. 상하 내의에 여러 겹으로 겉옷을 입고 몸 전체가 보온되는 두툼한 롱패딩과 모자, 방한 마스크, 두툼한 장갑, 핫팩을 갖추면 좋다. 양말도 두세 켤레를 신거나 두꺼운 것을 신고 신발은 부츠를 신거나 발목이 있는 방수 등산화를 신는다. 등산화의 신발 끈으로 발목 부위를 동여매서 공기가 들어가지 않게 해야 발이 시리지 않고 동상에 걸리지 않는다. 발바닥에 핫팩을 붙이는 것도 좋은 생각이다. 발열 내의와 발열 조끼도 유용하다. 축제 행사장에 몇 시간 동안 있으려면 특히 밤에 추위를 견디기 위해서는 어쩔 수 없이 만반의 준비가 필요하다. 스마트폰으로 사진을 찍을 때 추위 때문에 배터리가 빨리 방전되곤 하는데 스마트폰에 핫팩을 붙이면 이를 방지할 수 있다. 그리고 너무 추워서 맨손으로 사진을 찍기 어려우니 셀카봉과 블루투스 셔터를 이용하는 것이 좋다. 행사장에는 흰 눈과 얼음 때문에 눈이 부시므로 선글라스를 착용해야 하고 신발에 도시형 아이젠을 끼우면 눈이나 얼음 위에서 미끄러지지 않고 걷기에 편하다.

(2) 주요 행사

축제의 공식 일정은 1월 5일부터 2월 5일까지 한 달간이다. 그러나 대형 눈 조각 작품과 빙등을 제작하는데 수일에서 수십일이 걸리고 한번 만들어 둔 대형 작품을 일부러 허물기가 어려워 자연스럽게 녹을 때까지 기다리다 보니 축제 일정 앞뒤로도 작품을 볼 수 있다. 그래서 크리스마스 직전부터 2월 말까지 눈 조각 작품과 빙등을 볼 수 있다. 그러나 대부분의 작품이 1월 5일 개막일에 맞추어 완성되므로 제대로 된 전시를 보기 위해서는 1월 5일 이후에 방문하는 것이 좋다. 축제 개최 장소는 크게 세 곳인데 자오린공원(兆麟公园)과 타이양다오(太陽島) 그리고 빙설대세계(冰雪大世界)다. 자오린공원은 무료 입장이지만 타이양다오와 빙설대세계는 입장료를 지불해야 한다. 모두 야외 전시이며 각 행사장이 개방된 시간에는 언제든 관람이 가능하다.

① 자오린공원 전시

자오린공원의 빙등 작품은 규모가 크지 않고 작품 수가 많지 않다. 작품의 수준이 감탄할 정도는 아니지만 공원의 조경과 어울려서 산책하면서 보기에는 그런대로 괜찮다. 공원 한쪽에는 바퀴와 톱날 철판의 장비가 전시되어 있는데 송화강의 얼음을 잘라서 채취하는 기계다. 얼음의 두께가 30cm 이상 되었을 때 채취한다. 이 얼음을 쌓아 올려 거대 빙등 작품을 제작한다.

그림 2

② 타이양다오 전시

타이양다오(太陽島)에서는 거대한 눈 조각 작품을 볼 수 있다. 그 규모도 어마어마하지만 예술성과 섬세함도 뛰어나다. 우리나라 눈축제에서도 눈 조각 작품을 전시하지만 크기와 세밀함 측면에서 상당한 차이가 있다. 간혹 작가들이 눈 조각 작품을 만들거나 보수하고 있는 현장을 볼 수 있는데 삽부터 송곳까지 다양한 도구를 사용한다. 필자가 갔을 때는 작가들이 유니콘을 만들고 있었는데 날개 깃털을 겹겹히 쌓이게 표현한 것이 인상적이었다. 또 이마의 뿔을 어떻게 뾰족하게 만들 수 있는지 놀라웠다. 이 작품이 녹지 않고 한달 이상 유지되려면 역시 하얼빈과 같이 기온이 낮은 지역이어야 가능하다. 그런데 작품에 사용하는 눈은 자연 눈이 아니라 인공 눈이다. 그래서 얼음같이 조각하기 쉽고 섬세한 표현이 가능하다. 눈 조각 작품의 모티브는 동화나 전설의 인물 및 동물, 세계 유명 건물, 영화나 애니메이션의 캐릭터 등에서 따온다. 가장 거대한 작품은 작은 산이라고 불러도 될 만큼 크다. 사람들이 올라갈 수 있는 계단도 있고 내부 공간도 있고 들어갈 수도 있다. 여러명이 올라가도 무너지지 않을만큼 견고하게 제작된다. 작품 전시 이외에 눈썰매와 눈미끄럼틀 그리고 튜브타기 등 놀거리도 있다. 이 시설은 모든 입장객에게 무료로 제공된다. 타이양다오의 눈 조각 전시는 주간에만 관람할 수 있다.

그림 3

그림 4

그림 5

그림 6

그림 7

③ 빙설대세계 전시

빙설대세계(冰雪大世界)는 빙등을 볼 수 있는 곳이다. 입구에서부터 얼음을 쌓아 올린 거대한 정문이 관광객을 맞이한다. 안으로 들어서면 러시아풍의 모자를 쓰고 있는 사람들을 볼 수 있는데 유료 가이드다. 빙등 전시장을 한 바퀴 돌면서 빙등제에 대해 설명해 준다. 지식도 풍부하고 유머 감각도 있어서 재미있고 유익하다. 해가 저물기 시작하면 빙등작품의 등이 하나둘씩 켜진다. 빙등 작품은 규모가 워낙 커서 빙등 건물이라고 부르는 것이 어울린다. 얼음 건물 내부로 들어가서 걸어다닐 수도 있고 위에 올라가서 전망을 감상할 수도 있다. 빙설대세계에는 얼음 건물이 많아서 마치 얼음 도시에 있는 것 같은 착각을 하게 된다. 저녁이 되면 빙등의 색깔이 선명해지는데 시시각각 다채로운 색으로 변해서 환상적인 분위기가 된다. 각 작품은 규모만 큰 것이 아니라 조형미도 있어서 멋지고 아름답다. 빙등 건물 이외에 1km 길이의 얼음 썰매장이 유명하고 야외 무대에서는 춤과 노래 공연이 펼쳐진다. 서커스와 댄스 그리고 아이스쇼를 볼 수 있는 실내 공연장도 있다.

그림 8

그림 9

그림 10

그림 11

그림 12

그림 13

그림 14

빙설대세계에서는 축제 개막식도 개최된다. 개막식장의 배경 건물도 역시 빙등이다. 내빈소개와 내외빈의 환영사에 이어서 개회사까지 거의 30분이 걸리는데 영하 20도 이하에서 꼼짝 않고 보기가 다소 힘들다. 그 다음에 음악, 춤, 노래, 조명이 어우러진 공연이 개최되는데 상당히 볼만하다. 개막식의 피날레는 불꽃놀이로 장식한다.

그림 15

(3) 축제 연계 관광

- 자오린공원: 1906년에 조성한 하얼빈 최초의 공원
- 성 소피아 성당: 1932년에 완공된 비잔틴 양식의 러시아 정교회 성당
- 중앙대가: 하얼빈 최대 번화가
- 스탈린 공원: 송화강을 따라 조성된 시민 공원
- 방홍기념탑: 1957년 대홍수를 시민의 힘으로 막아낸 것을 기념하기 위한 탑
- 일본 731부대 유적: 1939년부터 1945년까지 일본 부대가 주둔하면서 항일운동가와 포로를 대상으로 생체 실험을 했던 장소

- **안중근 의사 기념관:** 1909년 하얼빈역에서 안중근 의사가 이토 히로부미를 사살한 내용을 전시한 기념관
- **먹거리:** 꿔바로우, 하얼빈 맥주, 티에궈뚠 등

3) 생각 나누기: 젊은 아마추어 조각가 지원

하얼빈 빙등제의 핵심은 눈 조각 작품과 얼음 조각작품이다. 전문 조각가가 만든 대형 눈 조각 작품과 빙등 건물은 세련되고 압도적이어 시선을 사로잡는다. 그런데 그 못지않게 작은 크기의 수많은 눈 조각 작품과 얼음 조각 작품들이 빙등제에서 일익을 담당하고 있다. 그것을 만드는 사람들은 아마추어 조각가인데 이들이 만든 작품이 없다면 빙등제의 분위기가 풍성하게 느껴지지는 않을 수 있다. 하얼빈시는 아마추어 조각가들을 위해서 눈과 얼음을 무상으로 제공한다. 대학생 조각가에게는 숙식과 교통비도 제공한다. 미래의 전문 조각가가 될 사람들을 위해서 장기적인 안목으로 투자하는 것으로 보인다. 빙등제를 통해서 젊은 아마추어 작가들이 자기의 꿈을 키우고 자신의 작품을 전시하면서 '내가 할 수 있구나, 내가 잘 하는구나' 라는 자부심을 가지고 전문 조각가로 성장하게 된다. 이것은 마치 현장실습이나 인턴십과 유사하다고 볼 수 있는데 축제 인력을 양성하기 위해서 강의실 교육도 좋지만 이렇게 현장에서 직접 해보면서 경험을 쌓는 것도 효과적이다. 우리나라에 전문 축제 인력이 부족하다는 목소리가 많은데 하얼빈 빙등제와 유수 축제를 참고해서 인재를 양성할 수 있는 여건이 마련되기를 기대한다.

그림 16

1. 축제 조직

1) 축제 전문대행사 활용 조직

지자체에서 주최하는 관광축제 중에는 축제 전문대행사를 활용하는 경우가 많다. 이 경우에 공무원은 축제 총괄 및 지원만 하고 대행사가 프로그램 진행 및 일체의 운영 관리를 도맡아 한다. 축제에 따라 다르지만 지자체는 보통 축제 개최 4~5개월 전에 예산에 맞추어 대행사 선정 입찰 공고를 내고 제안서 발표 심사를 거쳐 우선 협상자를 선정한다. 대행사가 선정되면 세부 조율 과정을 거쳐 본격적인 축제 준비에 돌입한다.

대행사는 축제 진행에 대한 인력, 시설, 장비를 갖추고 있고 진행 경험이 많아서 일을 맡기기가 편하다. 또 축제의 성격에 맞는 시설이나 프로그램을 조언해 주기도 한다. 그러나 간혹 이들이 설치한 시설이 조악하거나 흉물스러운 경우가 있다. 또한 축제의 주제와 거리가 먼 프로그램이 다수 있고 그 수준이 높지 않은데다가 다른 축제와 차별성이 없다는 비판도 있다. 게다가 대행사의 진행 내용을 일일이 제어할 수 없기 때문에 계획된 것과 실제 실행하는 것이 차이가 날 수 있다. 그러나 현실적으로 지자체 공무원은 행정을 담당할 뿐 축제를 기획하거나 진행하는 업무를 하는 것이 아니므로 대행사에 의존할 수밖에 없다. 따라서 성실하고 능력 있는 대행사를 선정하는 것이 무엇보다 중요하다.

대행사를 활용하는 축제 조직은 보통 시나 군의 문화관광과가 축제의 총괄을 맞고 예산을 집행한다. 그리고 자치행정과, 교통과, 환경과, 가족행복과 등 다른 부서에서 홍보, 인력, 현장 지원을 한다. 특히 축제가 개최되는 당일에는 많은 공무원들이 현장에 지원을 나간다. 그리고 지역의 보건소, 소방서, 경찰, 지역 단체들도 현장관리를 위한 지원을 한다. 축제 대행사는 기획연출부, 설치부, 홍보부, 현장관리부 등의 형태로 업무를 분담한다. 기획연출부는 공연, 전시, 체험, 기타 프로그램을 기획 및 운영을 하고 설치부는 무대시설, 기반시설, 편의시설을 설치한다. 홍보부는 홍부물 제작과 TV, 신문, 라디오, 지하철, 인터넷, 스마트폰 등 온오프라인 홍보를 담당하고 현장관리부는 교통, 청소, 위생, 안전, 방역, 응급 환자 조치 등의 업무를 담당한다.

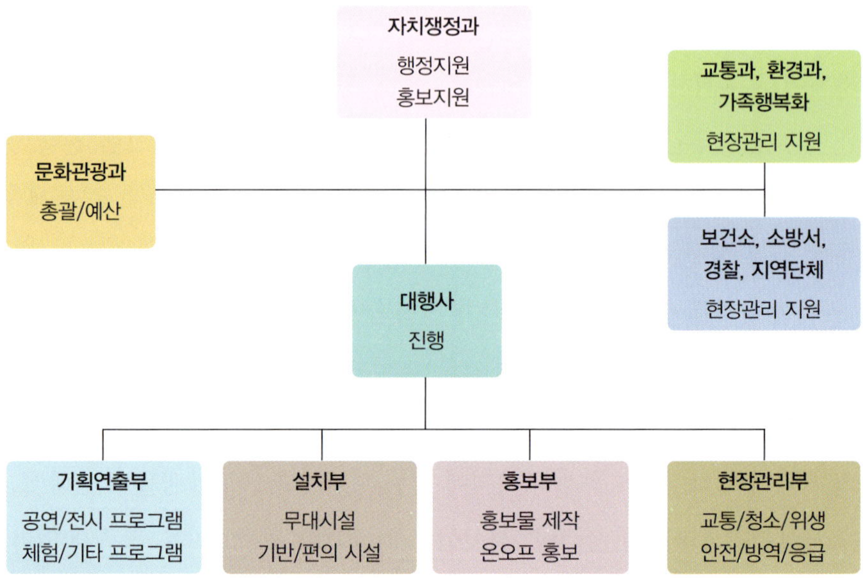

그림 17 축제 전문대행사 활용 조직도

2) 축제 전담 조직

축제 전담 조직은 1년 내내 축제의 준비와 실행을 하는 별도의 조직이다. 축제 전담 조직은 축제 전문가를 채용하고 일반 직원도 여러 해 동안 축제를 운영하면서 노하우를 축적한다. 이 조직이 1년 내내 축제를 준비하기 때문에 축제의 수준이 자연스럽게 올라간다. 축제 전담 조직은 기존의 관주도 축제에서 벗어나고 공무원의 순환보직에 따른 담당자의 잦은 교체에서 자유롭고 축제의 전문성 및 차별성 문제를 해결하고 있다. 또한 기존의 축제가 예산을 소모만 하고 자생력이 부족하다는 지적이 있는데 축제 전담 조직은 축제의 경쟁력을 높이고 다양한 수익 사업을 추진함으로써 이를 보완하고 있다.

해외 유명 축제들은 대부분 축제 전담 조직을 가지고 있는 반면 우리나라에는 없다가 2011년 보령머드축제조직위원회가 처음으로 설립되었다. 그 이후 보령머드축제가 질적으로 향상되고 수입도 증대되었다. 그러자 문화체육관광부에서도 축제 전담 조직을 적극적으로 권장하고 있고 이에 동참하는 지자체들이 늘어나고 있다.

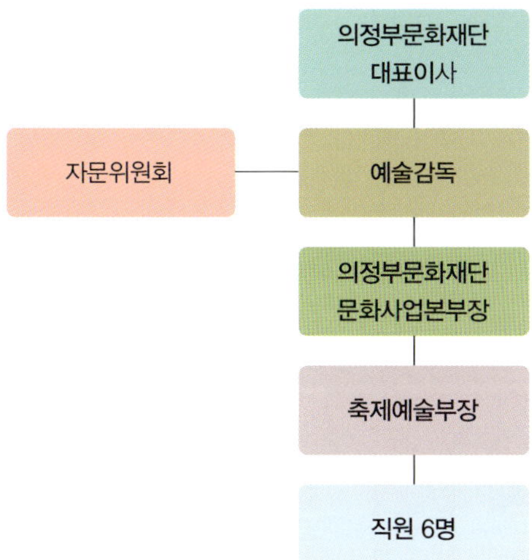

그림 18 의정부음악극축제 조직도

의정부음악극축제도 전담 조직을 운영하며 탄탄한 축제를 만들어 가고 있다. 축제의 특성상 국내외 공연팀을 선정하고 섭외하는 일이 핵심 업무여서 조직도 심플하다. 비록 직원의 수는 적지만 1년 내내 이 축제만을 위해서 준비하기 때문에 매회 안정적으로 운영된다. 과거에는 의정부예술의전당에서 실내 공연 위주로만 개최하여 의정부 시민들조차도 인지하지 못하고 참여율이 저조하였으나 현재는 다양한 체험행사와 공연을 실내뿐만 아니라 야외에서도 개최하여 행사가 더욱 풍성해졌다. 의정부음악극축제는 국내외 예술인의 성악, 연주, 연극, 마임, 댄스 등의 공연을 개최한다. 또 예술교류 심포지엄과 시민참여 영상제 등 문화 이슈에 대한 논의와 시민들이 참여하는 행사를 기획하고 있다.

영동축제관광재단은 조금 더 규모가 큰 조직을 운영하고 있다. 영동축제관광재단은 이사장 밑에 사무국과 경영지원팀, 축제팀, 관광팀으로 구성되어 있다. 사무국은 재단 운영 총괄 및 재단 사무국 업무를 총괄하고 대외협력업무를 처리한다.

그림 19 의정부음악극축제 포스터

경영지원팀은 예산 편성 및 지출 업무를 총괄하고 직원의 채용 및 급여 그리고 복리후생을 담당한다. 축제팀은 축제 기획 및 세부 추진계획을 수립하고, 문화콘텐츠 상품 개발 및 공모사업을 추진하고, 영동 4대 축제 업무를 담당하고, 농촌형 축제 프로그램을 개발하고, 축제 온 · 오프라인 홍보 및 마케팅을 실시하고, 축제 관련 수익사업을 개발한다.

영동군은 도시 소멸 가능성이 높은 농촌지역 중 하나로서 축제 및 관광을 통한 농촌지역의 활성화를 위해 2017년 충청북도에서 최초로 축제 전문 조직인 영동축제관광재단을 발족하였다. 초기에는 조직의 안정화와 본청과의 유기적인 행정 결합을 위해 본청 공무원을 사무국장으로 지정하였지만 2019년부터는 축제 전문가를 공개 채용하여 사무국장으로 채용하였다. 사무국장과 실무자들이 해가 갈수록 경험이 쌓여 더욱 짜임새 있는 축제를 만들어 나가고 있다. 영동축제관광재단은 직원들에게 권한과 기회를 주어 축제 운영 노하우를 마음껏 펼칠 수 있도록 하고 있다. 그 결과 창의적인 축제의 기획과 운영이 이루어지고 있으며 성과도

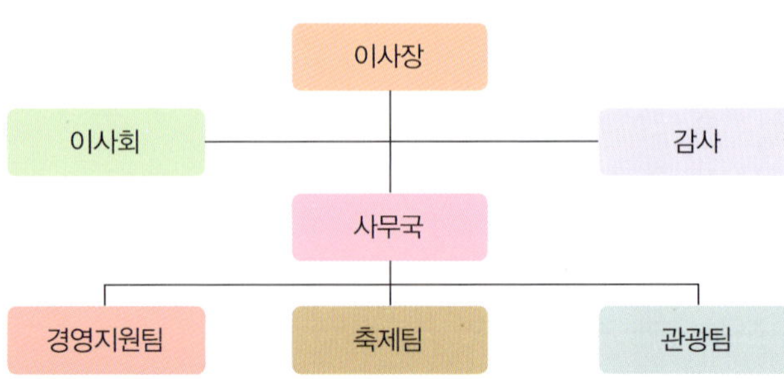

그림 20 영동축제관광재단 조직도

나타나고 있다. 영동포도축제의 경우 4일간의 축제 기간 동안 인구 5만 명이 안되는 영동군에 16만 명이 넘는 방문객이 입장하였고 직접 판매액만 18억 6천만 원에 달했다. 많은 관광객의 방문으로 인한 경제유발효과도 높아서 지역 경제에 활력을 주어 축제가 영동군을 발전시키는 성장 동력으로 작용하고 있다.

표 1 영동축제관광재단 부서별 주요 업무

부서	담당	주요 업무
사무국	상임이사	재단 운영 총괄
	사무국장	재단 사무국 업무 총괄 대외협력업무
경영지원팀	팀장	경영지원팀 및 관광팀 업무총괄 예산(출연금) 편성 및 지출업무 총괄 이사회 및 인사위원회 운영 분야별 공개모집 행정처리 재단 제규정 관리, 전산관리 등
	팀원	직원 급여 및 복리후생, 계약 및 지출 자산 및 차량관리, 사무국 운영 일반 공문서 접수 및 배부 기간제근로자 관리 등
축제팀	팀장	축제팀 업무 총괄 축제 기획 및 세부 추진계획 수립 축제 주관단체 업무 협의 문화콘텐츠 상품 개발 및 공모사업 추진 축제 관련 대외 업무
	팀원1	영동 4대 축제 업무 추진 문화관광축제 중앙부처 연계 업무 농촌형 축제 프로그램 개발
	팀원2	축제관광 온 · 오프라인 홍보 및 마케팅 축제관광 홍보 디자인 및 제작 축제관련 수익사업 관리(유료 프로그램 개발, 협찬 등)
관광팀	팀장	관광팀 업무 총괄
	팀원	관광사업 추진 관광 관련 공모사업 추진 및 지원 관광안내사 관리 등

엑스포와 같이 규모가 큰 축제는 조직도 커진다. 그런데 엑스포는 보통 일회성 또는 몇 년에 한번 꼴로 개최되기 때문에 축제가 종료됨과 동시에 축제 운영 조직도 해체되곤 한다. 아래 그림은 이천도자기엑스포의 조직도다. 규모가 큰 조직인만큼 부서도 많다. 이사장 밑에 위원장과 사무총장이 차례로 있고 그 아래에 각 부서들이 포진해 있다. 여수엑스포와 같이 국가 차원의 행사인 경우 국무총리가 이사장이 되기도 한다. 이 조직도에서는 사무국장 대신 사무총장이라는 직함을 사용하여 격을 높이고 있다.

부서별 주요 업무를 살펴보면 기획조정실에서는 축제 업무를 종합적으로 기획 및 조정하고 대외협력 업무를 담당한다. 총무부에서는 직원의 인사관리 및 후생복지를 담당하고 예산의 편성, 집행, 지출, 결산을 담당한다. 행사부는 행사 운영 종합계획을 수립 및 추진하고 공연이나 이벤트를 주관한다. 전시부는 전시를 기획하고 시대별 · 장르별 전시행사를 운영한다. 홍보부는 국내외 홍보계획을 수립 및 조정하고 각종 언론 및 홍보매체를 통해서 엑스포를 홍보한다. 사업부는 입장권, 광고 유치, 휘장사업 등 수익사업을 종합적으로 추진한다. 관람편의부는 방문객들이 관람하기 편하도록 편의 업무를 계획 및 진행하고 행사장 내의 경비, 관람객의 질서유지, 위생에 대한 대책을 추진한다. 단지개발부는 행사장 단지의 매입, 조성,

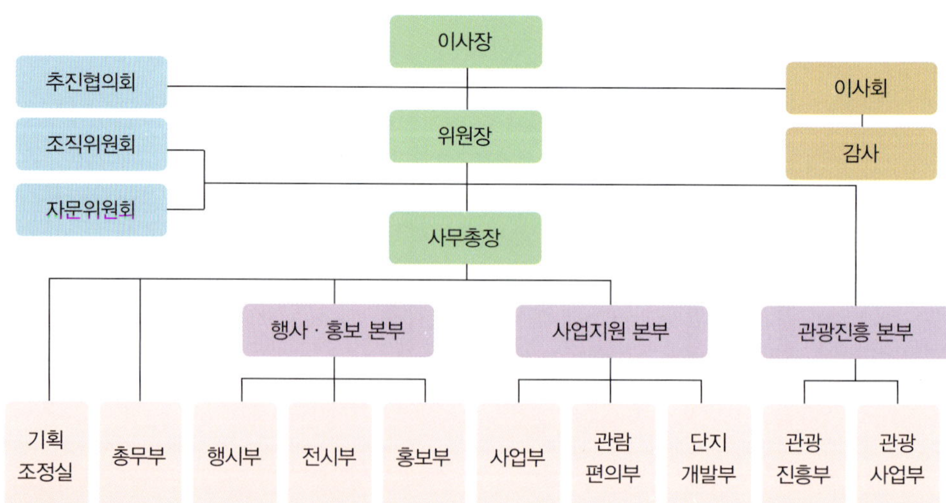

그림 21 이천도자기엑스포 조직도

설계, 시공, 감리 등 총괄업무를 담당한다. 관광진흥부는 관광 기본정책, 기획, 연구개발 전략 등을 수립하고 관광상품을 개발하고 관광교통 인프라를 구축하고 관광전략을 추진한다. 관광사업부는 관광종합계획 및 주요 사업을 시행하고 관광교통, 안내 서비스 체계 및 환경을 개선한다.

표 2 이천도자기엑스포 부서별 주요 업무

부서	주요 업무
기획조정실	축제 업무 종합 기획 · 조정 대외 협력 업무
총무부	직원 인사관리 및 후생 복지 예산의 편성, 집행, 지출, 결산
행사부	행사운영 종합계획 수립 및 추진 공연 및 이벤트 행사 주관
전시부	전시기획 시대별 · 장르별 전시행사 운영
홍보부	국내 · 외 홍보계획 수립 및 조정 각종 언론 및 홍보매체 이용 홍보
사업부	수익사업 종합 추진 입장권, 광고 · 휘장사업 등 추진
관람편의부	축제 관람편의업무 종합계획 수립 행사장내 경비 · 관람객 질서유지 · 위생 대책 추진
단지개발부	행사장 단지 조성 설계 · 시공 · 감리 · 단지매입 총괄
관광진흥부	관광 기본정책 · 기획 · 연구개발 전략 등 진흥책 수립 관광상품 개발, 관광교통 인프라 구축, 관광전략 추진
관광사업부	관광종합계획 및 주요사업 시행 관광교통 · 안내 서비스 체계 및 환경 개선

2. 축제 인력선발 및 교육

축제 인력은 몇 가지의 특성을 가지고 있다. 첫째, 단기간에 많은 인력이 필요하다. 둘째, 단기 고용이 많다. 셋째, 그래서 충분한 경험과 전문지식을 갖춘 인재를 채용하기가 어렵다. 넷째, 자원봉사자가 많이 필요하다. 다섯째, 지역 대학교 · 청년 단체 · 부녀회 · 자치회 등 지역 단체의 협조가 절대적으로 필요하다.

축제의 인력관리는 축제의 목표를 달성할 수 있도록 인력을 선발하고 효과적으로 배분하는 것이 중요하다. 아래 그림과 같이 방문객을 얼마나 유치할 것인지, 인지도를 얼마나 높일 것인지, 만족도를 어느 정도 수준으로 유지할 것인지, 수입을 얼마나 올릴 것인지 등에 관한 축제의 목표를 확인하다. 목표 방문객 수가 많으면 조직도 커야 한다. 다음으로 기획연출, 홍보, 수익사업, 현장관리 등 축제 업무를 세분화하고 각각 필요한 인원을 산정한다. 이때 축제 전문가, 정규직, 임시직, 자원봉사자 등 각각 필요 인원을 산정한다.

다음은 필요 인원을 모집하고 선발한다. 급여 조건, 근무 조건, 복지 등에 대해 명기하여 구인 광고를 한다. 축제 인력을 모집하기 위해서는 구인 웹사이트 등에 광고를 하고 공공기관, 대학교, 기타 지역 단체의 협조를 요청한다. 다음은 제출된 이력서를 검토하여 해당 분야에 대한 지식이나 경험 또는 잠재 능력이 있는 사람을 선발한다. 그리고 면접 시에는 업무 수행 능력, 의사소통 능력, 대인관계, 성격 등을 살펴보고 우수 인재를 선택한다.

다음은 선발된 인력에 대해서 교육을 실시한다. 가급적 모든 인력에게 오리엔테이션을 실시해서 축제와 업무에 대한 기본지식을 가질 수 있도록 한다. 이런 교육이 없으면 자신이 무엇을 해야 하는지 잘 몰라서 현장에서 우왕좌왕 할 수 있다. 교육의 시작은 신입 직원과 자원봉사자를 환영함으로써 소속감을 높이고 열정을 북돋는다. 교육의 분위기는 축제의 분위기를 반영시키는 게 좋다. 가령 축제의 형태가 뮤직페스티벌이라면 교육의 분위기도 왁자지껄하고 생동감 있는 분위기를 조성하고 꽃박람회라면 차분하고 우아한 분위기로 진행할 수 있다. 다과를 제공하면 긴장을 풀고 좀더 즐겁고 열린 마음이 될 수 있다.

교육 내용의 순서는 먼저 기존 인력과 신규 인력이 상호 소개하는 시간을 갖는다. 다음으로 축제에 대한 기본적인 정보를 알려준다. 즉 축제에 대한 유래, 역사, 주최, 주관, 예산, 목적, 목표, 축제 장소, 주요 프로그램, 주요 시설, 방문객 특성 등에 대해서 설명한다. 다음으로 조직의 문화나 축제 현장에 대한 소개 및 유의사항을 알려준다. 그리고 명찰표, 유니폼, 연락처, 업무요령, 축제 소개서 등의 유인물을 배포한다. 필요시 사무실이나 관련 시설 답사를 한다. 또 축제 전문가나 유명인사 또는 동기부여 강사의 특강도 실시할 수 있다. 마지막으로 방문객을 응대하는 서비스 교육을 실시한다.

오리엔테이션이 끝나면 직무별로 교육을 한다. 직무 내용에 대해 토론하고 질의응답하여 직무에 대해서 명확히 이해하고 오해의 소지가 없도록 한다. 직무 명세서를 만들어 주는 것도 좋다. 직무 교육은 직무를 효율적으로 수행하기 위해 필요하고, 교육과정을 통해 직무의 중요성과 행사에 미치는 역할의 중대성을 인식시키고, 개인의 성장과 신기술의 습득 및 자신감을 증진시키는 기회가 된다.

축제에 관한 안전관리 교육도 신경을 써야 한다. 축제 행사장에는 일반 건물의 시설 규정을 따르지 않는 임시 시설이 많아서 안전관리가 미흡한 경우가 종종 있다. 이것은 곧바로 사고로 이어질 수 있다. 실재로 축제 행사장에서 화재, 시설 붕괴, 식중독 등으로 인한 사상자가 발생하기도 한다. 따라서 안전관리 매뉴얼을 만들어서 교육할 필요가 있다.

마지막으로 관광 안내 등 필요한 교육을 실시한다. 방문객들이 축제를 방문하면서 지역 내 다른 관광지나 숙박 장소 또는 맛집을 물어보는 경우가 종종 있다. 이때 머뭇거리지 않고 답변할 수 있도록 기본적인 정보를 알고 있어야 한다. 그외에 축제 인력이 알아야 할 사항이 있으면 전달한다.

그림 22 축제 인력선발 및 교육

3. 축제 관리자

축제 관리자는 축제를 전체적으로 기획하고 진행하고 관리한다. 축제의 규모와 특성에 따라 조직위원장, 총감독, 사무국장이 축제 관리자로서의 역할을 수행한다. 축제 관리자의 업무 영역은 다양한데 프로그램 기획, 마케팅, 조직 관리, 후원 유치, 방문객 관리, 안전 관리 등 축제에 관련된 사항을 전체적으로 총괄하고 조율한다.

축제 관리자는 다양한 능력을 갖추어야 한다. 첫째, 종사원을 통솔하고 한 방향으로 나아갈 수 있는 리더십이 필요하다. 이를 위해 합리적인 축제의 비전과 목적을 제시하고 종사원들을 동기부여하고 종사원을 의사결정에 참여시키고 종사원의 지식과 경험에 따라 합당한 업무를 수행할 수 있도록 배치하여야 한다. 둘째, 기획력을 갖추어야 한다. 기획력을 습득하기 위해서는 상당한 경험과 감각이 필요하다. 축제 관리자가 직접 기획을 할 수도 있지만 하위의 기획팀이 만든 기획안을 보고 현실성이 있는지 옥석을 가릴 수 있는 안목이 있어야 한다. 또 기획안을 발전시킬 수 있는 능력도 필요하다. 그리고 프로그램 운영에 필요한 기술과 운영기법 등을 갖추어서 차질 없이 업무를 추진할 수 있어야 한다. 셋째, 축제 계획이 실질적으로 진행될 수 있도록 추진력이 있어야 한다. 넷째, 축제는 여러 기관과 단체의 협력이 없이는 진행될 수 없으며 관련 기관 및 단체와의 협조 체계를 구축할 수 있어야 한다. 다섯째, 방문객을 분석하고 방문객의 특성에 따라 광고 및 홍보 등 마케팅을 할 수 있는 능력을 보유하면 좋다. 여섯째, 축제는 한정된 예산을 사용하고 지출 항목이 많기 때문에 재무에 관해 관리할 수 있어야 한다. 주어진 예산 내에서 축제가 차질 없이 진행될 수 있도록 수입과 지출을 잘 관리하는 것이 중요하다. 일곱째, 축제는 많은 예산이 필요하므로 상위 기관이나 후원 기관으로부터 많은 예산을 유치할 수 있으면 축제 운영에 큰 도움이 된다. 여덟째, 축제는 짧은 시간에 많은 일이 동시에 일어나므로 축제가 체계적으로 운영될 수 있도록 행정 능력을 보유하고 있으면 좋다. 마지막으로 축제에 다양하고 많은 인력이 근무를 하므로 이들을 모집, 선발, 교육, 배치, 보상할 수 있는 인력 관리 능력이 요구된다.

아래 사진은 제주 세계유산축전의 시설이다. 축제 관리자가 축제의 목적, 목표, 예산, 프로그램, 관람 인원 등을 고려하여 시설을 설치한 것을 알 수 있다. 축제의 성격에 맞게 최대한 자연에 어울리게 시설을 배치하고 최소한의 설치물을 조성하였다.

그림 23 제주 세계유산축전 시설

4. 축제 자원봉사자

축제 자원봉사자는 임금을 받지 않고 재능이나 노동력을 제공한다. 축제에서 자원봉사자가 얼마나 많이 투입이 되느냐 그리고 얼마나 성실히 업무를 수행하느냐에 따라 축제의 성과가 달라질 수 있다. 자원봉사자는 외형적인 보상보다는 업무 자체가 가지고 있는 무형적인 보상을 원하므로 이를 충족시켜 줄 수 있어야 한다. 축제의 한 일원으로서 보람과 자부심을 얻을 수 있도록 하는 것이 중요하다. 자원봉사자 중에는 자원봉사를 돈으로 살 수 없는 소중한 추억으로 여겨 자신이 참여했던 축제의 유니폼, 배지, 팸플릿 등을 평생 보관하며 자랑스러워 하기도 한다.

자원봉사자는 지역사회단체, 종교단체, 대학 등에 협조를 구하거나 구인 웹사이트를 통해 모집할 수 있다. 상황에 따라서는 전문성을 갖춘 자원봉사자가 필요한 경우도 있다. 이때는 교수, 교사, 연구원, 대기업 임원, 디자이너, 건축가 등 전·현직 전문 인력을 모집할 수 있다.

자원봉사자는 유급 직원이 아니므로 업무를 과중하게 부여하지 않도록 한다. 자원봉사자는 지식과 경험이 부족한 경우가 많으므로 지나친 책임과 의무는 맡기지 않도록 한다. 그렇다고 단순 업무만 반복하면 지루하고 불만이 될 수 있으므로 주의해야 한다. 또한 너무 하대하지 않도록 유의해야 한다. 자원봉사자는 이타심만으로 근무하는 것이 아니라 내적 보상(자기실현, 자부심, 능력 발휘, 호기심 충족)이나 외적보상(사회활동, 인정, 명예획득, 사교, 사회적 교류, 봉사점수)을 위해 참여하기도 한다.

그림 24 평창동계올림픽 자원봉사자 모집 포스터

자원봉사자에게 정규 월급을 지급하지 않지만 종종 교통, 식사, 숙박에 필요한 경비는 제공한다. 또 자원봉사에 필요한 유니폼이나 물품을 제공하고 감사의 표시로 선물을 주기도 한다. 봉사가 완료된 후에는 감사장을 주거나 봉사시간으로 인정해 주기도 한다.

평창동계올림픽 자원봉사자 운영 사례

1. 자원봉사 활동 추진 방향

- 비전(VISION): 역대 가장 친절하고 수준 높은 자원봉사 구현
- 미션(MISSION): 올림픽의 성공적인 개최를 위한 철저하고 완벽한 자원봉사 실천
- 목표(Goal): 선수들이 경기에 집중할 수 있도록 지원한다.
  - 관중들이 편안하게 관전할 수 있도록 돕는다.
  - 대회 진행자들과 함께 일하며 임무를 완수한다.
  - 동료들과 상호 격려하며 보람과 긍지를 찾는다.

2. 자원봉사의 의미

- 대회의 성공 개최를 위해 자발적으로 참여하여, 대회 기간 동안 대회실행 전반에서 조직위원회 역할의 일부를 보수 없이 수행하는 활동을 의미한다.

3. 자원봉사자 지위와 역할

- 지위: 조직위원회 임직원 등 대회 운영인력과 함께동일한 목표실현에 참여하는 동반자
- 역할: 조직위원회의 지휘 · 감독을 받으며 조직위원회가 부여한 업무를 수행합니다.
  - 조직위원회가 메뉴얼로 제공하는 업무를 담당합니다.
  - 각 베뉴 인력운영 체계 등 조직위원회가 설정한 지휘계통을 수용합니다.
  - 1일 8시간이 기본 근무시간입니다.
    다만 근무환경(실외)을 고려하여 근무시간은 차등(4시간) 적용할 수 있습니다.
    ※ 단, 직무유형에 따라 근무 시작 시간은 변경될 수 있습니다.

4. 자원봉사자 규모와 활동 기간

- 자원봉사자 규모: 22,400명(동계올림픽 16,000명, 동계패럴림픽 6,400명)
- 자원봉사 기간: 동계올림픽대회 및 동계패럴림픽대회 참가 선수 입국부터 출국까지
- 자원봉사 장소: 경기장, 방송지원시설, 선수촌 · 미디어촌, 주요 숙박시설, 공항, 역
- 제공 물품: 유니폼, 숙식, 경기장/숙박장소 등 근무지역 내 셔틀버스, 상해보험

5. 자원봉사자 선발과 교육

- 2016.07~09: 자원봉사 신청(http://vol.pyeongchang2018.com/에서 온라인 신청)
- 2016.09: 자원봉사자 선발
- 2017.03~2018.02: 자원봉사자 교육 및 훈련
  - 기본교육: 동계올림픽 · 동계패럴림픽 소개, 대회관련 정보 교육(12시간)

- 리더봉사자 교육: 팀 운영과 갈등 관리, 의사소통 교육
- 직무 · 현장 교육: 시설현황 및 근무위치, 수행업무 처리 요령 등

- 2018.02: 자원봉사자 배치
- 2018.03: 선수 입국일부터 올림픽 기간 중 자원봉사 활동
- 2018.03~: 사후관리(자원봉사 실적 인정 및 인증서 발급 및 포상)

6. 자원봉사자 자격 및 우대 사항

- 자격: 대회 개회일 기준 만 18세 이상 내 · 외국인(2000년 2월 9일 이전 출생) 동계올림픽 3주, 동계패럴림픽 2주간 대회 자원봉사자로 참여할 수 있는 사람
- 우대 사항: 대회에 장기간 참여 가능한 사람((동계올림픽대회 · 동계패럴림픽대회 동시 참여 가능한 사람)
  - 국제행사, 국제스포츠대회 등 자원봉사 경험이 많은 사람
  - 일부 직무의 경우 외국어를 이용하여 의사소통이 가능한 사람
  - 일부 직무의 경우 모집분야 경력 및 자격증이 있는 사람

7. 자원봉사 활동 분야

1) 대회안내

(1) 관중안내

- 경기장, 지정좌석 및 편의시설 등 안내
- 경기관람 · 퇴장 질서유지, 비상상황 초기대처
- 내데스크 근무, 미아보호 및 분실물 관리
- 입장권 발권, 검표 및 입장권 · 좌석 관련 문제해결
- 홍보관 대회, 종목, 문화행사 안내 및 질서유지

(2) 숙박

- 숙박시설, 경기일정 및 주변관광 안내
- 선수촌, 미디어촌, 외국인 숙박시설 내 각종 운영지원

(3) 교통안내

- 대회운영차량, 대중교통 및 기타 교통수단 이용안내
- 대회운영차량 배차, 승 · 하차 및 주차 안내 등

2) 운영지원

(1) 사무지원

- 일반행정업무 및 사무보조 업무수행
- 대회종합상황실(MOC:Main Operation Center) 내 업무지원 및 통역

(2) 일반운영

- 식음료 시설 안내 , 관리 및 질서유지
- 대회 물류 및 공항 통관 관련 업무수행
- 장애인 접근성 및 관중 만족도 조사
- 각국 학생 동계종목 체험캠프(Youth Camp) 운영
- 차기 대회 관계자 등을 위한 참관 프로그램 운영

(3) 인력관리

- 등록카드 발급 및 대회시설 출입권한 부여
- 대회인력 유니폼 사이즈 확인 및 배부
- 대회인력 근태관리 및 뉴스레터 작성 등

3) 미디어

(1) 취재

- 경기장내 취재지원 및 사진기자 활동지원
- 프레스센터(MPC: Main Press Center) 내 안내데스크 운영
- 국내외 언론 취재지원(경기정보, 보도자료 제공)

(2) 방송

- 방송제작 관련 정보 및 자료제공
- 경기장내 방송제작 지원 및 방송구역 관리
- 방송 관련 통역 및 각종 행정업무 지원
- 방송센터(IBC: International Broadcasting Center/CBC: Coastal Broadcasting Center) 내 안내데스크 운영

4) 기술

(1) 정보기술

- 유무선 통신장비 운영, 관리 및 접속장애 해결
- 경기정보 입출력을 통한 원활한 경기진행 지원
- 공식 경기기록 계측 및 경기결과지 배포

(2) 기상

- 경기장별 기상관측업무 수행 및 기상정보 전달

5) 의전 및 언어

(1) 의전

- 국내외 고위인사 의전 및 업무지원

- 외국정부, 국제연맹(IF) 고위인사 등 통역지원
- IOC 총회 개최지원 및 행사 현장안내 등

(2) 선수단 지원
- 각 국가별 선수단 수행 및 통역지원
- 선수단 운영 및 대회 참가 관련 업무지원 등

(3) 통역
- 대회 운영에 필요한 각종 외국어 통역 지원(선수 인터뷰, 의무, 도핑 및 미디어 관련 통역 등)

6) 경기

(1) 경기
- 경기 진행, 경기용품, 경기장 관리(코스정비, 기문설치 등)
- 경기 관련자료(선수명단, 경기결과 등) 작성 및 배포
- 장애인 선수 등급분류 및 기타 경기운영 필요업무

(2) 시상
- 시상자 안내 및 시상식 개최 지원
- 메달, 국기 등 시상 관련물품 및 시상시설 관리
- 국기게양 지원 및 기타 메달플라자 운영지원

7) 의무

(1) 의료
- 환자 진료 및 응급처치 등 의료시술
- 간호, 물리치료 등 진료 보조 및 환자 후송 지원
- 의료시설 및 의료물자 관리
- 적정한 의료 서비스 제공을 위한 통역 및 행정지원

(2) 도핑
- 도핑검사 대상 선수에게 검사통지 및 도핑검사 동행
- 도핑검사 유의사항 안내 및 도핑 관련 통역지원

학습정리

하얼빈 빙등제

- 1985년 하얼빈시에서 빙등 작품 전시에 눈 조각 작품 전시를 더하여 제1회 하얼빈 빙설절 개최함
- 2001년 국제스키축제와 결합하면서 하얼빈국제빙설절로 개칭함
- 우리나라에서는 오래전부터 빙등제로 소개되면서 하얼빈 빙등제로 부르고 있음
- 주요행사
  - 자오린공원: 소규모의 빙등 작품 전시
  - 타이양다오: 대형 눈 조각 작품 전시
  - 빙설대세계: 건물 규모의 빙등 작품 전시, 개막식, 야외 공연, 실내 아이스쇼
- 축제 연계 관광: 자오린공원, 성 소피아 성당, 중앙대가, 스탈린 공원, 방홍기념탑, 안중근 의사 기념관, 일본 731부대 유적, 음식(꿔바로우, 하얼빈 맥주, 티에궈뚠 등)

축제의 인적자원

- 지자체에서 주최하는 관광축제 중에는 축제 전문대행사를 활용하는 경우가 많음
- 축제 전담 조직은 1년 내내 축제의 준비와 실행을 하는 별도 조직임
- 축제의 인력관리는 축제의 목표를 달성할 수 있도록 인력을 선발하고 효과적으로 배분하는 것임
- 축제 인력선발 및 교육: 축제 목표 → 축제 업무 → 인원 산정 → 모집 및 선발 → 교육
- 축제 관리자는 축제를 전체적으로 기획하고 진행하고 관리함
- 축제 자원봉사자는 임금을 받지 않고 재능이나 노동력을 제공함
- 자원봉사자는 외형적인 보상보다는 업무 자체가 가지고 있는 무형적인 보상을 원하므로 자존심을 유지하고 성취감을 충족시켜 줄 수 있도록 해야 함
- 자원봉사 업무: 안내, 사무지원, 일반운영, 인력관리, 미디어 지원, 기술 지원, 의전, 통번역, 행사 지원, 의무 지원 등

학습평가

01 건물 규모의 빙등 작품과 대형 눈 조각 작품을 전시하는 축제는 무엇인가?

① 하얼빈 빙등제

② 베이징 빙설절

③ 상하이 빙등제

④ 항저우 빙설절

02 축제 자원봉사자에 대한 설명으로 거리가 먼 것은?

① 축제 자원봉사자는 임금을 받지 않고 재능이나 노동력을 제공한다.

② 자원봉사자는 외형적인 보상보다는 업무 자체가 가지고 있는 무형적인 보상을 원하므로 이를 충족시켜 줄 수 있어야 한다.

③ 자원봉사자에게 유급 직원과 동일한 직무와 업무량을 배당하면 불만이 될 수 있으므로 유의해야 한다.

④ 자원봉사자는 자기 자신의 이익은 생각하지 않고 다른 사람에게 봉사하고 싶은 이타심만으로 봉사에 참여한다.

[정답 및 해설]

01 ①

해설: 겨울에 영하 20도 이하로 내려가는 하얼빈에서 빙등제를 개최함

02 ④

해설: 자원봉사자가 이타심만으로 근무하는 것이 아니라 내적보상(자기실현, 자부심, 능력 발휘, 호기심 충족)이나 외적보상(사회활동, 인정, 명예획득, 사교, 사회적 교류, 봉사점수)을 위해 참여하기도 한다.

CHAPTER 08

축제의 마케팅

08

학 습 목 차

■ 사례에서 배운다: 바르셀로나 메르세축제와 페루 태양제

1. 축제 마케팅의 개념과 4P 믹스
2. STP
3. 축제 상품

학 습 목 표

- 바르셀로나 메르세축제 사례의 성공요소를 우리나라 축제에 응용할 수 있다.
- 축제 마케팅의 필요성을 설명할 수 있다.
- 4P 믹스를 수행할 수 있다.
- STP를 수행할 수 있다.
- 축제 상품을 기획할 수 있다.

Chapter 08

축제의 마케팅

■ 사례에서 배운다: 바르셀로나 메르세축제와 페루 태양제

1) 바르셀로나

그림 1

바르셀로나(Barcelona)는 스페인 동북부에 위치해 있으며 카탈루냐(Catalonia) 자치주의 주도이다. BC 3세기 카르타고(Carthage) 왕국의 바르카(Barca) 가문이 이

지역을 점령하면서 도시명이 오늘날까지 바르셀로나로 이어졌다고 전해진다. 바르셀로나는 카르타고 왕국에 이어서 로마제국, 서고트 왕국, 이슬람에 의해 차례로 지배를 당한다.

9세기 프랑크 왕국의 카를대제가 이슬람 세력을 밀어내고 바르셀로나를 백작령으로 다스린다. 12세기 바르셀로나 백작과 아라곤 여왕이 결혼한 이후 바르셀로나는 아라곤 왕국의 중심지로서 번성하게 된다. 13세기~14세기 아라곤 왕국은 이탈리아 남부를 점령하고 지중해 지역과 활발히 해상 무역을 하는 등 부를 축적한다.

15세기 바르셀로나를 중심으로 한 아라곤 왕국의 페르디난드 2세와 마드리드를 중심으로 한 카스티야 왕국의 이사벨라 여왕이 결혼한 이후 정치적 · 경제적 영향력과 식민지 개척의 부가 마드리드로 넘어가면서 상대적으로 바르셀로나의 영향력이 약화된다. 17세기 스페인과 프랑스의 전쟁이 일어나면서 스페인 군대가 카탈루냐에 주둔하고 물자를 징발하자 농민들이 불만을 품고 카탈루냐 반란(Catalan revolt)을 일으킨다. 20세기 초 바르셀로나는 카탈루냐 공화국의 성립을 선언하지만 스페인 정부가 받아들이지 않고 주동자들은 체포한다. 현대에도 분리 독립에 대한 목소리가 꾸준히 나오고 있다.

1992년 바르셀로나에서 올림픽을 개최했는데 우리나라의 황영조 선수가 마라톤 경기에서 금메달을 획득해서 우리 국민에게 의미가 큰 대회였다. 바르셀로나는 다양한 공업과 관광 산업이 발달하여 스페인에서 경제가 가장 활성화된 지역이고 가우디와 피카소 등 세계적인 건축가와 예술가가 활동한 문화의 중심지이기도 하다.

2) 메르세축제

(1) 유래

바르셀로나 메르세축제(Les Festes de la Merce)는 매년 9월 바르셀로나의 수호성인인 성모 마리아를 기념하는 종교축제다. 메르세(Merce)는 영어의 mercy, 즉 자비를 뜻하는데 카탈루냐어로 메르세라고 하면 '자비의 성모 마리아'를 떠올리기 때문에 메르세축제라고 부르고 있다. 성모 마리아가 바르셀로나의 수호성인이 된 데에는 사연이 있다. 1218년 9월 24일 성모 마리아가 왕, 기사, 사제 앞에 나타나 수도회를 세우라고 했다고 전해진다. 그래서 자비의 성모 수도회를 설립하고 십자군 전쟁 때 끌려간 가난한 그리스도인들을 구하는데 힘썼다고 한다. 그리고 1687년 바르셀로나가 메뚜기 떼의 습격을 받아 위험에 처하자 성모 마리아에게 간절하게 기도를 했고 이후 메뚜기 떼가 사라졌다고 한다. 이때부터 바르셀로나는 성모 마리아를 수호성인으로 추대하게 된다. 그리고 1714년 프랑스가 바르셀로나를 침략했을 때 성모 마리아가 지켜주어 프랑스 군대를 물리칠 수 있었다고 믿는다. 1868년 교황 피우스 9세가 성모 마리아를 바르셀로나의 수호성인으로 선포하였고 이에 바르셀로나는 1871년 9월 24일을 '자비의 성모 마리아 축일'로 지정하여 축하 행사를 개최하였다. 그리고 1902년 바르셀로나가 주최하는 제1회 메르세 축제를 공식적으로 개최하였다. 이후 메르세 축제는 수호성인을 기리는 종교의식과 카탈루냐 지역의 문화가 어우러져 바르셀로나의 대표적인 민속 축제가 되었다.

(2) 주요 행사

① 거인 인형 퍼레이드

거대 인형 퍼레이드(Seguici Inaugural)는 유럽의 축제에서 자주 등장하는 데 메르세 축제에도 출현한다. 약 4~5m 크기의 인물 또는 동물 형태의 인형들이 행렬을 이루면서 행진을 한다. 이 인형들은 바르셀로나의 역사적인 인물이나 종교적인 인물 그리고 전설이나 동화에 나오는 동물을 상징한다. 행렬의 앞뒤에는 전통 의상을 입은 사람들과 음악을 연주하는 사람들이 함께 행진한다. 행진을 할 때 거대 인형이 음악에 맞춰 빙글빙글 돌면서 경쾌한 춤을 추기도 한다. 이윽고 광장에 도착하면 인형이 전통춤을 추는데 마치 살아있는 사람이라고 생각될 정도로 동작이 자연스럽다.

그림 2

② 인간탑 쌓기

인간탑 쌓기(Merce Castellers)는 카탈루냐의 전통 놀이다. 메르세축제 외에 다른 카탈루냐 축제에서도 인간탑 쌓기를 한다. 인간탑 쌓기는 누가 더 높이 쌓는지를 경쟁하는 행사다. 보통 8단까지 완성하지만 간혹 9단까지 완성하기도 한다. 아주 드물게 10단을 완성하기도 한다. 하단에는 건장한 남자들이 기단을 만들고 한층한 층 올라갈 때마다 몸무게가 적은 사람이 틀을 만들고 가장 높은 곳에는 몸무게가 적은 사람이나 어린아이가 올라간다. 인간탑 쌓기는 보는 것만으로도 아찔하다.

그런데 인간탑을 쌓는 과정에서 중심을 잃고 무너지는 경우가 종종 발생한다. 그리고 부상을 입기도 한다. 그래서 팀원들이 서로 믿고 힘을 모아서 탑을 쌓아야만 성공할 수 있다. 이것을 구경하는 시민과 관광객도 간절하게 응원을 보낸다. 이렇게 탑 쌓기를 하면서 사람들은 하나가 되고 탑이 완성되면 환호를 하고 서로 축하한다.

그림 3

③ 달리는 불꽃

달리는 불꽃(Correfoc)은 야간에 불꽃을 휘날리면서 거리를 달려가는 행사다. 우선 위험하지 않은 상황에서 아이들이 앞서 나가고 다음에 악마 분장을 한 사람들 또는 용의 캐릭터가 불을 내뿜으면서 나타난다. 불꽃을 휘날리면서 빙글빙글 돌며 달려가는 모습이 조금 위험해 보이지만 많은 사람들이 운집해서 행사를 즐긴다. 동양이나 서양이나 불장난은 재미있는 놀이인 듯하다.

그림 4

④ 프로젝션 쇼와 불꽃 쇼

프로젝션 쇼(Light projections show)는 매일 저녁 시청사 건물 정면을 스크린 삼아 현란한 영상을 보여주는 것이다. 한 번에 30분씩 일일 4회 정도 진행되는데 다양한 예술 영상을 만날 수 있다. 저녁 10시 몬주익에서는 음악과 분수 그리고 불꽃이 어우러진 쇼가 펼쳐진다.

그림 5

⑤ 문화행사

그 밖에 다양한 문화행사가 무대와 거리에서 펼쳐지는데 지역색이 강한 민속춤도 볼 수 있고 재미있고 화려한 의상의 공연도 볼 수 있다.

그림 6

(3) 축제 연계 관광

- 사그라다 파밀리아: 가우디가 1883년부터 짓기 시작한 성 가족성당
- 카사 밀라: 가우디가 건축한 독특한 모양의 아파트

- **구엘공원:** 가우디가 구엘의 의뢰로 조성한 공원
- **콜럼버스 기념상:** 스페인 이사벨 여왕의 후원을 받아 아메리카대륙을 발견한 콜럼버스를 기념하기 위한 동상
- **피카소 미술관:** 피카소가 바르셀로나에서 청소년기를 보내며 그렸던 작품을 전시함

3) 생각 나누기: 개막 연설

개막 연설(Prego de festa major)은 바르셀로나 시청 안에서 진행되며 초대받은 사람만 입장할 수 있다. 일반인은 시청 광장의 스크린, 인터넷, 카탈루냐TV에서 생중계로 볼 수 있다. 연설자는 카탈루냐 출신의 유명인이나 예술가로 선정된다. 연설 분위기가 마치 의회 연설이나 대학 졸업 연설을 하듯이 차분하고 엄숙하게 진행되어 사실 관광객 입장에서는 별로 흥미로울 것이 없다. 그러나 연설 장면을 보고 있으면 카탈루냐 사람들이 이 축제를 얼마나 진지하게 대하는지 알 수 있다. 축제니까 떠들썩하고 왁자지껄하게 흰비탕 먹고 미시고 소비한 히는 것이 아니라 축제를 통해서 민족의 정신을 이어나간다는 인상을 받는다. 메르세축제를 개최하면서 성모 마리아라는 종교적 수호성인을 중심으로 공동체가 하나로 응집하고 역사

그림 7

적 · 문화적 정체성을 확립하는 격식 있는 의식을 치른다.

요즘 우리나라 축제가 관광객 수와 경제적 효과에 너무 치중한 나머지 지역의 정체성과 공동체는 뒷전이 되는 경우가 종종 있다. 그래서 주객이 전도되어 관광객을 모시느라 지역민은 홀대가 되기도 한다. 그리고 관광객의 입맛에 맞추다 보니 모든 행사가 흥미 위주, 자극적이고, 말초적인 것으로 변해가고 있다는 비판이 나오고 있다. 방문객의 욕구를 충족시키기 위해서 어쩔 수 없이 변형할 수밖에 없는 부분이 있다고 할지라도 원래의 모습, 원래의 마음, 원래의 정신이 잊혀지지 않도록 축제의 어딘가에 새겨둘 필요가 있다. 그래야 축제가 오래간다. 지루해 보이고 재미없어 보이는 그것이 축제를 지탱해 나가는 심장이 될 수 있다. 일탈과 유희와 더불어 진지함과 정신도 공존하는 축제를 기대한다.

1. 축제 마케팅의 개념과 4P 믹스

다른 분야와 마찬가지로 축제도 마케팅이 매우 중요하다. 어떤 프로그램을 운영하고 어떻게 홍보를 하는가에 따라서 축제의 성패가 갈라진다. 일반적으로 마케팅이 필요하게 된 배경은 수요보다 공급이 많아졌기 때문이다. 즉 심화된 경쟁 상황 속에서 살아남기 위한 전략이 마케팅이다. 축제도 다른 축제가 많아진 상황 속에서 인지도를 높이고 방문객을 늘리기 위해 마케팅이 필요하다. 마케팅이 필요한 또 다른 이유는 고객의 욕구가 다양해졌다는 것이다. 고객의 욕구는 한번 결정되면 고정되는 것이 아니라 계속해서 변한다. 또 구매 경험이 많아질수록 욕구도 다양화된다. 이들을 충족시키기 위해서 마케팅이 필요하다. 축제도 다양해진 방문객의 욕구를 충족시키기 위해서 마케팅을 활용한다.

축제의 마케팅은 방문객의 욕구를 만족시키기 위해 축제의 상품(product), 가격(price), 유통(place), 촉진(promotion)을 계획하고 실행한다. 상품, 가격, 유통, 촉진을 마케팅 도구(marketing tools)라고 하며 영어 첫 글자를 합쳐서 4P라고 부른다. 축제에 있어서 상품은 축제 프로그램, 축제의 다양한 서비스, 기념품, 특산물 등이

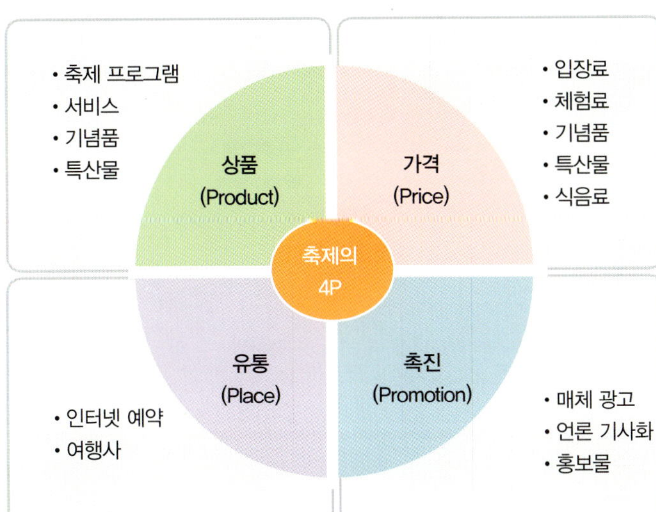

그림 8 축제의 4P

해당된다. 축제 가격은 입장료, 체험료, 기념품, 특산물, 식음료 등의 가격이 포함된다. 축제의 촉진은 매체 광고, 언론 기사화, 홍보물 등이 포함된다. 축제의 유통은 인터넷 예약이나 축제 상품을 판매하는 여행사가 해당된다. 축제의 자원을 기반으로 4P 요소를 적절히 믹스(mix)하여 고객을 만족시키고 목표를 달성할 수 있어야 한다.

축제와 같은 서비스 분야에서는 기존의 4P에 패키지(package), 프로그램(program), 파트너십(partnership), 종사원(people)의 4P를 추가해서 8P 믹스를 활용하곤 한다. 패키지는 축제, 숙박, 교통, 식사 등을 묶어서 패키지 상품으로 판매하는 것을 의미한다. 이렇게 패키지로 묶으면 각각 구매하는 것보다 저렴하다. 에든버러 타투 공연도 입장료, 식사, 기념품, 프로그램북 등을 패키지로 묶어서 판매한다. 프로그램은 축제 관람, 관광, 식사 등을 적절한 순서로 구성하는 것이다. 가령 축제를 방문하고 나서 관광지에 갔다가 식사를 할 것인가 아니면 관광지에 먼저 갔다가 식사를 하고 축제를 방문할 것인가의 순서를 결정하는 것이다. 축제 프로그램 내에서도 어떤 공연을 먼저 보여주고 어떤 공연을 나중에 보여 줄 것인가를 선택한다. 이런 순서 조합에 따라서 관광객이 느끼는 만족도가 달라지므로 신중하게

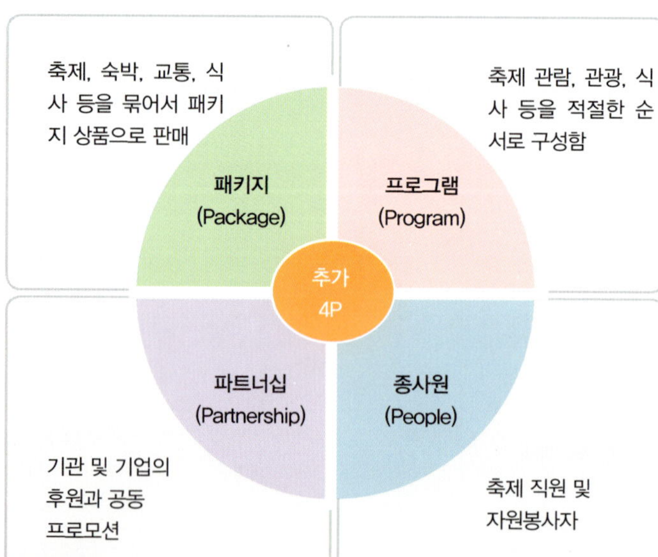

그림 9 축제의 추가 4P

순서를 정해야 한다. 파트너십은 기관 및 기업으로부터의 후원을 받거나 공동 프로모션을 하는 것이다. 종사원은 축제 직원 및 자원봉사자에 해당한다. 축제 종사원의 서비스 품질은 방문객 만족으로 직결된다.

2. STP

1) 시장세분화

STP는 시장세분화(Segmentation), 표적시장 선정(Targeting), 포지셔닝(Positioning)의 영어 첫 글자를 합친 것이다. 시장세분화는 전체 시장을 어떤 기준에 의해서 세분시장으로 나누는 것이다. 경쟁이 심화되고 방문객의 욕구가 다양화되고 있어서 하나의 축제로 전체 시장을 만족시킬 수 없다. 따라서 시장세분화를 통해서 일부 시장을 선택해서 욕구를 충족시켜 줄 수 있는 프로그램과 시설을 개발하는 것이 합리적인다. 시장세분화는 어떤 기준으로 나눌 것인가가 중요한데 시장세분화 기준변수로는 인구통계, 행태, 심리 등이 있다.

인구통계	행태	심리
• 성별 • 연령 • 결혼 • 동반자 • 거주지 • 직업 • 학력 • 소득	• 방문 횟수 • 축제 정보 매체	• 동기 • 성격 • 라이프스타일

그림 10 시장세분화 기준변수

인구통계와 관련된 기준변수로는 성별, 연령, 소득, 가족, 종교, 직업 등이 포함된다. 예를 들어 소득이라는 기준으로 축제 방문객을 시장세분화를 하면 고소득층, 중소득층, 저소득층의 세분시장으로 나눌 수 있다. 고소득층은 가격은 별로 신경 쓰지 않고 고품질 상품이나 서비스를 원한다. 따라서 축제에 대해서도 수준 높은 공연이나 프로그램을 원한다. 저소득층으로 갈수록 가격에 민감하고 저렴하거나 무료입장을 선호한다. 또 거주지 중 국가를 기준으로 축제 방문객을 시장세분화하면 한국, 일본, 중국, 대만, 미국, 영국 등의 세분시장으로 나눌 수 있다. 동남아 국가의 방문객은 K-POP 축제를 선호하는 반면 유럽 국가의 방문객은 한국의 전통적인 축제를 선호하는 경향이 있다.

행태와 관련된 기준변수로는 방문 횟수, 축제 정보 매체 등이 있다. 가령 방문 횟수를 기준으로 축제 방문객을 시장세분화하면 첫 방문, 2회 방문, 3회 이상 방문 등의 세분시장으로 나눌 수 있다. 3회 이상 방문객은 축제의 충성집단으로서 특별한 관리가 필요하다.

심리와 관련된 기준변수는 동기, 성격, 라이프스타일 등이다. 예컨대 성격을 기준으로 축제 방문객을 시장세분화하면 내향적인 성격, 중간 성격, 외향적인 성격 등의 세분시장으로 나눌 수 있다. 내향적인 성격의 방문객은 전시회 위주의 축제를 선호할 수 있고 외향적인 성격의 방문객은 보령머드축제와 같이 활동성이 강한 축제를 선호할 수 있다.

▮ 소득 기준 시장세분화와 선호 축제

구분	직업	선호 축제
고소득층	사장, 대기업 임원, 고위 공무원, 의사, 변호사 등	고가의 입장료를 지불하는 오페라 또는 글래식 연주 등의 축제
중소득층	회사 간부, 중간 공무원, 교사 등	입장료 가격 부담이 적은 대중 공연 축제
저소득층	회사 신입사원, 최저 임금 노동자, 일일 근로자 등	입장료가 없는 무료 축제

2) 표적시장 선정

표적시장 선정(Targeting)은 시장세분화에 의해서 나누어진 여러 개의 세분시장

중에서 하나(또는 그 이상)를 선택하는 것이다. 예를 들어 소득을 기준으로 시장세분화하여 여러 개의 세분시장 중에서 고소득층을 표적시장으로 선정할 수 있다. 또 연령을 기준으로 시장세분화하여 여러 개의 세분시장 중에서 20대를 표적시장으로 선정할 수 있다. 이렇게 시장세분화와 표적시장 선정을 통해서 세분시장의 '선택과 집중'을 하게 된다.

표적시장을 선정할 때 축제의 주제와 방문객 특성을 반드시 고려해야 한다. 아래

그림 11 축제 포스터

축제 포스터를 살펴보면 경남 고성 공룡세계엑스포는 어린이가 공룡과 교감하는 듯한 이미지를 넣음으로써 공룡을 좋아하는 어린이가 표적시장임을 알 수 있다. 대구 약령시 한방문화축제의 포스터에는 약탕기 이미지가 있고 축제명 자체에서 알 수 있듯이 한방을 활용한 건강 증진에 관심이 있는 장년층이나 노년층이 표적시장임을 제시하고 있다.

무주반딧불축제는 저녁에 반딧불이가 숲을 날아다니는 신비한 이미지를 넣어 어린 자녀를 둔 가족이 표적시상이라는 것을 알 수 있다. 아이들이 축제를 즐기면서 자연학습을 할 수 있다. 반딧불축제의 2차 표적시장으로 연인이나 친구를 설정할 수 있다. 젊은이들이 멋진 추억을 만들기 위해서 축제에 방문한다. 거주지로 시장을 세분화한다면 도시 거주자가 표적시장이 될 수 있다. 도시의 인공적인 건물에서 벗어나 자연을 향유하고 싶은 사람들에게 무주반딧불축제가 제격이다.

하동 야생차축제의 포스터는 전반적으로 녹색의 야생차 이미지로 구성하였는데 차를 좋아하는 사람 또는 건강에 관심이 있는 사람이 표적시장이 될 수 있다. 방문객의 거주지를 고려하면 수도권 지역은 너무 멀기 때문에 현실적으로 하동 주변의 경상남도, 부산광역시, 전라남도 시민을 표적시장으로 볼 수 있다.

3) 포지셔닝

포지셔닝(Positioning)은 표적시장으로 선정된 세분시장에 대해 상품과 서비스의 특징을 구체화하고 경쟁적 위치(position)를 부여하는 것이다. 포지셔닝은 한마디로 말해서 축제 이미지를 형성하는 것이라고 할 수 있다. 어떤 축제의 이름을 들으면 곧바로 연상되는 이미지가 있는데 그것이 바로 사람들의 마음 속에 있는 위치이고 축제가 추구하는 대로 방문객 마음의 위치를 변경해 나가는 것이 포지셔닝이다. 축제 주최 측의 의도대로 독특하고 차별화된 이미지가 형성될수록 좋은 포지셔닝이라고 할 수 있다.

축제의 포지셔닝을 형성하는 요인은 다양하다. 먼저 축제 명칭이 축제 포지셔닝 형성에 영향을 줄 수 있다. 가령 자라섬재즈페스티벌은 그 명칭으로부터 재즈가 주제임을 알 수 있다. 따라서 축제 명칭을 만들 때 적절한 이미지가 연상될 수 있도록 신경을 써야 한다. 둘째, 축제의 유래와 역사도 축제 포지셔닝 형성에 영향을 미친다. 베니스 가면축제가 단순히 가면을 쓰고 즐기는 축제가 아니라 오래전부터 베니스의 문화에서 비롯되었다는 것을 알게 되면 그 이미지가 다르게 느껴진다. 셋째, 광고 및 홍보는 이미지를 형성하는 대표적인 수단이다. 사람들은 평소에는 축제에 대한 정보를 접할 기회가 없다. 그러나 광고와 홍보를 통해서 축제가 노출되면 그 속에 비친 축제의 모습을 하나의 이미지로 담는다. 넷째, 축제 프로그램도 축제 포지셔닝 형성에 영향을 미친다. 보령머드축제의 경우 그 이름만으로는 머드를 어떻게 이용하는 것인지 알 수 없다. 그러나 전신에 머드를 바르고 다른 사람들과 다양한 게임을 하는 프로그램을 진행함으로써 보령머드축제가 어떤 축제인지 이미지를 전달한다. 마지막으로 행사장이나 시설도 축제 포지셔닝 형성에 영향을 줄 수 있다. 화천산천어축제는 얼어붙은 강 위에서 얼음을 깨고 낚시를 하는 이미지가 선명하게 전달된다.

그림 12 축제 포지셔닝 형성 요인

사람들의 마음속에서 축제가 어떤 위치에 있는지를 알아보기 위한 도구가 있는데 바로 지각도(perceptual map)다. 지각도는 축제 방문객이 지각하고 있는 축제의 위치를 2차원 도표로 그린 것이다. 이때 상하좌우의 축을 무엇으로 하느냐에 따라 결과가 달라진다. 아래 지각도는 좌우를 제의성과 유희성 그리고 상하를 성인 대상과 어린이 대상으로 설정하여 축제를 분석한 것이다. 성인 대상의 제의성이 높은 축제는 강릉단오제, 수원화성문화제, 제주들불축제, 효석문화제 등이다. 다음으로 성인 대상의 유희성이 높은 축제는 인천펜타포트음악축제, 대국치맥페스티벌, 보령머드축제 등이다. 그리고 어린이 대상의 유희성이 높은 축제는 연천구석기축제와 경남고성공룡세계엑스포이다. 그러나 어린이 대상의 제의성이 높은 축제는 나타나지 않고 있다. 이 위치는 경쟁자가 없기 때문에 신규 축제를 개최하면 독보적인 축제가 될 수 있다. 그런데 다른 한편으로 이 위치에 아무 축제가 없다는 것은 그만큼 인기가 없을 확률이 높다는 것을 의미할 수도 있다. 실제로 어린이가 제의성이 높은 축제를 선호할 것 같지는 않다. 물론 프로그램을 어떻게 진행하느냐에 따라 인기있는 축제가 될 수도 있다. 이렇게 지각도는 마음속의 위치 뿐만 아니라 경쟁 구도 분석 및 신규 시장 발굴에도 활용할 수 있다.

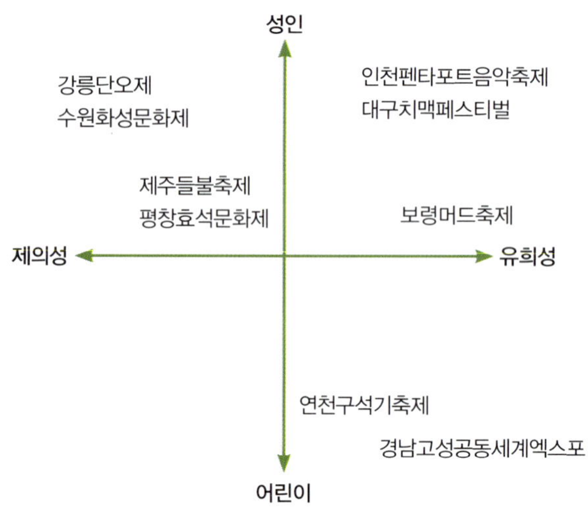

그림 13 **축제 지각도**

'마케팅은 STP다'라고 할 정도로 STP는 마케팅의 핵심이라고 할 수 있다. STP를 다른 말로 하면 '선택과 집중 그리고 차별화'다. 마케팅은 전체 방문객 중에서 축제의 특성에 적합한 세분시장을 선택하고 그 세분시장의 욕구를 충족시켜 줄 수 있는 프로그램과 시설을 구비하고 광고와 홍보를 통해서 축제의 독특성과 차별성을 알리는 것이다.

3. 축제 상품

1) 축제 상품의 개념

축제의 상품은 방문객의 욕구를 충족시킬 수 있는 모든 것으로서 공연, 전시, 체험, 시설, 서비스를 포함한다. 축제 상품을 좀 더 세분화해서 핵심 상품, 촉진 상품, 지원 상품, 확장 상품으로 구분할 수 있다. 핵심 상품(Core Product)은 방문객이 축제에서 기대하는 편익이다. 핵심 상품은 사람들이 궁극적으로 축제를 방문하는 이유라고 할 수 있는데 예를 들어 기분 전환, 일상 탈출, 가족 화합, 정보 습득이 이에 해당한다. 축제는 핵심 상품에 부합할 수 있도록 항상 집중해야 된다.

촉진 상품(Facilitating Product)은 방문객이 핵심 상품을 이용할 수 있도록 제공되는 상품과 서비스다. 예를 들어 공연, 전시, 체험 프로그램 등이 이에 해당한다. 촉진 상품은 경험의 질이 매우 중요하다. 경험의 질에 따라서 추구하는 편익을 얼마나 얻었는가를 판단하기 때문에 이를 높일 수 있도록 프로그램을 만들어야 한다.

지원 상품(Supporting Product)은 핵심 상품의 가치를 높이는 추가적인 요소다. 축제의 메인 프로그램은 아니지만 분위기를 띄우는 이벤트가 여기에 해당한다. 예를 들어 페이스 페인팅, 삐에로, 풍선 만들기, 시음 행사 등이 있다.

표 1 축제 상품의 구성

구분	내용	예
핵심 상품 (core product)	방분객이 축제에서 기대하는 편익	기분전환, 일상탈출, 가족하합, 정보습득 등
촉진 상품 (facilitating product)	방문객이 핵심 상품을 이용할 수 있도록제공하는 상품과 서비스임	공연, 전시, 체험 프로그램 등
지원 상품 (supporting produst)	핵심 상품의 가치를 높이는 추가 요소	페이스 페인팅, 삐에로, 풍선 만들기, 시음 행사 등
확장 상품 (augmented prodtct)	핵심 상품, 촉진 상품, 지원 상품을 방문객과 연결해주는 요소	음악, 소음, 조명, 깃발, 에드벌룬, 향기, 직원과의 상호작용 등

확장 상품(Augmented Product)은 핵심 상품, 촉진 상품, 지원 상품을 방문객과 연결해 주는 요소다. 예를 들어 축제 행사장의 전반적인 분위기를 조성하는 음악, 소음, 조명, 깃발, 애드벌룬, 향기 등이다. 또 축제의 직원 및 자원봉사들과의 상호 작용도 확장 상품이 될 수 있다. 핵심 상품, 촉진 상품, 지원 상품, 확장 상품은 개별적으로 분리된 것이 아니라 모두 결합하여 하나의 상품이 된다.

2) 주제 설정

축제의 주제는 프로그램의 내용에 영향을 준다. 예를 들어 구석기축제는 구석기를 주제로 하므로 모든 프로그램을 구석기에 맞추어 기획하고 진행한다. 구석기 시대 배경의 공연, 구석기 당시의 생활을 보여주는 전시, 구석기 시대의 놀이 체험 등을 제공할 수 있다.

축제의 주제는 지역의 문화와 특성을 반영하는 것이 좋다. 그래야 사람들에게 쉽고 빠르게 인식되고 오랫동안 기억할 수 있다. 예를 들어 평창의 효석문화제는 이효석 작가의 '메밀꽃 필 무렵'이라는 소설에 나오는 지역에서 개최된다. 담양대나무축제는 담양에 대나무가 많이 생산된다는 지역의 특성을 반영한 축제다.

비록 지역성이 부족하더라도 주제가 매력적이고 축제의 규모가 크고 대대적인 홍보를 하면 방문객에게 인기를 얻을 수 있다. 부산영화제나 광주비엔날레는 확고한 지역성이 있었던 것은 아니지만 주제도 좋고 규모도 크고 홍보도 많이 하기 때문에 사람들의 인식 속에 빠르게 스며들어 사람들이 많이 방문하고 있다. 그런데 지역성이 미흡하고 주제도 매력적이지 않고 축제 규모도 적고 홍보도 원활하지 않으면 방문객을 유치하는데 어려움이 있을 수 있다.

아래 표는 문화관광축제를 주제별로 구분한 것이다. 지역의 문화와 역사를 주제로 한 축제가 15개로 압도적으로 많다. 축제라는 것 자체가 지역의 문화와 역사를 기반으로 하기 때문에 가장 선호되고 있다. 이어서 공연 및 예술을 주제로한 축제가 3개, 특산물을 주제로 한 축제가 5개, 식음료 및 식재료를 주제로 한 축제가 8개, 자연을 주제로 한 축제가 4개이다.

표 2 문화관광축제의 주제별 분포

주제	축제	개수
문화역사	광안리어방축제, 추억의충장축제, 연천구석기축제, 안성맞춤남사당바우덕이축제, 수원화성문화제, 평창효석문화제, 정선아리랑제, 음성품바축제, 한산모시문화제, 제주들불축제, 서사해미읍성역사체험축제, 영암왕인문화축제, 포항국제불빛축제, 밀양아리랑대축제, 통영한산대첩축제	15
공연예술	인천펜타포트음악축제, 춘천마임축제, 원주다이내믹댄싱카니발	3
특산물	대구약령시한방문화축제, 울산옹기축제, 여주오곡나루축제, 담양대나무축제, 산청한방약초축제	5
식음료/식재료	대구치맥페스티벌, 강릉커피축제, 횡성한우축제, 임실N치즈축제, 진안홍삼축제, 순창장류축제, 보성다향대축제, 청송사과축제	8
자연	시흥갯벌축제, 평창송어축제, 정남진장흥물축제, 봉화은어축제	4

3) 프로그램

단순히 아이디어만으로 축제 프로그램을 기획하면 한계가 있다. 효과적인 프로그램을 기획하기 위해서는 잠재 방문객들에 대한 조사, 전년도 축제 평가 자료, 다른 축제들에 대한 분석 등을 통해서 프로그램을 만드는 것이 좋다. 프로그램은 축제의 주제와 관련이 있어야 하고 지역성을 반영하는 것이 적절하다. 재미있는 프로그램이라고 해서 마구 넣으면 안 된다. 다른 축제에서 인기가 좋았던 프로그램이라도 우리 축제의 주제와 일치하지 않으면 방문객들이 이상하게 생각할 수 있다. 또 채워 넣기식으로 아무 프로그램이나 가져다 사용하면 방문객은 축제의 색깔이 무엇인지 의구심을 갖게 된다. 예를 들어 여러 축제가 각설이타령, 댄스, 노래자랑 등을 의미 없이 넣다 보니 식상하다는 의견과 함께 부정적인 반응을 유발하기도 한다.

축제 프로그램은 메인 프로그램과 보조 프로그램을 구분해서 배치하는 것이 좋다. 메인 프로그램은 축제를 대표하는 강력하고 기억에 남는 프로그램이어야 한다. 우리나라 축제들은 메인 프로그램의 강도가 부족하다는 지적이 많다. 보조 프로그램은 메인 프로그램을 뒷받침해주는 작은 프로그램이다. 축제의 주제와 일치하지 않더라도 분위기를 띄우는 용도로 프로그램을 넣기도 한다. 그런데 필요한 만큼만 제한적으로 사용해야지 남발하면 축제의 정체성이 훼손될 수 있으니 주의해야 한다. 축제가 공연 형식이든 전시 형식이든 방문객이 체험하거나 참여할 수 있는 프로그램이 있으면 만족도가 높아진다.

축제 프로그램의 일환으로 전국노래자랑이나 열린음악회와 같은 방송 프로그램을 유치하는 경우가 있다. 이런 프로그램은 인원 동원력과 홍보 효과가 크다는 장점이 있다. 그러나 축제 주제와 관련이 없으면 인원을 채우는 용도로 밖에 생각되지 않을 수 있다. 또 방문객 수를 늘리기 위해서 인기가 많은 가수를 섭외하곤 하는데 공연 비용도 비싸고 축제의 색깔에도 영향을 미친다는 점을 고려해야 한다.

축제의 프로그램을 만들 때 고려사항은 다음과 같다. 우선 프로그램의 목적이 무엇인지 분명히 한다. 둘째, 프로그램을 수행하는데 필요한 예산을 충분히 확보할 수 있는지 파악한다. 셋째, 프로그램을 수행할 인력이 누구인지 어떤 능력을 갖추어야 하는지 파악한다. 넷째, 어떤 시설이 필요한지 검토한다. 다섯째, 프로그램을 언제, 얼마나 자주, 몇 회 실시할 것인지 계획한다. 여섯째, 프로그램을 어디에서 진행할 것인지 장소를 계획한다. 일곱째, 얼마나 많은 사람들이 관람할지를 산정한다.

표 3 축제별 주요 프로그램

축제명	시기	주요 프로그램
제주들불축제	2월	전통혼례, 집줄 놓기, 오름 오르기, 행운의 돼지 · 오리몰이 경주 등
영암왕인문화축제	4월	왕인 설화 마당극, 왕인 박사 도일 고대 항로 대탐사, 백제 민속놀이
기장멸치축제	5월	멸치 널기, 털기 등 어업현장 동행 프로그램, 멸치 비비기 대회, 멸치 무료 시식회 등
한산모시문화제	6월	한산 모시옷 패션쇼, 한산 모시 디자인 공모전, 모시 새벽시장 등
강진청자문화제	7월	청자 여름캠프, 청자 야외 영화제, 청자 함께 만들기, 청가 빚기 체험, 천년의 꿈 마당극, 강진 청자 특별전 등
무주반딧불축제	8월	반딧불이 신비탐험, 반딧불이 생태체험관 운영, 남대천 뗏목타기 등
금산임삼축제	9월	세계민속페스티벌, 개성인삼 특별전, 전통민속놀이, 인삼캐기여행, 금산인삼동의보감, 약초 썰기 체험 등
양양송이축제	10월	송이 채취 현장체험, 농가 홈스테이, 송이보물찾기, 송이 요리 대회 등

앞 표는 여러 축제의 주요 프로그램이다. 축제의 프로그램이 매년 달라지기 때문에 앞 표는 하나의 예시로 참고한다. 각 축제별로 프로그램이 주제와 얼마나 일치하는지, 지역성은 있는지, 독특하고 차별화되어 있는지, 메인 프로그램과 보조 프로그램이 무엇인지, 체험 프로그램은 있는지 등을 분석해 볼 수 있다.

4) 개최 시기와 기간

개최 시기와 기간은 축제의 핵심 전략 중 하나다. 따라서 개최 시기와 기간을 정할 때 주요 사항을 고려해야 한다. 첫째, 방문객이 참가하기 쉬운 시기를 선택하는 것이 좋다. 둘째, 축제가 대부분 야외에서 개최되므로 기후를 고려해야 되는데 특수한 상황을 제외하고 비, 눈, 바람, 추위, 더위 등을 피해서 개최 시기를 정하는 것이 좋다. 셋째, 개최 시기를 결정할 때 기억하기 쉬운 날짜를 선정하는 것이 좋다. 예를 들면 '매년 4월의 둘째 주 금요일'이라든지 '8월 1일' 또는 '어린이날'과 같이 어떤 요일이나 날짜를 지정해서 사람들이 기억하기 쉽도록 선정한다. 만약 음력 일자를 사용하면 개최 시기가 자수 달라지므로 양력을 사용하는 현대인에게 다소 기억하기가 어려울 수 있다. 그럼에도 불구하고 음력을 사용하면 홍보를 더 많이 해서 사람들이 혼동되지 않도록 한다. 넷째, 다른 축제와 개최 시기가 겹쳐서 방문객이 분산되지 않는지 검토한다. 우리나라의 많은 축제가 기후가 좋은 봄과 가을에 밀집해 있어서 경쟁이 심하다. 겨울과 여름은 기후가 나쁘지만 상대적으로 경쟁이 적으면서 학생들의 방학 기간이기 때문에 인원 동원력이 크다는 점을 활용할 수 있다. 여섯째, 적정한 축제 기간을 결정한다. 많은 축제가 한번의 주말을 포함하여 3~5일간 행사를 진행한다. 엑스포와 같은 대형 이벤트는 수주에서 수개월간 지속하기도 한다. 개최 기간은 축제의 예산과 인전 자원을 고려해서 결정한다.

아래 표는 축제별 개최 시기와 개최 기간을 예시로 표시한 것이다. ○○문화축제는 6월 8일부터 10일까지 3일간 즉 금, 토, 일에 개최한다. 그래서 한 번의 주말 동안 축제가 개최된다. ○○개천제는 개천절에 맞추어 10월 2일과 3일에 개최한다. 10월 2일 밤에 축제를 시작해서 다음날 아침까지 다양한 프로그램을 진행한다. ○

○인삼축제는 추석에 맞추어 9월 14일~23일까지 개최한다. 개최 기간이 10일이어서 두 번의 주말을 포함하게 된다. 첫 번째 주말에 방송국을 초청해서 뉴스로 내보내고 그것을 본 잠재 방문객들이 그 다음 주말에 많이 방문하게 되는 장점이 있다. 그런데 개최 기간이 늘어나면 그만큼 예산과 인력이 더 필요하다. ○○엑스포는 개최 기간이 무려 3개월이다. 전 세계에서 방문하는 대형 행사여서 많은 사람들이 방문하도록 장기간에 걸쳐 행사를 진행한다.

표 4 축제별 개최 시기와 개최 기간 예시

축제명	개최 시기	개최 기간
○○문화제	6월 8일~10일	3일
○○개천제	10월 2일~3일	2일
○○인삼축제	9월 14일~23일	10일
○○엑스포	5월 12일~8월 12일	3달

5) 개최 장소

축제 개최 장소를 정할 때도 여러 가지 사항을 고려해야 한다. 우선 교통 접근성이 좋아야 한다. 축제 행사장 주변에 이정표를 눈에 띄게 설치해서 빨리 찾을 수 있도록 한다. 축제개최 장소는 관광객뿐만 아니라 지역주민도 인지하기 쉬운 장소가 좋다. 간혹 지역 주민에게 길을 물어보았는데 어딘지 잘 모른다고 대답을 하는 경우가 있다. 교통의 혼잡성도 고려한다. 행사장으로 접근하는 도로가 왕복 2차선인 경우가 많은데 그러면 교통 체증이 쉽게 일어날 수 있다. 이를 대비해서 셔틀버스를 운행하거나 도로를 확장하는 등의 노력을 기울일 수 있다. 또 주차장을 충분히 확보하는 것이 중요하다. 그리고 주차장에 안내원을 많이 배치해서 빈공간에 빨리 주차할 수 있도록 돕는다.

개최 장소를 시내 또는 교외로 선정할 수 있는데 각각 장단점이 있다. 시내는 교통이 편리하고 대중교통을 이용할 수 있어 접근성이 좋다. 그러나 상업공간과 주거공간이 혼재해 있어 평소에도 복잡한데 축제까지 개최하면 더욱 혼잡해지고 관광객과 지역주민 모두 불편해질 수 있다. 특히 야간에 소음이 커서 주민이 민원을 제기할 수 있다. 아래 사진의 대구수성못페스티벌은 수성못 주변에서 다양한 야간 공연을 개최하는 축제다. 그러나 소음으로 인해서 민원이 자주 제기된다.

축제를 교외에서 개최하면 소음이나 혼잡 그리고 주차의 문제는 상대적으로 적다. 그래서 우리나라의 많은 축제들이 한적한 공터나 수변 공간을 이용한다. 그러나 대중교통으로 갈 수 없어 불편하다.

그림 14 대구수성못페스티벌

학습정리

바르셀로나 메르세축제

- 바르셀로나 메르세축제는 매년 9월 수호성인인 성모 마리아를 기념하는 종교축제임
- 바르셀로나는 1871년 9월 24일을 '자비의 성모 마리아 축일 ' 로 지정하여 축하 행사를 개최함
- 1902년 제1회 메르세축제를 공식적으로 개최함
- 주요 행사: 거인 인형 퍼레이드, 인간탑 쌓기, 달리는 불꽃, 프로젝션 쇼와 불꽃 쇼, 문화행사
- 축제 연계 관광: 사그라다 파밀리아, 카사 밀라, 구엘공원, 콜럼버스 기념상, 피카소 미술관

축제의 마케팅

- 축제의 마케팅은 방문객의 욕구를 만족시키기 위해 축제의 상품, 가격, 유통, 촉진을 계획하고 실행하는 과정임
- 마케팅 도구 4P: 상품, 가격, 유통, 촉진
- 축제 마케팅 도구 8P: 상품, 가격, 유통, 촉진, 패키지, 프로그램, 파트너십, 종사원
- STP: 시장세분화(segmentation), 표적시장 선정(targeting), 포지셔닝(positioning)
- 시장세분화: 전체 시장을 어떤 기준에 의해서 세분시장으로 나누는 것
- 표적시장 선정: 시장세분화에 의해서 나누어진 여러 개의 세분시장 중에서 하나(또는 그 이상)를 선택하는 것
- 포지셔닝: 표적시장으로 선정된 세분시장에 대해 상품과 서비스의 특징을 구체화하고 경쟁적 위치를 정립하는 것
- 축제의 상품은 고객의 욕구를 충족시켜주는 모든 것으로서 물체, 서비스, 프로그램, 공연, 전시, 기념품 등을 포함함
- 상품은 핵심 상품, 촉진 상품, 지원 상품, 확장 상품으로 구성됨
- 축제의 주제는 프로그램의 내용에 영향을 줌
- 축제의 프로그램은 주제와 관계가 있고 지역성이 있어야 함
- 축제의 개최 시기와 기간은 방문객이 참가하기 쉽고 인원 동원이 쉬운 시기를 선택함
- 축제의 개최 장소는 교통 접근성이 편리하고 쉽게 찾을 수 있는 장소가 좋음

학습평가

01 바르셀로나 메르세축제의 주요 행사로 거리가 먼 것은?

① 거인 인형 퍼레이드

② 인간탑 쌓기

③ 달리는 불꽃

④ 투우

02 축제의 프로그램에 대한 설명으로 거리가 먼 것은?

① 잠재방문객 조사, 타 축제 조사, 지난 축제 조사 등을 통해 경쟁력 있는 프로그램을 선정하는 것이 좋다.

② 프로그램은 주제와 관계가 있고 지역성이 있어야 한다.

③ 주제와 관계없는 프로그램은 불필요하다.

④ 공연 형식의 축제이든 전시 형식의 축제이든 체험과 참여프로그램을 적절히 넣으면 만족도가 올라간다.

[정답 및 해설]

01 ④

해설: 바르셀로나 메르세축제의 주요 행사는 거인 인형 퍼레이드, 인간탑 쌓기, 달리는 불꽃, 프로젝션 쇼와 불꽃쇼, 문화행사 등이 있음

02 ③

해설: 주제와 관계없지만 축제의 분위기를 띄우기 위한 프로그램도 필요하다. 그러나 필요한 만큼 제한적으로 사용해야 한다.

CHAPTER 09

축제의 가격과 유통

09

Festival Management

학습목차

■ 사례에서 배운다: 삿포로 눈축제

1. 축제의 가격
2. 축제의 유통

학습목표

- 삿포로 눈축제 사례의 성공 요소를 우리나라 축제에 응용할 수 있다.
- 축제의 가격을 결정할 수 있다.
- 축제의 유통 전략을 수립할 수 있다.

Chapter 09

축제의 가격과 유통

■ 사례에서 배운다: 삿포로 눈축제

1) 삿포로

그림 1

삿포로(札幌)는 일본 북부 홋카이도(北海道)의 도청소재지다. 삿포로라는 도시명은 토착민이었던 아이누족(アイヌ族)의 말에서 유래했는데 '건조한 넓은 땅'이라는

뜻을 가지고 있다. 삿포로는 15,000년 전부터 아이누족이 살았던 넓은 평원이다. 아이누족은 일본인과 생김새가 다르고 독자적인 언어와 풍습을 가지고 있었다. 1869년 일본은 북방 개척 계획에 따라 아이누족을 말살하고 삿포로에 도시를 건설한다. 현재 아이누족은 2만 명 정도 남아있지만 그나마도 대부분 일본인과의 혼혈인이라서 오리지널 아이누족은 찾아보기 힘들고 풍습이나 전통도 거의 남아있지 않다.

1876년 미국인이 삿포로에 들어와 여러 가지 영향을 미친다. 윌리엄 S. 클라크(William S. Clark)는 홋카이도대학교의 전신인 삿포로 농학교의 교감이 되고 에드윈 던 (Edwin Dun)은 양과 소 목장을 설립하였다. 1880년 삿포로에 철도가 건설된다. 1886년 삿포로에 도청이 설치되어 홋카이도의 행정중심지가 된다. 1918년 전차가 들어서고 1930년 시영 버스가 운영된다.

1972년 삿포로는 아시아 최초로 동계올림픽을 개최한다. 이를 계기로 공항과 고속도로를 정비하고 지하철과 지하상가를 완공한다. 그리고 2002년 한일월드컵을 개최하면서 삿포로 돔을 건설한다. 삿포로는 농림업이 발달하여 우유, 치즈, 아이스크림이 많이 생산되고 맥주와 목재 가공업도 유명하다.

2) 삿포로 눈축제

(1) 유래

삿포로는 위도가 블라디보스토크와 비슷할 만큼 일본에서도 북쪽에 위치해 있다. 여름에는 덥지 않고 선선해서 피서지로 좋지만 겨울에는 매우 춥고 눈도 많이 내린다. 그 추위와 눈을 이용한 축제가 바로 삿포로 눈축제다. 삿포로 눈축제는 일본어로 삿포로 유키마츠리(さっぽろ雪まつり)라고 부른다. 1950년 중고등학생들이 오도리공원(大通公園)에 눈 조각 작품 6개를 설치하고 전시회와 눈싸움을 한 것에서 축제가 유래한다. 그 이후 상공회의소와 관광협회가 지원금 유치와 홍보에 나선다. 1953년 15m에 달하는 대형 눈 조각 작품이 제작된다. 1955년 자위대가 대형 눈 조각 작품에 필요한 눈을 퍼나르는 일을 돕기 시작한다. 1959년 삿포로 눈축제 실행위원회가 구성되어 축제를 원활하게 운영하게 된다. 1972년 삿포로 동계올림픽이 개최되어 전 세계에 축제를 홍보한다. 1974년 국제 눈조각 경연대회를 개최하여 중국, 캐나다, 독일, 호주, 미국 등 자매도시의 건물을 눈 조각 작품으로 만들어 전시한다. 1981년부터 스스키노(すすきの) 거리에서 얼음조각 경연대회를 개최한다.

얼마 전까지만 해도 삿포로 눈축제를 뮌헨 옥토버페스트와 브라질 리우카니발과 더불어 세계 3대 축제라고 부르곤 했다. 사실 전 세계에 대형 축제들이 많이 있는데 그 축제들에 비하면 삿포로 눈축제는 상대적으로 중형급 정도의 축제라고 할 수 있다. 따라서 세계 3대 축제라고 부르기에는 다소 아쉬운 면이 있지만 과거에 겨울축제가 없던 시절에 삿포로 눈축제가 하나의 선구자적인 역할을 했고 우리나라의 겨울 축제들이 삿포로 눈축제를 벤치마킹해서 도움을 받은 것은 인정할만하다. 최근에는 삿포로 눈축제를 퀘벡 윈터카니발 및 하얼빈 빙등제와 더불어 세계 3대 겨울축제라고 부르기도 한다.

(2) 주요 행사

① 오도리공원

오도리공원(大通公園)은 삿포로 시내를 관통하는 공원이자 삿포로 눈축제가 개최되는 장소다. 옆 사진에서 한가운데 하얀 부분이 오도리 공원이다. 공원 양쪽에는 큰 도로가 있고 고층 건물이 즐비하다. 오

그림 2

도리공원은 평소에는 시민의 휴식처로 사용되다가 눈축제 기간에는 눈 조각 작품을 전시하고 관람하는 장소로 탈바꿈된다.

공원 내에 눈 조각 작품이 전시되어 있는데 꽤 크고 정교하지만 하얼빈의 작품 규모나 개수에 비하면 중소형 정도의 축제라고 할 수 있다. 필자가 방문했을 때 가장 규모가 큰 작품이 파리 개선문이었다. 앞에 무대가 마련되어 있어서 다양한 이벤트를 개최하였다.

그림 3

삿포로 눈축제에는 세계 유명건물, 영화나 만화 캐릭터, 일본 신화 속 인물 등을 표현한 작품들이 전시된다. 해마다 작품의 내용은 바뀐다. 종종 우리나라의 건물도 전시되곤 한다. 아래는 스타워즈 작품인데 사람들이 작품을 배경으로 사진을 찍고 있다.

그림 4

길쭉한 형태의 오도리 공원 중앙에 대형 작품이 하나씩 전시되고 그 주위에 작은 크기의 작품이 전시된다. 이들도 유명 인물이나 캐릭터 또는 일본 문화를 표현하는 작품들이다.

그림 5

한쪽에서는 스키 점프대를 만들어서 역동적인 볼거리를 제공하고 있다. 청소년 선수들이 많아 수준급 실력은 아니지만 평소에 보기 힘든 스키 점프를 가까이 볼 수 있어서 인기가 높다.

그림 6

아이들을 위한 작은 눈썰매장도 운영해서 가족 동반자를 배려하고 있다. 안전 요원 여러 명이 미끄럼틀 위와 아래에서 아이들이 안전하게 내려갈 수 있도록 도와주는 모습이 인상적이다. 아이들이 걸어갈 때 미끄러지거나 넘어지지 않도록 안전 요원이 친절하게 안내를 해준다.

그림 7

한쪽에서는 먹거리를 판매하고 있는데 천막으로 대충 지은 음식 부스가 아니라 견고하고 깔끔하게 잘 지어져 있다. 내부도 깨끗하게 보여서 위생에도 문제가 없어 보였다. 음식을 먹을 수 있는 테이블도 잘 구비되어 있다. 메인 시설뿐만 아니라 편의시설의 수준을 보면 그 축제의 품격을 알 수 있다. 음식 부스에서 삿포로 특산물인 구운 옥수수, 털게, 조개를 맛볼 수 있고 일본의 대표 거리 음식 중 하나인 타코야키나 달달한 디저트도 사먹을 수 있다. 그리고 방문객이 잠시 추위를 피하고 몸을 녹일 수 있는 휴식 공간이 제공되고 있는데 이곳에서는 무료로 커피와 차를 제공한다.

그림 8

야간에는 조명이 켜진 눈 조각 작품을 관람할 수 있다. 화려하지는 않지만 조명이 비춰진 작품들이 더욱 멋지게 보인다. 여러 작품 중에 우리나라 경복궁이 눈에 띄는 조명과 함께 돋보였다. 스키 점프대와 먹거리 부스도 야간까지 운영한다.

그림 9

② 스스키노 거리

스스키노(すすきの) 거리에서는 얼음 조각 경연대회를 개최한다. 작품의 규모는 소박하다. 그래도 번화가에서 얼음 작품을 전시하고 있으니 열심히 관람하고 즐거운 시간을 보낸다. 얼음 작품 전시 이외에 얼음 미끄럼틀과 스케이트장도 운영한다.

그림 10

(3) 축제 연계 관광

- 도케이다이: 1881년 삿포로 농학교의 강당 위에 만든 시계탑
- 홋카이도 도청 구 본청사: 1888년 미국풍 네오바로크 양식으로 지은 홋카이도 청사
- 삿포로 맥주 박물관: 과거 삿포로 맥주 공장이었던 건물을 1987년부터 맥주 박물관으로 사용함
- 삿포로 팩토리: 과거 맥주 공장이었던 건물을 쇼핑센터로 사용함
- 삿포로 TV타워: 1957년 TV 방송이 개시되면서 건설됨

- 라멘 요코초: 삿포로에서 유래한 미소라멘의 원조 골목
- 오타루: 삿포로 인근 도시이며 영화 러브레터의 촬영지로 유명함
- 오타루 눈빛거리 축제: 삿포로 눈축제와 비슷한 시기에 설등을 감상할 수 있는 축제

3) 생각 나누기: 동선 관리

축제 행사장에는 많은 사람이 몰리기 때문에 항상 혼잡스럽고 다른 사람과 부딪치기도 한다. 그리고 바닥이 미끄러운 행사장에서는 사람들이 넘어져서 부상을 입기도 한다. 그런데 삿포로 눈축제는 인파가 많음에도 불구하고 매끄럽게 진행되고 있다. 도대체 동선 관리를 어떻게 하는 걸까?

그 답은 일방통행이다. 눈 조각 작품이 전시되어 있는 오도리공원이 마치 원형 경기장 트랙 형태로 운영하는데 대형 작품은 트랙 안쪽 한가운데에 위치해 있고 소규모 작품은 트랙 바깥쪽에 있고 사람들은 그 사이의 트랙을 도는 방식이다. 방문객이 트랙 위에 있을 때는 멈추지 않고 한 방향으로 계속 진행한다. 만약 대형 작품을 보고 싶으면 트랙 안쪽으로 들어가 관람하면 된다. 관람이 끝나면 다시 트랙을 타고 이동한다. 행사장의 출구가 바로 뒤에 있어도 일방통행이므로 되돌아 갈 수 없다. 전진방향으로 한 바퀴를 돌아서 나갈 수 있다. 이점이 불편하지만 일방통행이 전체적인 질서유지에 좋은 점이 많아서 사람들이 기꺼이 동참한다. 그래서 사람이 많음에도 불구하고 혼잡스럽게 느껴지지 않는다.

삿포로 눈축제 행사장에 눈이 많아서 미끄럽고 야간에는 바닥이 얼어서 동선이 엉키면 부딪치고 다치고 다툼도 일어날 수 있겠지만 일방통행 덕분에 이런 문제가 거의 없다. 이런 점을 응용해서 우리나라의 축제들도 원활한 축제 동선을 만들 수 있기를 기대한다.

그림 11

1. 축제의 가격

1) 입장료

축제의 가격과 관련된 대표적인 것이 입장료다. 입장료는 축제 입장에서 방문객의 욕구를 충족시키는 프로그램을 제공하여 획득하는 금전적 대가이자 방문객 입장에서 프로그램을 관람하기 위해 지불하는 비용이다. 입장료가 낮을수록 방문객이 증가하는데 방문객 수를 최대로 하고 싶으면 무료로 하면 된다. 우리나라 축제의 대부분은 입장료가 없다. 축제를 개최하는 목적 자체가 최대한 많은 관광객을 유치하는 것이기 때문이다. 그런데 이렇게 무료로 방문객을 입장시키면 축제 측에서는 지출만 있고 소득이 없으므로 엄청난 적자 축제가 된다. 이에 대해 각 지자체의 의회에서 축제가 예산만 쓰고 소득이 없으니 예산 낭비가 아니냐는 질타를 하곤 한다.

그런데 축제는 직접적인 소득을 올리는 '영업' 수단이 아니라 지역을 알리는 '광고홍보' 수단에 가깝다는 점을 상기할 필요가 있다. 광고홍보 자체가 매출을 올리는 것이 아니라 광고홍보를 통해서 브랜드 인지도를 증가시켜 상품판매와 매출액을 증가시키는 것처럼 축제를 통해서 지역에 대한 인지도를 높임으로써 특산물 판매와 관광 매출을 상승시키는 것이다. 따라서 축제의 입장료가 없다고 해서 낭비라고 치부하기보다는 하나의 전략이라는 점을 이해할 필요가 있다.

입장료를 징수할 경우에는 출입구를 철저하게 통제해야 한다. 축제 행사장이 기존 공연장이나 운동장 건물이라면 통제가 용이하지만 공원이나 공터 등 사방이 개방된 장소라면 출입구를 만들기가 쉽지 않다. 그럼에도 불구하고 입장료를 징수하려면 출입구 관리가 필수적이다. 니스카니발은 광장에서 개최되는데 축제 공연이 있는 날마저도 오전까지는 사방이 뚫린 완전히 개방된 장소다. 그런데 축제 공연이 시작되기 3시간 전쯤 판넬을 실은 트럭들이 광장으로 들어선다. 그리고 광장 바닥에 있는 구멍에 맞추어 판넬을 세우면 순식간에 광장을 둘러싼 벽이 된다. 그리고 제한된 입구에서만 입장을 허용한다.

그림 12 니스카니발 행사장 입구

입장료의 금액에 따라서 축제에 대한 기대 정도가 달라진다. 입장료가 높을수록 기대가 크므로 그에 걸맞는 프로그램을 제공해야 한다. 그렇지 않으면 방문객에게 실망을 주게 된다. 입장료를 높이면 수익이 증가할 수 있지만 너무 비싼 입장료는 불만족의 원인이 되니 유의해야 한다. 공연축제의 경우 무료 공연, 저렴한 공연, 고가의 공연을 동시에 제공해서 방문객의 기호와 여건에 따라 선택할 수 있도록 하기도 한다. 앞서 살펴보았던 에든버러 프린지페스티벌이 대표적이다.

2) 입장료 결정방법

(1) 수요 기준 가격

수요 기준 가격(Demand based pricing)은 수요의 민감도를 우선적으로 고려하여 입장료를 결정하는 방법이다. 관광객을 많이 유치하려면 입장료를 낮추거나 무료로 책정한다. 축제 관심자나 상류층 등 소수의 관광객을 유치하여 만족도를 높이기 위해 입장료를 높게 책정할 수도 있다. 하얼빈 빙등제는 눈 조각 작품 전시장인 타이양다오(太陽島)와 빙등 전시장인 빙설대세계(冰雪大世界)의 입장료가 각각 6만 원씩 도합 12만 원에 달한다. 중국의 물가를 감안할 때 매우 비싼 요금이다. 삿포로 눈축제를 비롯해서 우리나라의 눈축제들도 무료인데 하얼빈은 고가의 입장료를 책정하고 있다. 중국의 인구가 어마어마한데도 빙등제 행사장 내부가 한산하다고 느낄 정도로 사람이 많지 않은 이유는 역시 입장료와 관련이 있다. 대신 입장객은 혼잡하지 않고 쾌적하게 관람할 수 있어서 만족도가 높다.

그림 13 하얼빈 빙등제

(2) 경쟁 기준 가격

경쟁 기준 가격(Competition based pricing)은 다른 유사 축제들이 형성하고 있는 입장료가 곧 시장을 반영하는 것이라고 판단하여 그에 맞추어 입장료를 결정하는 방법이다. 주로 선도적인 축제가 가격을 결정하면 다른 후발 축제들이 비슷하게 따라가는 경우가 많다. 화천산천어축제와 평창송어축제는 얼음낚시 입장료를 비슷한 수준으로 책정하고 있다.

표 1 입장료

축제	화천산천어축제	평창송어축제
중학생 이상 입장료	15,000원	15,000원
초등학생/우대자 입장료	10,000원	10,000원
산천어/송어 맨손잡기	15,000원	15,000원
눈썰매	5,000원	7,000원

(3) 원가 가산 가격

원가 가산 가격(Cost plus pricing)은 단위원가에 일정액의 이윤을 붙여 입장료를 결정하는 방법이다. 단위원가는 변동비, 고정비, 예상 방문객 수에 의해서 결정된다. 고정비는 방문객 수에 상관없이 고정적으로 지출되는 비용으로 행사장 조성비, 행사장 임대료, 전기료, 고정 인건비, 초청 연사 및 예술인 비용 등이 해당된다. 변동비는 방문객 수에 따라 늘어나는 비용으로 예를 들어 음식축제에서 시식 재료비, 시식 접시와 나무젓가락 비용, 추가 인건비 등이다. 예상 방문객 수를 어느 정도로 설정하느냐에 따라 입장료가 차이가 난다는 점도 고려해야 한다. 주로 공연축제가 원가 가산 방식을 참조한다.

단위원가 = 변동비 + 고정비/예상 방문객 수

입장료 = 변동비 + 고정비/예산 방문객 수 + 이윤

(4) 지각된 가치 기준 가격

지각된 가치 기준 가격(Perceived-value pricing)은 고객이 지각하는 가치에 맞추어 입장료를 결정하는 방식이다. 방문객이 축제 프로그램에 대해서 가치를 낮게 평가한다면 원가와 상관없이 입장료를 낮게 또는 무료로 책정한다. 주로 규모가 작은 신생 축제가 이런 방법을 사용한다. 반대로 방문객이 축제 프로그램에 대한 축제의 가치를 높게 평가한다면 원가와 상관없이 입장료를 높게 책정할 수 있다. 축제 측에서는 방문객이 지각하는 가치를 높임으로서 이윤을 높일 수 있다. 방문객이 가치를 크게 인식할수록 비싼 입장료도 아깝지 않게 여긴다. 특히 수준 높고 진귀하고 명성이 있는 축제들이 주로 이 방법을 사용한다. 가령 유명 아티스트가 참여하는 공연축제는 몇십만 원의 비싼 입장료에도 불구하고 티켓이 빠르게 소진된다. UMF 울트라 뮤직 페스티벌(Ultra Music Festival)은 1999년 전자음악 시장의 성장과 함께 미국 마이애미에서 시작되었다. 티켓이 5분만에 매진될 정도로 폭발적인 인기에 힘입어 미국뿐만 아니라 다른 나라에서도 개최되는 축제다. 우리나라를 비롯해 일본, 태국, 홍콩, 상파울루, 부에노스아이레스, 리우데자네이루, 이비자 등에서 개최되기도 하였다. 입장료는 일반석 약 50만 원, 프리미엄석 약 90만 원, VIP석 약 180만 원이다.

그림 14 울트라 뮤직 페스티벌

(5) 단수가격

단수가격(odd pricing)은 입장료의 끝자리를 8 또는 9로 책정하는 것이다. 입장료를 100,000원 대신에 99,000원 으로 책정하면 1,000원 차이인데도 사람들은 심리적으로 저렴하다는 생각을 갖게 되어 더 쉽게 구매를 한다. 99,000원은 10만 원에 가깝지만 사람들은 9만 원대로 생각하게 된다. 이런 이유 때문에 많은 업종들 단수 가격을 자주 사용한다. 울트라 뮤직 페스티벌의 티켓 가격도 일반석이 $399.95다.

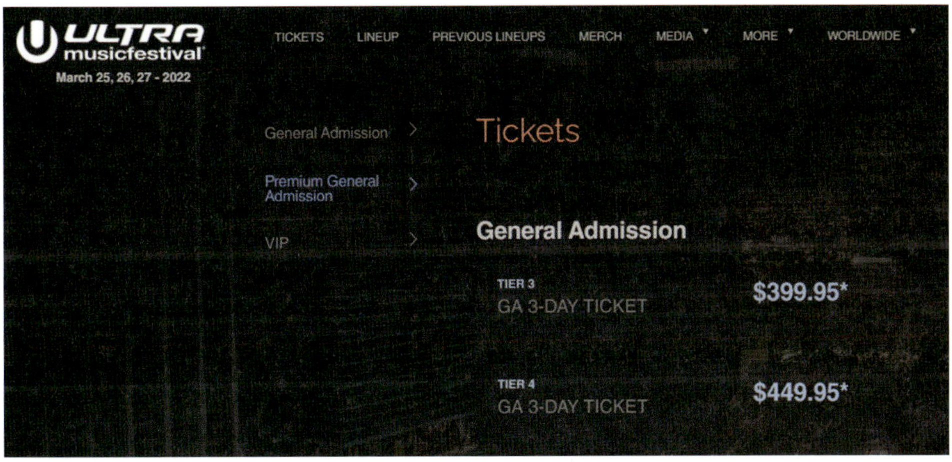

그림 15 울트라 뮤직 페스티벌 일반석 입장료

3) 입장료 차등화

(1) 방문객의 신분

입장료를 성인, 학생, 경로, 군인, 단체 등의 신분에 따라서 다르게 징수할 수 있다. 여수엑스포 당시에는 지역주민 할인도 있었다. 아래 입장료 징수 사례를 살펴보면 성인(대학생 이상), 학생(중학생 이상, 고등학생 이하), 특별할인(만 65세 이상 노인, 어린이, 장애인, 부사관 이하, 국가유공자)로 구분해서 입장료를 차등화하고 있다. 일반 입장료의 각각 10,000원, 6,000원, 4,000원이다.

그런데 신분 구분을 할 때 방문객의 오해가 없도록 구분하고 불필요한 설명은 하지 않는 것이 현명하다. 아래 표에서 '성인(대학생 이상)'은 '성인'으로 기입해도 충분하다. 자칫 대학에 진학하지 않은 사람은 기분이 나쁠 수 있다. '학생(중학생 이상, 고등학생 이하)'은 '중 · 고등학생'이라고 표기하는 것이 깔끔하다. '특별할인(만 65세 이상 노인, 어린이, 장애인, 부사관 이하, 국가 유공자)'은 '특별할인(만 65세 이상, 초등학생, 장애우, 부사관 이하, 국가유공자)'으로 변경할 수 있다. '노인'이라는 단어가 자칫 불편하게 느껴질 수 있고 넣지 않아도 의미 전달에 문제가 없다. '어린이'는 초등학생뿐만 아니라 유치원생도 포함하지만 보통 미취학 어린이는 무료 입장이므로 '초등학생'이라고 표기하는 것이 오해를 없앨 수 있다.

표 2 신분별 입장료 예시

구분	성인 (대학생 이상)	학생 (중학생 이상, 고등학생 이하)	특별할인 (만 65세 이상 노인, 어린이, 장애인, 부사관 이하, 국가유공자 등)
일반	10,000원	6,000원	4,000원
단체 (30명 이상)	7,000원	5,000원	3,000원

(2) 입장권 구매 시기

구매 시기별로 입장료를 다르게 책정할 수 있다. 아래 예시와 같이 입장권을 예매하면 할인해 주는 것이다. 현장 구매가 20,000원인데 얼리버드는 12,000원, 그 이후 인터넷 예매는 15,000원이다. 예매를 유도하면 안정적인 수입을 확보할 수 있고 관람객의 규모를 가늠할 수 있는 장점이 있다. 예매 상황이 프로그램, 시설, 직원의 수를 계획하는데 도움이 된다. 유명한 축제일수록 예매율이 높다. 그리고 현장 구매 금액과 예매 금액의 차이가 크면 예매율도 증가한다.

표 3 구매 시기별 입장료 예시

구분	성인	초중고 학생
얼리버드 (~3월 31일까지)	12,000원	10,000원
인터넷 판매 (4월 1일~5월 31일까지)	15,000원	13,000원
현장 구매	20,000원	18,000원

(3) 관람 요일과 좌석 위치

공연 축제의 경우 입장 요일과 관람 좌석 위치에 따라 입장료를 다르게 책정하곤 한다. 일반적으로 평일보다 주말에 수요가 많으므로 주말 가격이 높다. 그리고 무대와 가깝고 잘 보이는 좌석이 비싸다. 에든버러 타투도 주중/주말 입장료가 다르고 아래 좌석 배치도와 같이 구역별로 가격이 다르다. 8번과 9번이 가장 비싼 프리미엄석이다. 군악대가 에든버러 성에서 나와 프리미엄석을 바라보고 공연을 하기 때문이다. 1번, 16번, 17번 좌석이 가장 저렴하다. 군악대가 성에서 나오기 시작할 때는 가깝게 볼 수 있지만 군악대가 프리미엄석으로 가버리면 군악대의 등을 보게 된다.

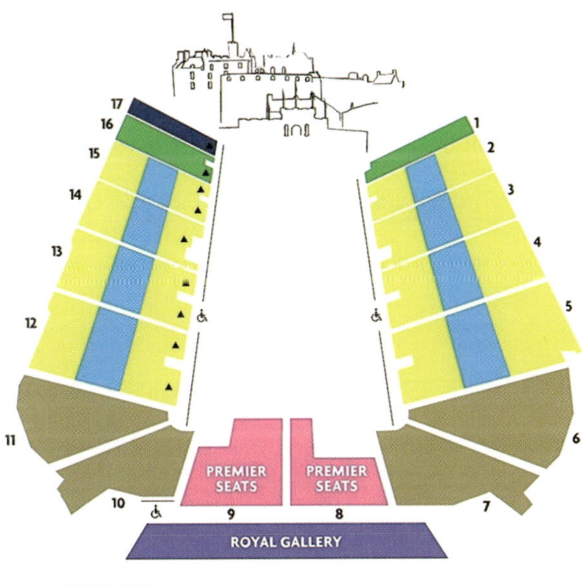

그림 16 에든버러 타투 좌석 배치도

4) 기타 축제 가격

(1) 부분 입장료

축제 행사장 안에서 일부 공연이나 전시만 입장료를 징수하는 경우가 있다. 이것은 비용을 보전하고 수요를 조절하기 위한 것이다. 즉 다수 방문객에게 개방하기보다 관람료를 지불한 소수 방문객이 쾌적하고 만족스럽게 관람할 수 있게 하는 것이다. 그러나 적정 입장료가 제시되어야 한다. 그리고 이런 특별 프로그램이 너무 많고 일반 프로그램은 별로 볼 것이 없으면 방문객이 속았다는 기분과 함께 불만족의 원인이 될 수 있다. 위 안동 국제탈춤페스티벌은 메인 무대를 비롯해서 모든 프로그램이 무료 관람이지만 세계 탈춤 공연은 입장료를 징수한다.

그림 17 안동 국제탈춤페스티벌 행사장 내의 유료 공연 매표소

(2) 체험비

축제 행사장에는 다양한 체험 프로그램이 있는데 그 중에 유료로 운영되는 것이 있다. 특히 초기 시설 설치 비용이 높거나 재료비가 비싸서 무료로 제공하기 어려운 경우 유료로 전환한다. 아래 '나만의 티셔츠 만들기 체험'도 재료비가 높아서 유료로 진행하고 있다. 축제 체험이므로 시중에서 구입하는 티셔츠의 가격과 비슷하거나 저렴하게 책정하는 것

그림 18 나만의 티셔츠 만들기 체험

이 좋다.

(3) 특산물 가격

축제 행사장에서 지역의 과일, 야채, 한우, 생선, 공예품 등을 판매하곤 한다. 이런 축제는 현지에서 싱싱하고 저렴하게 특산물을 구매할 수 있어서 방문객이 많다. 그러나 간혹 한목 벌어보자는 욕심으로 가격대를 높여서 판매하는 축제가 있다. 이것은 마치 황금알을 낳는 거위의 배를 가르는 것과 같다. 축제 당시에는 소득을 올려서 좋을지 모르지만 방문객이 불만족하고 나쁜 구전이 퍼질 수 있다. 따라서 축제 기간은 홍보 기간이라고 생각하고 약간 저렴하게 판매하는 것이 축제에 대한 인지도도 높이고 특산물의 매출도 증가시킬 수 있다.

그림 19 영덕대게축제 포스터

(4) 식음료 가격

축제 행사장에서 식음료를 판매한다. 그런데 종종 축제장의 식음료가 질이 떨어지고 비위생적이고 가격이 비싸다는 평판이 있다. 상인들은 축제 측에 부스 비용을 냈으니 그것을 회수하기 위해서 어쩔 수 없다고 항변하곤 한다. 그런데 방문객이 기대하는 서비스 수준이 갈수록 높아지고 있기 때문에 질이 나쁘고 비싼 음식은 사 먹지 않는다. 차라리 행사장을 빨리 둘러보고 밖에 나가서 제대로 된 음식을 먹는 사람도 있다. 행사장의 식음료가 좋으면 체류시간이 길어지지만 반대로 식음료가 좋지 않으면 사람들이 빨리 떠나게 된다. 축제에 따라서 일반 상인 대신 지역 주민 단체가 국수, 부추전, 떡볶이 등을 직접 만들어서 저렴하게 판매하기도 한다. 지역 주민이나 방문객 모두 마치 잔치집 같은 분위기를 경험한다. 요즘 축제 행사장에 푸드트럭이 늘어나고 있다. 그 자체로도 세련되어 보이고 다양한 음식을 판매하여 호응이 높은 편이다.

행사장 식음료가 축제의 주제와 관련이 있는 것이 축제의 주제성을 높일 수 있다. 공주 석장리구석기축제는 다른 축제와 다른 방식으로 닭꼬치나 옥수수를 판매한다. 익히지 않은 것을 판매해서 방문객이 땅 바닥에 앉아 직접 구워 먹게 하는 것이다. 일종의 구석기인 체험이다. 직접 구워야 해서 처음엔 당황했다가 이내 즐거움으로 바뀌었다가 생각보다 빨리 익지 않아서 불편해하기도 한다. 잠시 후 일행 중 한 명이 빨리 잘 굽는 방법을 발견해 낸다. 실제 구석기인도 동일한 과정을 거쳤을 것이라고 생각하면서 지식만이 아닌 제대로 된 체험을 했다는 생각에 이른다.

그림 20 공주 석장리구석기축제

(5) 기념품 가격

그림 21 뮌헨 옥토버페스트 행사장 내의 기념품점

축제에 다녀온 것을 기억하기 위해 기념품을 구매하곤 하는데 기념품 자체가 조악하면 아무리 저렴해도 구입하지 않는다. 따라서 일단 품질이 나쁘지 않아야 한다. 그런데 축제 기념품의 가격을 책정할 때 원가와 이윤을 우선시하면 가격이 비싸고 품질이 떨어질 수 있다. 축제 기념품은 다른 기념품처럼 대량으로 제작하는 것이 아니기 때문에 단가가 올라갈 수밖에 없다. 축제 기념품도 하나의 홍보물이라고 여기고 비록 원가에 못 미치더라도 방문객이 구매하고 싶은 가격대로 책정하는 것이 좋다. 즉 원가 가산 가격보다 지각된 가치 기준 가격이 적합하다. 축제에 대한 만족도가 높고 축제 행사장에서만 구입할 수 있는 독특한 기념품일수록 기념품의 가격도 높게 책정할 수 있고 구매율도 증가한다.

2. 축제의 유통

1) 입장권 판매

(1) 현장 판매

유통은 한마디로 어디에서 판매하는가이다. 축제 행사장에서 입장권을 판매하는

그림 22 축제 현장 매표소

데 주중보다 주말에 사람이 몰리므로 매표소에 인원을 많이 배치해야 된다. 그렇지 않으면 사람들이 매표를 위해 줄을 서고 장시간 기다리면서 불만족이 될 수 있다. 대부분의 축제 매표소가 야외에 있어서 기상이 좋지 않은 날은 불편이 가중될 수 있다.

많은 방문객이 입장권을 구매하면서 축제 정보나 관광 정보에 관한 사항을 매표 직원에게 물어보곤 한다. 축제 프로그램이나 시설 또는 주변 맛집이나 관광지를 물어보는데 매표 직원이 이에 대해 잘 안내할 수 있어야한다. 매표 직원은 단순히 입장권을 판매하는 사람이 아니라 관광객이 처음으로 만나는 축제의 접객직원이다. 이때 축제의 첫인상이 결정된다. 따라서 매표 직원에게 친절 교육과 축제 및 관광 정보 교육을 시킬 필요가 있다.

입장권 발매기를 설치해서 입장권을 판매하기도 한다. 이것은 방문객이 입장권을 빨리 구매할 수 있고 인건비를 절약할 수 있는 장점이 있다. 그러나 발매기 설치비용이 소요되고 고장 시 신속한 수리가 안 될 경우 방문객에게 불편을 줄 수 있다. 그리고 방문객의 질문에 대해 응답해 줄 수 없고 다양한 상황에 대처할 수 없다.

(2) 대리점 판매

대리점을 통해서 축제 입장권을 판매할 수 있다. 대리점은 은행이나 편의점처럼 전국망을 갖춘 업체인데 이들과 제휴를 맺어 전국 지점에서 입장권을 판매할 수 있다. 대리점을 이용하면 몇 가지 장점이 있다. 우선 전국적인 홍보가 가능하다는 것이다. 각 지점에 입장권 판매에 대한 안내자료를 비치함으로써 손님이 축제에 대해서 인지를 하게 되고 즉흥적으로 구매할 수도 있다. 이것은 고가의 광고를 제작하는 것보다 저렴하고 효과적일 수 있다. 대리점 판매는 현장 판매의 혼란을 줄이는 장점도 있다. 축제 측에서 대리점에게 판매 대행의 대가로 소정의 수수료를 지불한다.

(3) 인터넷 판매

인터넷 판매는 두 가지 방법이 있다. 먼저 축제 홈페이지에 전자상거래 시스템을 갖추어서 판매하는 형태다. 이 방법은 시스템 개발 비용과 운영인력 인건비가 소요된다. 그러나 단기간만 행사를 개최하는 축제의 입장에서는 다소 부담스러울 수 있다. 그래서 자체 시스템 대신 인터넷 예매 전문 사이트를 이용하곤 한다. 이 방법은 몇 가지의 장점이 있는데 우선 개발 비용이나 인건비를 절감할 수 있다. 그리고 많은 사람들이 이용하는 예매 사이트여서 홍보 효과도 얻을 수 있다. 특히 메인 페이지나 배너 형태로 축제를 소개하면 홍보 효과와 판매 효과가 증대될 수 있다.

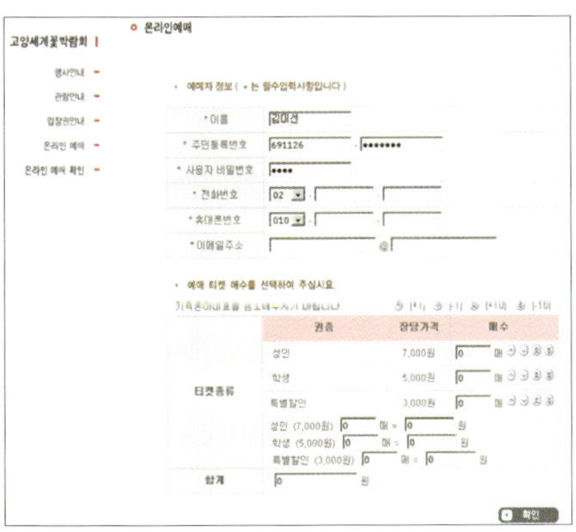

그림 23 축제 홈페이지 예약시스템

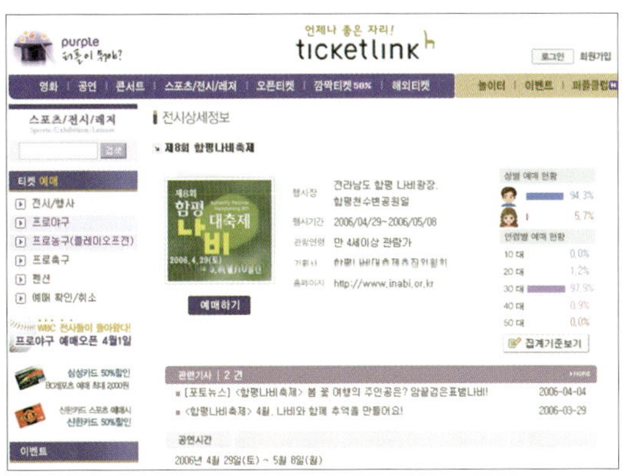

그림 24 인터넷 전문 예약 업체

2) 축제 여행상품 판매

여행사와 제휴하여 축제 여행상품을 판매할 수 있다. 여기에는 축제 방문, 교통, 식사, 관광, 숙박 등이 포함된다. 축제 여행상품의 장점은 인원 동원력이 크다는 것이다. 그리고 학교, 동호회, 주민단체, 기업, 외국인 등 특정 단체를 유치할 수 있다. 또한 여행사에서 축제 여행상품을 홍보하기 때문에 그 자체로 축제의 홍보 역할을 한다. 여행사 홈페이지를 검색하다가 우연히 축제 여행상품을 발견하여 구매할 수도 있다. 아래 축제 여행상품은 관광버스, 진주남강유등축제, 남해독일마을을 포함하고 있다. 식사는 불포함이어서 식당에서 각자 주문하여 먹는다.

그림 25 축제 여행상품

축제 측에서는 축제 여행상품을 판매할 수 있도록 아래와 같이 여행사에 지원을 해줄 필요가 있다. 먼저 여행사가 축제의 로고나 디자인을 사용할 수 있도록 허가하고 축제와 관련된 사진, 영상, 포스터, 리플릿 등 홍보 자료를 제공하고 축제 홈페이지와 홍보자료에 여행사의 상호와 로고도 표시한다. 축제 홈페이지에서 여행사의 상호나 로고를 클릭하면 여행사 홈페이지로 연결될 수 있도록 하는 것이 좋다.

여행사에게 지원금을 제공할 수도 있다. 종종 외국 관광객 유치에 대해서 인당 수수료를 제공하기도 한다. 또는 여행사가 사용할 수 있도록 홍보비를 일부 지원해 줄 수도 있다. 그리고 축제 여행상품이 판매될 때만다 판매 수수료를 지급할 수 있다. 마지막으로 여행사에 대해 주차, 입장, 좌석 확보 등 편의를 제공할 수 있다.

여행사 지원 사항

- 축제 로고와 디자인 사용 허가
- 사진, 영상, 포스터, 리플릿 등 홍보자료 제공
- 축제 홈페이지와 홍보자료에 여행사 상호와 로고 표시
- 지원금 지원
- 판매 수수료 지급
- 주차, 입장, 좌석 확보 등 편의 제공

학습정리

삿포로 눈축제

- 삿포로 눈축제는 추위와 눈을 이용해서 축제를 개최함
- 1950년 중고등학생들이 오도리공원에 눈 조각 작품 6개를 설치하고 전시회와 눈싸움을 한 것에서 유래됨
- 1972년 삿포로 동계올림픽이 개최되어 전 세계에 눈축제를 홍보함
- 1981년부터 스스키노(すすきの) 거리에서 얼음조각 경연대회를 개최함
- 주요 행사: 오도리 공원 눈조각 전시, 스스키노 거리 얼음 조각 전시
- 축제 연계 관광: 도케이다이, 홋카이도 도청 구 본청사, 삿포로 맥주 박물관, 삿포로 팩토리, 삿포로 TV타워, 라멘 요코초, 오타루, 오타루 눈빛거리 축제

축제의 가격과 유통

- 입장료는 축제 입장에서 방문객의 욕구를 충족시키는 프로그램을 제고하여 획득하는 금전적 대가이자 방문객 입장에서 프로그램을 관람하기 위해 지불하는 비용임
- 축제의 입장료를 무료로 하면 입장객 수를 최대화 할 수 있으며 실제 국내의 많은 축제가 입장료를 무료로 하고 있음
- 입장료 결정 방법: 수요 기준 가격, 경쟁 기준 가격, 원가 가산 가격, 지각된 가치 기준 가격, 단수 가격
- 방문객의 신분, 입장권 구매 시기, 관람 요일과 좌석 위치에 따라 입장료를 차등하여 징수함
- 기타 축제 가격: 부분 입장료, 체험비, 특산물 가격, 식음료 가격, 기념품 가격
- 축제의 입장권은 현장, 대리점, 인터넷을 통해 판매할 수 있음
- 여행사를 통해 축제 여행상품을 판매하면 인원 동원력이 크고 특정 집단을 유치할 수 있고 홍보 효과가 있음

학습평가

01 1950년 중고등학생들이 오도리공원에 눈 조각 작품 6개를 설치하고 전시회와 눈싸움을 한 것에서 유래된 축제는 무엇인가?

① 삿포로 눈축제

② 오도리 눈축제

③ 홋카이도 눈축제

④ 전일본 눈축제

02 다른 유사 축제들이 형성하고 있는 입장료가 곧 시장을 반영하는 것이라고 판단하여 그에 맞추어 입장료를 결정하는 방법은 무엇인가?

① 수요 기준 가격

② 원가 가산 가격

③ 지각된 가치 기준 가격

④ 경쟁 기준 가격

[정답 및 해설]

01 ①

해설: 삿포로 눈축제는 1950년 중고등학생들이 오도리공원에 눈 조각 작품 6개를 설치하고 전시회와 눈싸움을 한 것에서 유래됨

02 ④

해설: 경쟁 기준 가격(Competition based pricing)은 다른 유사 축제들이 형성하고 있는 입장료가 곧 시장을 반영하는 것이라고 판단하여 그에 맞추어 입장료를 결정하는 것임

CHAPTER 10

축제의 촉진

10

학습목차

학습목표

- 잘츠부르크축제 사례의 성공 요소를 우리나라 축제에 응용할 수 있다.
- 축제의 촉진 수단에 대해 설명할 수 있다.
- 다양한 매체를 통해서 축제를 광고할 수 있다.
- 다양한 방법으로 축제를 홍보할 수 있다.

Chapter 10

축제의 촉진

■ 사례에서 배운다: 잘츠부르크축제

1) 잘츠부르크

그림 1

인류 역사상 최고의 음악가로 꼽히는 모차르트의 탄생지이자 영화 사운드 오브 뮤직(The Sound Of Music)의 촬영지로 유명한 잘츠부르크(Salzburg)는 오스트리아서북쪽에 자리 잡고 있으며 독일과 국경을 접하고 있다. 독일 뮌헨과 가까워서 뮌헨에 여행을 갔다가 잘츠부르크를 여행하는 사람도 많다. 잘츠부르크는 소금성이라는 뜻인데 잘츠(salz)는 영어의 소금을 의미하는 salt의 독일식 발음이고, 부르크(burg)는 성을 의미한다. 잘츠부르크가 옛날부터 소금으로 유명하여 8세기경 대주교가 명명했다고 한다.

잘츠부르크는 기원전 5세기에 켈트족이 정착했고 기원전 1년 로마인들이 들어왔으며 서기 700년 가톨릭의 대주교가 잘츠부르크를 다스렸다. 1077년 게브하르트 대주교가 호엔잘츠부르크 요새를 건립하고 이후 수 세기에 걸쳐 크게 확장했다. 1756년 잘츠부르크에서 천재 음악가 모차르트가 탄생하였다.

1805년 잘츠부르크는 오스트리아에 합병되었고 1866년 오스트리아-헝가리 제국의 일부가 되었다가 1914년 독일-오스트리아 제국의 일부가 되었고 1919년 오스트리아 공화국에 속하게 된다. 잘츠부르크는 제2차 세계대전 기간 중에 폭격을 맞았지만 교회와 궁전 등 바로크 건축물이 비교적 많이 보존되었다. 1945년 종전 후 잘츠부르크는 잘츠부르크 주(Land Salzburg)의 주도가 되어 오늘에 이르게 된다. 1996년 잘츠부르크 건축물의 역사적 가치를 인정받아 유네스코 세계유산으로 등재된다.

영화 사운드 오브 뮤직의 배경인 미라벨 정원과 알프스의 배경 그리고 잘 보존된 잘츠부르크 성과 중세 건물들은 한 폭의 그림과도 같다. 사운드 오브 뮤직은 관광 상품화 되어 영화 촬영지를 돌아보는 투어 상품이 있고 극장식 레스토랑에서는 사운드 오브 뮤직 쇼가 벌어진다.

2) 잘츠부르크축제

(1) 유래

잘츠부르크축제(Salzburg Festival)는 1870년 모차르트의 마지막 오페라 '마술피리(Die Zauberflote)'의 완전한 악보가 발견된 것을 계기로 모차르트를 연구하는 모차르테움 재단(Internationale Stiftung Mozarteum)이 발족되면서 시작된다. 모차르테움 재단이 1877년부터 1910년까지 8회에 걸쳐 잘츠부르크 음악 축제(Salzburger Musikfest)를 개최한다. 1917년 정기적인 음악 및 연극 축제를 개최하자는 논의가 있은 후 철저한 준비를 거쳐 1920년 8월 제1회 잘츠부르크 페스티벌을 개최한다. 이때 독일 연출가 막스 라인하르트(Max Reinhardt)가 잘츠부르크 대성당 광장(Domplatz)에서 호프만슈탈(Hofmannsthal)의 연극 예더만(Jedermann)을 공연하는데 이것이 하나의 전통이 되어 매년 축제 기간에 잘츠부르크 대성당 광장에서 예더만을 공연한다. 1922년 빈 필하모니 오케스트라(Wiener Philharmoniker)가 축제에 참여하여 연주한다. 1929년 리차드 슈트라우스(Richard Strauss)의 오페라, 장미의 기사(Der Rosenkavalier)가 공연된다. 1940년부터 나치에 의해 축제가 축소되었고 1944년에는 아예 취소되었다.

1946년 제2차 대전이 끝난 후 예더만이 공연되며 축제가 다시 활기를 되찾는다. 1960년 대축제공연장(Groβes Festspielhaus) 완공 기념으로 잘츠부르크 출신의 세계적 지휘자 카라얀(Herbert von Karajan)이 빈 필하모니 오케스트라를 지휘하며 공연을 한다. 1966년 비제(Bizet)의 카르멘(Carmen)이 공연된다. 1978년부터 1986년까지 모차르트의 오페라 마술피리(Die Zauberflote)가 공연된다. 1985년 호세 카레라스(Jose Carreras)가 카르멘의 주연으로 출연한다. 1989년 플라시도 도밍고(Placido Domingo)가 베르디(Verdi)의 오페라 가면무도회(Un ballo in maschera)에 출연한다. 2005년 라트라비아타(La Traviata)를 현대적으로 해석하여 호평을 받고 이때 주인공은 맡은 안나 네트렙코(Anna Netrebko)와 롤란도 비야손(Rolando Villazon)의 오페라의 드림 커플로 등극한다. 이렇게 해마다 7월이면 세계 각국의 예술가들이 잘츠부르크로 모여들고 온 도시가 음악회장이 된다. 잘츠부르크축제는 모차르트 음악을 필두로 주옥같은 작품들이 공연된다. 그리고 세계 최고의 가수와 오케스트라가 공연하는 명성이 높은 축제로 발돋움했다.

잘츠부르크 축제에서는 크게 세 종류의 공연, 즉 오페라, 연극, 콘서트를 감상할 수 있다. 이런 공연 형식의 축제는 거창한 하이라이트 이벤트보다는 공연 위주로 진행되는 경우가 많다. 잘츠부르크 축제 기간 중 약 170여 회의 공연이 개최되는데 인기 있는 작품은 6개월 전에 매진된다. 티켓의 가격은 공연 내용이나 좌석의 위치에 따라 1만 원에서 50만 원까지 다양하다. 방문객은 약 30만 명이며 이중 약 70%가 외국인이고 2,000억 원 이상의 경제적 효과를 거둔다. 축제 기간에 방문객은 훌륭한 공연 시설과 최고의 예술가들이 연주하는 공연을 관람할 수 있다.

그러나 상대적으로 공연장을 제외한 외부는 축제의 흥겨움이나 왁자지껄함이 덜하다. 대부분의 공연이 수개월 전에 매진되기 때문에 현장에서 구매할 수 있는 티켓은 거의 없다. 일반적인 축제 분위기를 기대한 관광객이라면 허전한 느낌을 받을 수 있다.

(2) 주요 행사

① 오페라

오페라는 성악 배우, 오케스트라, 의상, 무대 장치, 미술 등이 필요한 종합 예술이므로 잘츠부르크축제에서 가장 중요하게 다루어진다. 오페라는 대축제공연장(Großes Festspielhaus)에서 공연되는데 사람들이 이 순간을 기억하기 위해 공연장 앞에서 기념촬영을 하고 들어가곤 한다.

그림 2

모차르트, 베토벤, 베르디, 바그너, 슈트라우스 등의 오페라가 공연되며 프로그램은 해마다 달라진다. 아래의 이미지는 잘츠부르크 축제에서 공연되었던 오펜바흐(Jacques Offenbach)의 지옥의 오르페(Orphée aux enfers)와 슈트라우스(R. Strauss)의 살로메(Salome)이다.

그림 3

모차르트의 오페라는 축제 기간에 공연되는 단골 작품인데 아래 이미지는 피가로의 결혼(Le Nozze Di Figaro)을 현대적 감각으로 연출한 것이다. 물 흐르듯 매끄러운 모차르트의 음악이 감동적인 작품이다. 대략의 줄거리는 결혼을 앞둔 하녀를 백작이 유혹하려고 하자 백작 부인과 하녀의 약혼자가 기지를 발휘해 막아내는 것이다. 오페라는 어렵고 재미없다는 통념과 달리 이 작품은 코믹하고 경쾌하다. 그렇다고 웃기기만 한 것이 아니라 그 안에 신분제도로 인한 억압이나 불평등에 대한 풍자를 엿볼 수 있다.

그림 4

오페라 공연은 몇 개월 전부터 예매를 해야 되고 가격이 비싸다. 그리고 엄격한 드레스코드는 아니더라도 세미 정장 이상을 입어야지 슬리퍼에 반바지를 입고 가면 눈총을 받을 수 있다. 그런데 어렵게 티켓을 구했다고 해도 오페라가 독일어, 이태리어, 프랑스어로 공연되어 무슨 말인지 알아듣기가 쉽지 않다. 그래서 미리 스토리를 알고 오페라를 보면 좀더 음악과 성악을 감상하면서 볼 수 있다. 국내 메가박스 극장에서 잘츠부르크축제를 실황 중계해주므로 자막과 함께 편안하게 볼 수 있다.

그림 5

② 연극

잘츠부르크축제의 상징적인 공연이 바로 예더만(Jedermann) 연극이다. 예더만은 잘츠부르크 대성당 광장에서 공연되는데 항상 빈자리 없이 사람들로 꽉 찬다. 예더만은 예기치 못한 죽음과 영혼의 심판에 직면하여 신앙을 통해 회개하고 구원을 받는 과정을 묘사한 작품이다. 이 외에도 다양한 연극이 무대에 올려진다.

그림 6

③ 콘서트

잘츠부르크축제에서는 세계 최고의 클래식 공연을 감상할 수 있다. 베를린 필하모니(Berliner Philharmoniker) 오케스트라연주와 같은 대형 공연부터 소규모의 악기 연주나 성악까지 다양하다. 그런데 아래 사진을 자세히 보면 관람객의 연령대가 상당히 높은 것을 유추할 수 있다. 유럽에서도 클래식은 젊은이에게는 인기가 적고 장년층 이상에게 소비되고 있는 실정이다.

그림 7

(3) 축제 연계 관광

- **호엔잘츠부르크 성**: 1077년 잘츠부르크 대주교가 독일의 침략에 대비하기 위해 건설함
- **모차르트 생가**: 1756년 1월 27일 모차르트가 탄생한 곳으로 17세까지 살면서 유년 시절의 작품을 작곡함
- **미라벨 궁전**: 1606년 대주교 볼프 디트리히가 애인과 자녀를 위해 지은 궁전
- **게트라이데 거리**: 잘츠부르크에서 가장 번화한 거리
- **헬브룬 궁전**: 1616년 대주교 마르쿠스 지티쿠스가 여름 별궁으로 지은 곳
- **브레겐츠 축제**: 잘츠부르크축제와 비슷한 시기에 브레겐츠 호수(Bregenz Lake)에서 개최되는 음악 축제
- **인스부르크**: 잘츠부르크 인근에 위치한 관광지

그림 8 호엔잘츠부르크 성

3) 생각 나누기: 잘츠부르크축제의 친구들

잘츠부르크 축제의 친구들(Friends of the Salzburg Festival)은 1961년에 결성된 축제의 후원회다. 전 세계에 퍼져 있는 정규 회원은 약 3,400명이고 서포터즈 1,900명과 구독자 1,400명을 보유하고 있다. 회원은 1년에 약 20만 원에서 7천만 원까지 축제에 후원을 한다. 후원금액에 따라 몇 가지 혜택이 주어지는데 후원회 잡지 제공, 섬머 프로그램 초청, 공연 리허설 참가, 특별 구역 좌석 제공 등이 기본 혜택이고 7천만 원을 후원하는 골든클럽 후원자는 개막식 행사 초청, 공연

그림 9

초대권, 공연 프로그램북, 가이드 투어, 라운지 이용, 기념품 등을 제공받는다.

이렇게 후원회의 관심과 애정이 수준 높은 축제를 영속하는데 큰 영향을 미치고 있다. 이들에 후원하는 연간 금액이 무려 33억이나 된다. 이것은 축제 전체 예산의 5%를 차지하고 있다. 이렇게 경제적으로 도움이 될 뿐만 아니라 전 세계에 퍼져 있는 수천 명의 회원들이 자연스럽게 홍보 요원의 역할도 담당한다. 무엇보다 후원회의 응원과 격려가 축제를 준비하고 진행하는 사람들에게 큰 힘이 되고 있다. 우리나라에도 이런 후원회를 도입해보면 어떨까? 우리나라 축제 중에 이런 형태의 후원회는 거의 없는 것 같다. 앞으로 축제별로 후원회가 발족되어서 축제의 발전과 영속에 이바지할 수 있길 바란다.

1. 축제의 촉진

축제의 촉진(promotion)은 축제의 특장점을 알려서 많은 사람이 방문하도록 유도하는 활동이다. 축제의 촉진은 축제에 대한 정보를 제공하고 인지도를 높이고 긍정적인 이미지를 형성한다. 또한 관광객이 더 많이 오도록 수요를 창출하고 경쟁우위를 확보한다. 축제는 무형적 특성을 가지고 있으므로 물리적인 행사 시설과 축제를 즐기는 모습을 보여줌으로써 유형적 단서를 제공한다. 또한 축제를 연상하는 로고, 상징, 인물, 음악 등을 사용하고 다양한 프로그램을 통해서 방문객의 기대감을 높일 수 있다. 촉진 활동 시 하나의 이미지 또는 메시지를 지속적으로 사용함으로써 목표시장의 일관성을 유지한다.

축제의 촉진은 인지 단계, 태도 단계, 방문 단계로 이루어진다. 인지 단계는 축제에 대한 정보를 제공해서 잠재 방문객이 축제에 대해서 알게 되는 단계다. 태도 단계는 잠재 방문객이 축제에 대해서 호의적인 태도를 가지게 되는 것이다. 마지막으로 방문 단계는 잠재 방문객이 축제를 방문하는 것이다. 다시 말하면 사람들이 축제에 관한 광고나 홍보를 보고 그 축제에 대해서 알게 되고(인지 단계) 그 축제가 재미있어 보이고(태도 단계) 주말에 가족과 함께 그 축제에 가게되는 것이다(방문 단계).

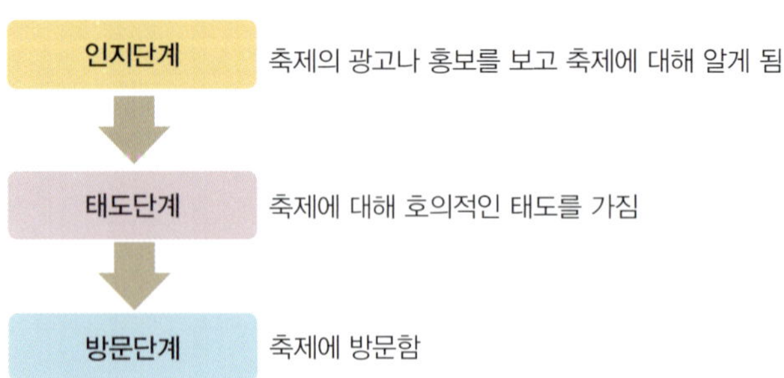

그림 10 축제의 촉진 단계

촉진의 대표적인 수단은 광고, PR, 인적판매, 판매촉진이 있다. 일반 제조상품은 이 4가지를 다 활용하지만 축제는 인적판매나 판매촉진은 거의 활용하지 않고 광고와 PR 위주로 활용한다. 따라서 이 두 가지를 좀더 살펴보고자 한다.

그림 11 축제의 촉진 수단

2. 축제의 광고

1) 축제 광고 계획

광고(advertising)는 유료로 광고 매체를 통해 축제를 알리는 것이다. 광고는 인터넷, 방송매체, 인쇄매체, 옥외광고 등 다양한 매체를 사용한다. 축제를 광고하기 위해서는 많은 비용이 지출되기 때문에 효과를 높이기 위해서는 사전에 철저히 계획을 수립할 필요가 있다. 아래 그림과 같이 먼저 외부 환경과 내부 한경 그리고 방문객의 트렌드를 분석한다. 다음으로 축제 인지도, 이미지, 예매율 제고 등 구체적인 목표를 수립한다. 다음으로 축제의 가용 자원을 고려하여 예산을 편성한다. 다음 단계는 광고 메시지의 내용, 구조, 양식 등을 설계한다. 다음으로 광고 매체를 선정하고 마지막으로 광고를 실행한 후 광고 목표를 잘 달성하고 있는지 평가해서 피드백하여 보완한다.

그림 12 축제의 광고 계획

2) 축제 광고 매체 선정 시 고려사항

축제 광고 매체는 다음 사항을 고려하여 선정한다. 첫째, 표적 방문객의 연령, 관심, 욕구 등 특성에 따라 매체를 선정한다. 둘째, 메시지의 특성에 따라 매체를 선택한다. 가령 메시지가 정보 제공적이라면 인쇄 매체가 유리하고 감성적이라면 TV 등 영상 매체가 적절하다. 셋째, 접촉범위와 빈도를 고려한다. 즉 일정 기간 동안 광고에 접촉되는 사람의 수, 접촉 횟수, 접촉의 총량 등을 평가해서 매체를 선택한다. 넷째, 비용을 고려하되 절대적 비용도 중요하지만 접촉 당 비용도 고려해야 한다. 다섯째, 매체를 믹스할 수 있다. 필요에 따라 인터넷, TV, 신문, 잡지 등의 여러 매체를 동시에 선정하는 것이다. 단, 각각의 광고 비율을 합리적으로 정해야 한다. 마지막으로 광고 스케줄을 고려한다. 광고를 언제부터 시작할 것인지 그리고 얼마 기간 동안 지속할 것인지를 판단한다.

표적 방문객	표적 방문객 특성 고려
메시지 특성	정보 제공, 감성 등
접촉 범위와 빈도	접촉범위, 접촉빈도, 접촉량 등
비용	절대적 비용, 접촉 당 비용
매체 믹스	여러 매체 배합
광고 스케줄	광고 시기, 광고 기간

그림 13 광고 매체 선정 시 고려사항

3) 축제 광고 매체별 특징

TV 광고는 창의적이고 극적인 메시지를 전달할 수 있는 장점이 있다. 특히 영상을 통해서 빠른 시간에 인지도와 구매 욕구를 높일 수 있다. 그러나 TV 광고는 제작 비용이 높고 제작하는 시간도 오래 걸린다. 그리고 사람들이 TV를 많이 시청하는 프라임 타임을 확보하기가 어렵다. 또 광고 시간이 보통 15초 정도로 짧기 때문에 전달 내용이 제한적이라는 단점이 있다. 게다가 사람들이 광고를 집중하지 않고 광고가 나오면 채널을 돌리고 회피하는 경향이 있다.

라디오 광고는 TV 광고에 비교해서 비용이 저렴하고 빨리 제작할 수 있는 장점이 있다. 그리고 라디오 광고가 나온다고 해서 채널을 돌리지 않는다. 라디오는 특정 채널이나 특정 방송에 따라서 청취자 특성이 있으므로 축제의 목표시장에 맞게 광고할 수 있다. 그런데 라디오 광고는 청각적인 효과는 있지만 시각적인 효과가 없다. 또 갈수록 라디오 방송을 듣는 수요가 줄어들고 있다. 과거에는 라디오 방송을 챙겨 듣고 라디오 방송을 기다렸다가 음악을 녹음하기도 했지만 요즘은 TV 채널이 많고 인터넷과 스마트폰으로도 많은 영상을 볼 수 있기 때문에 라디오에 대한 관심이 줄어들고 있다. 그나마 운전을 하면서 또는 버스 안에서 라디오를 듣기도 하지만 그것마저도 요즘은 스마트폰을 본다든지 버스 내에서 TV 광고를 보기 때문에 라디오를 듣는 사람이 현저히 줄고 있다.

신문 광고는 구독자가 축제 정보를 오랫동안 자세히 볼 수 있다는 장점이 있다. 그리고 신문 기사와 연계해서 광고를 게재할 수 있다. 보통 신문 광고를 게재하면 신문사에서 기사를 내주곤 한다. 신문 기사와 광고가 동시에 나가면 시너지 효과를 누릴 수 있다. 그런데 갈수록 사람들이 종이 신문을 보지 않아서 광고 효과가 떨어진다는 단점이 있다. 신문을 본다고 하더라도 기사 위주로 보기 때문에 광고는 보지 않고 무시하곤 한다.

잡지는 스포츠, 음악, 취미 등 특성이 있어서 축제의 목표 시장에 맞게 잡지를 선택하여 광고하면 효과적이다. 그리고 잡지 인쇄의 질이 좋고 창의적인 광고 아이디어를 활용할 수 있다. 광고 비용도 비교적 저렴한 편이다. 단점은 잡지의 발매 간격이 길다는 것이다. 보통 한 달에 한 번 발간되므로 신속한 광고를 하기가 어렵다. 또 잡지의 많은 페이지 속에 축제 광고가 있다보니 사람들이 기사 위주로 읽고 광고는 지나치곤 한다. 잡지도 인터넷이나 스마트폰 등 다른 매체로 인해서 갈수록 구독자가 줄어들고 있다.

인터넷이 주요 광고 매체가 되고 있다. 인터넷 광고는 영상자료를 이용해서 극적인 요소를 전달할 수 있고 TV 광고에 비해서 영상 시간도 길게 보여줄 수 있다. 그리고 빅데이터나 AI를 활용해서 목표 시장에 정확히 광고를 전달할 수 있다. 그리고 포털사이트의 베너광고에 축제 홈페이지를 링크해서 2차로 상세한 정보를 제공할 수 있는 장점도 있다. 그리고 비교적 저렴한 비용으로 인터넷 광고를 제작할 수 있다. 그러나 광고 효과가 높은 유명 포털사이트에 광고를 하면 비용이 비싼 단점이 있다. 그리고 사람들이 자신이 관심 있는 정보만 보고 인터넷 광고는 무시하곤 한다.

모바일 광고는 인터넷 광고와 거의 유사한 특징을 가지고 있다. 그런데 언제 어디서나 손 안의 스마트폰으로 광고를 볼 수 있기 때문에 효과가 더 크다고 할 수 있다. 그래서 스마트폰 광고의 비율이 점점 더 커지고 있다.

현수막을 활용해서 축제를 알리기도 한다. 현수막은 제작비용이 매우 저렴하고 제작 기간도 매우 짧은 장점이 있다. 그러나 게시 허가를 받아야 하기 때문에 관외에 설치하기는 어려운 점이 있다. 그래서 광고 범위가 지엽적이라는 단점이 있다.

버스, 택시, 지하철 등 교통수단의 내부 혹은 외부의 벽면을 활용해서 부착광고를 할 수 있다. 교통수단을 통해 이동하면서 광고를 하기 때문에 노출 효과가 크다. 비용도 비교적 저렴한 편이다. 그런데 역시 스마트폰으로 인해 교통수단의 광고를 보는 사람이 줄어들고 있다.

표 1 광고 매체별 특징

광고매체	장점	단점
TV	• 창의적이고 극적 메시지 전달 가능 • 단시간에 인지도와 방문 욕구 높임	• 비싼 제작비 • 오랜 제작 시간 • 광고 시간 확보 어려움 • 짧은 노출 시간
라디오	• TV 광고에 비해 저렴하고 빠른 제작 시간 • 광고 방영 중 채널을 돌리지 않음 • 목표시장 대상 광고 가능	• 시각적 효과 없음 • TV, 인터넷, 스마트폰 등 다른 매체로 인해 라디오 청취가 감소되는 추세임
신문	• 장시간 자세히 볼 수 있음 • 신문 기사와 연계하여 축제 광고 가능	• 신문 구독이 줄고 있음 • 축제 광고를 무시함
잡지	• 잡지 성격에 따른 목표시장별 광고 가능 • 인쇄의 질이 높음 • 창의적인 광고 가능 • 비교적 저렴한 비용	• 발매 간격으로 길어서 신속한 광고가 곤란함 • 많은 페이지에 섞여 스쳐 지나칠 수 있음 • 다른 매체로 인해 구독자가 줄고 있음
인터넷	• 영상을 통한 극적인 요소 전달 • TV에 비해 긴 광고 시간 • 빅데이터/AI 등을 통한 명확한 목표시장 도달 • 축제 홈페이지 링크를 통해 2차 정보 전달 • 저렴한 광고비용	• 유명 포털사이트의 비싼 광고 비용 • 관심 있는 정보만 보고 광고는 무시할 수 있음
모바일	• 인터넷 광고와 유사 • 손 안의 인터넷으로서 언제 어디서나 접속	• 인터넷 광고와 유사
현수막	• 저렴함 • 짧은 제작 기간	• 게시 허가 제약
교통수단 부착광고	• 이동하는 광고 • 노출 효과가 높음	• 스마트폰 등으로 인해 광고에 시선을 두지 않음
교통수단 영상광고	• 지루함을 덜면서 광고에 집중력을 높여 줌	• 제작 비용 및 기간이 소요됨 • 다른 광고의 선점으로 인해 원하는 장소에 게시가 어려울 수 있음

버스나 지하철에서 영상 광고를 하기도 한다. 이런 광고는 승객의 지루함을 덜어주어 광고의 집중력이 높은 편이다. 그러나 영상 제작비용이 많이 소요되고 영상을 게시할 수 있는 공간이 한정되어 있어서 원하는 장소에 광고하기가 어려울 수 있다.

3. 축제의 PR

1) PR과 홍보

PR(Public Relation)은 비용을 들이지 않거나 매우 적은 비용으로 잠재 방문객과 긍정적 관계를 형성하는 것이다. PR 활동은 사회봉사, 현장 견학, 기자회견, 이벤트, 방송 출연 등 다양하지만 축제에서 주로 사용하는 것은 홍보(publicity)다. 종종 홍보를 광고의 의미로 사용하기도 하지만 본서의 홍보의 의미는 축제에 관한 정보를 TV, 신문, 잡지 등에 기사화시키는 것을 말한다. 홍보를 영어로 소리나는 대로 퍼블리시티라고 부르기도 한다.

홍보는 다양한 장점을 가지고 있다. 첫째, 비용이 들지 않는다는 것이다. 축제가 TV 뉴스에 나오면 2~3분 또는 그 이상 노출되는데 만약 광고로 환산한다면 매우 큰 금액이 될 것이다. 그런데 비용을 들이지 않고도 장시간 사람들에게 알릴 수 있으니 축제 측에서는 매우 환영할 일이다. 둘째, 집중도가 높다는 것이다. 사람들은 뉴스나 기사를 집중해서 본다. 광고는 잘 보지 않고 지나치지만 공신력이 있고 객관적인 언론 기관에서 직접 제작한 뉴스나 기사는 열심히 본다. 광고는 축제측에서 일방적으로 만든 것이라는 인식이 있어서 귀담아 듣지 않는 경향이 있다. 아래 이미지는 YTN에서 안동 국제탈춤페스티벌에 대해 뉴스를 내보낸 것이다.

그림 14

그러나 홍보의 단점도 있다. 첫째, 축제가 이미 개최된 이후에 방송이 나가므로 축제 기간이 짧은 축제는 홍보 효과가 별로 없다. TV 뉴스를 보고 그 축제를 가려고 하면 이미 끝났거나 바로 이번 주말이어서 방문계획을 세우기가 어려운 경우가 많다. 만약 축제 기간이 9일이나 10일이어서 두 번의 주말이 들어간다면 효과적인 홍보가 될 수 있다. 또 하나의 단점은 축제측에서 언론을 통제할 수 없다는 것이다. 축제에 관한 부정적인 기사가 나가더라도 막을 수가 없다. 한번 뉴스 또는 기사로 배포된 것은 되돌릴 수 없다. 그런데 사람들은 긍정적인 기사보다 부정적인 기사에 더욱 민감하다. 일단 부정적인 이미지가 각인되면 쉽게 사라지지 않고 방문욕구를 급격하게 저해한다. 게다가 주변에도 가지 말라고 권한다.

아래 이미지는 화천 산천어축제에 관한 2개의 뉴스다. 2020년 2월 환경단체가 화천 산천어 축제에서 산천어를 학대하고 있다며 화천 군수를 검찰에 고발한 것을 뉴스로 방송한 것이다. 관광객은 사실 여부를 떠나서 논란이 있는 곳으로 여행을 가고 싶은 욕구가 줄어들었고 부정적 이미지가 형성된 사람들도 많다. 그리고 4개월간의 검찰 조사 결과 식용으로 양식된 산천어는 보호 대상 동물이 아니라는 판결이 났고 이에 대해서도 TV 뉴스에 방송되었지만 사람들은 잘 모르거나 알게 되었더라도 학대라는 이미지가 각인되어 쉽게 변하지 않는다. 그리고 그 여파가 한동안 유지되었다.

그림 15

2) 보도자료

보도자료(press release)는 축제 측에서 언론 기관에 뉴스 기사화를 요청하기 위해 작성한 자료다. 기자들이 취재 대상을 직접 찾아서 기사를 작성하기도 하지만 축제측에서 작성해서 배포해준 보도자료를 바탕으로 작성하는 일이 많다. 일일이 취재를 다니기 어려운 기자의 입장에서 보도자료는 기사 작성에 많은 도움이 된다. 보도자료에 의문이 있을 때는 담당자에게 문의하거나 추가 취재를 하여 기사를 작성한다. 종종 보도자료 그대로 기사를 내보내기도 한다. 축제측은 보도자료를 배포함으로써 자신들이 원하는 방향으로 기사화가 되는 것을 기대할 수 있다. 과거에는 언론사의 팩스로 보도자료를 송부하였으나 요즘은 기자의 이메일로 송부한다. 축제측에서 언론사와 평소 좋은 관계를 유지하여 기사화 가능성을 높이곤 한다.

보도자료는 헤드, 기사 제목, 핵심 요약, 기사 내용, 기사 이미지로 구성된다. 헤드 부분에는 보도자료 작성일, 게재 희망일, 보도자료에 대해서 문의사항이 있을 경우 축제측 담당자의 이름과 연락처가 기입된다. 기사 제목은 기자의 관심을 끌 수 있도록 흥미롭게 작성한다. 핵심 요약 부분은 1~3줄 정도로 작성한다. 기사 내용은 전달하려고 하는 바를 명확하게 작성하고 관련 이미지가 있으면 첨부한다. 아

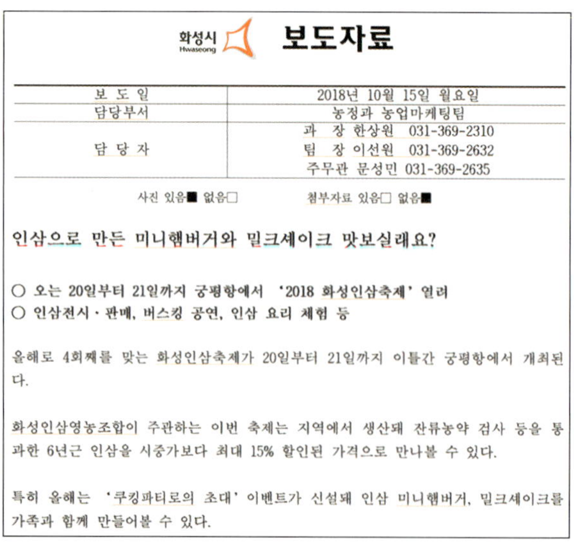
화성시 Hwaseong 보도자료

보 도 일	2018년 10월 15일 월요일
담당부서	농정과 농업마케팅팀
담 당 자	과 장 한상원 031-369-2310 팀 장 이선원 031-369-2632 주무관 문성민 031-369-2635

사진 있음■ 없음□ 첨부자료 있음□ 없음■

인삼으로 만든 미니햄버거와 밀크셰이크 맛보실래요?

○ 오는 20일부터 21일까지 궁평항에서 '2018 화성인삼축제' 열려
○ 인삼전시·판매, 버스킹 공연, 인삼 요리 체험 등

올해로 4회째를 맞는 화성인삼축제가 20일부터 21일까지 이틀간 궁평항에서 개최된다.

화성인삼영농조합이 주관하는 이번 축제는 지역에서 생산돼 잔류농약 검사 등을 통과한 6년근 인삼을 시중가보다 최대 15% 할인된 가격으로 만나볼 수 있다.

특히 올해는 '쿠킹파티로의 초대' 이벤트가 신설돼 인삼 미니햄버거, 밀크셰이크를 가족과 함께 만들어볼 수 있다.

그림 16

아시아투데이 | http://me2.do/5meqjrhR

인삼으로 만든 미니햄버거와 밀크셰이크 맛보실래요?

기사승인 [2018-10-16 15:16]

오는 20~21일까지 궁평항에서 '2018 화성인삼축제' 열려
인삼전시·판매, 버스킹 공연, 인삼 요리 체험 등

화성/아시아투데이 김주홍 기자 = 올해로 4회째를 맞는 화성인삼축제가 20~21일 궁평항에서

그림 17

래 이미지는 화성인삼축제의 보도자료와 실제 신문기사로 게재된 것이다.

3) 인터넷 홍보

인터넷에 의한 홍보의 중요성이 계속해서 증가하고 있다. 다른 매체를 통해서 축제에 대해 알게 됐다고 하더라도 좀 더 자세한 정보를 얻기 위해서 인터넷의 홈페이지를 방문하는 경우가 많다. 그래서 홈페이지 내에 축제에 대한 상세하고 정확한 정보를 제공해야 한다. 또한 가독성과 심미성이 높은 디자인을 채택해야 한다. 그리고 포탈사이트 키워드 검색에서 상위에 나타날 수 있도록 키워드를 잘 사용해야 한다. 요즘 SNS를 많이 사용하므로 유튜브, 인스타그램, 페이스북 등에 축제를 홍보하고 홈페이지의 링크를 넣는 것이 좋다. 또 스마트폰에서 보기 쉽도록 제작하고 별도의 축제애플리케이션을 개발하는 것도 좋다.

아래 표는 춘천막국수닭갈비축제 인지 경로를 나타낸 것이다. 여러 경로 중 인터넷이 29.2%로 가장 높다. 그 이전에는 인터넷의 비율이 23.0%였고 그 전년도에는 11.2%였다. 즉 인터넷의 비중이 해마다 늘어나고 있다는 것을 증명한다. 축제마다 비율이 다르겠지만 인터넷 홍보의 중요성이 계속 증가하고 있다는 것은 공통적인 현상이다. 따라서 축제측에서 인터넷과 스마트폰을 활용한 홍보에 더욱 적극적이어야겠다.

표 2 춘천막국수닭갈비축제 인지 경로

인지 경로	빈도	비율(%)
TV, 라디오 등 방송	69	21.7
인터넷(인터넷 기사, 배너광고, 블로그, 페이스북 등)	93	29.2
인쇄물(잡지, 신문, 시정 소식지, 브로셔, 팸플릿 등)	19	6.0
대중교통 홍보(열차, 버스 등)	16	5.0
포스터, 현수막, 전광판	52	16.4
주위 사람들로부터 들음	52	16.4
기타	17	5.3
전체	318	100

4) 기타 홍보

(1) 전시회 홍보 부스

축제나 관광 관련 전시회에 참여하여 홍보 부스를 설치하고 축제를 홍보하는 방법도 좋다. 코엑스와 킨텍스 그리고 다른 전시회장에서도 국제관광전시회나 관광 교역전을 정기적으로 개최하므로 이곳에 참여하여 잠재 방문객을 직접 만나서 홍보를 한다면 긍정적인 효과를 얻을 수 있다. 아래 이미지는 광화문 광장에서 개최된 문화관광축제 전시회 장면이다.

그림 18

(2) 자매결연 축제행사장에서 홍보

자매결연을 맺은 축제나 도시가 있다면 그 축제가 개최되는 동안에 우리 축제의 부스를 설치하여 홍보할 수 있다. 이런 활동은 상호 이득이 된다. 아래 이미지는 세주들불축제 행사장에서 보령해양미드박람회를 홍보하는 장면이다.

그림 19

(3) 유명 인사 활용 홍보

스포츠 스타, 가수, 배우 등 유명 인사를 활용하는 것도 좋다. 유명 인사가 지역 출신이면 더욱 좋다. 이런 유명 인사가 직접 축제 행사장에 방문해도 좋고 자신이 출연하는 TV 방송에서 자연스럽게 축제를 언급해 주는 것도 효과가 있다. 유명 인사가 축제에 방문하는 것이 기사화가 될 수 있고 인원 동원력도 크다. 아래 축제도 여러 유명 인사를 활용하고 있다.

그림 20

(4) 인플루언서 활용 홍보

유튜버, 블로거, 인스타그래머 등 유명 인플루언서의 팔로워 수가 수십만 명에 달하므로 이들을 활용하면 홍보 효과가 크다. 이들의 전파력이 강하기 때문에 파급력이 대단하다. 따라서 이들을 직접 유치하거나 팸투어를 하거나 취재할 수 있는 환경을 조성해서 포스팅될 수 있도록 추진할 필요가 있다. 옆은 유명 유튜버가 축제 행사장에서 라이브 방송을 하는 장면이다.

그림 21

학습정리

잘츠부르크축제

- 잘츠부르크축제는 1870년 모차르트의 마지막 오페라 '마술피리'의 악보가 발견된 것을 계기로 1877년부터 잘츠부르크 음악 축제를 개최한 것에서 유래됨
- 1920년 제1회 잘츠부르크축제를 개최함
- 1940년부터 나치에 의해 축제가 축소 및 취소됨
- 1946년에 축제 재개되어 세계적인 오케스트라, 연주자, 성악가, 가수의 공연을 볼 수 있음
- 주요 프로그램: 오페라, 콘서트, 연극
- 축제 연계 관광: 호엔잘츠부르크 성, 모차르트 생가, 미라벨 궁전, 게트라이데 거리, 헬브룬 궁전, 브레겐츠 축제, 인스부르크

축제의 촉진

- 축제의 촉진은 축제의 특장점을 알려서 많은 사람이 방문하도록 유도하는 활동임
- 촉진의 대표적인 수단은 광고, PR, 인적판매, 판매촉진이 있으나 축제는 인적판매나 판매촉진은 거의 활용하지 않고 광고와 PR 위주로 활용함
- 광고는 유료로 광고 매체를 통해 축제를 알리는 것임
- 축제의 광고 계획은 환경분석 → 목표 설정 → 예산 편성 → 메시지 설계 → 광고매체 선택 → 실행 및 피드백의 단계로 이루어짐
- 축제 광고 매체 선정 시 표적 방문객, 메시지 특성, 접촉 범위와 빈도, 비용, 매체 믹스, 광고 스케줄을 고려함
- 축제 광고 매체별 특징에 따라 매체를 선택함
- PR은 비용을 들이지 않거나 매우 적은 비용으로 잠재 방문객과 긍정적 관계를 형성하는 것임
- 축제는 홍보를 많이 활용하며 보도자료를 언론사에 보내 뉴스화 또는 기사화시킴
- 인터넷에 의한 홍보의 중요성이 계속해서 증가하고 있음
- 전시회 홍보 부스 참여, 자매결연 축제행사장에서 홍보, 유명 인사 활용, 인플루언서 활용 등 다양한 방법으로 홍보할 수 있음

학습평가

01 모차르트의 출생지에 개최되는 세계적 음악축제는 무엇인가?

① 오스트리아 뮤직 페스티벌

② 잘츠부르크축제

③ 브레겐츠축제

④ 모차르트 뮤직 페스티벌

0 비용을 들이지 않거나 매우 적은 비용으로 잠재 방문객과 긍정적 관계를 형성하는 촉진 수단은 무엇인가?

① PR

② 광고

③ 인적판매

④ 판매촉진

[정답 및 해설]

01 ②

해설: 모차르트는 잘츠부르크에서 출생했으며 잘츠부르크축제는 1870년 모차르트의 마지막 오페라 '마술피리'의 악보가 발견된 것을 계기로 1877년부터 잘츠부르크 음악 축제를 개최한 것에서 유래됨

02 ①

해설: PR은 비용을 들이지 않거나 매우 적은 비용으로 잠재 방문객과 긍정적 관계를 형성하는 것임

CHAPTER 11

축제의 재무와 안전 관리

11

학습목차

■ 사례에서 배운다: 퀘벡 윈터카니발

1. 축제의 재무관리
2. 축제의 예산과 지출
3. 축제의 안전 관리

학습목표

- 퀘벡 윈터카니발 사례의 성공 요소를 우리나라 축제에 응용할 수 있다.
- 축제의 수입과 지출에 관해 재무관리를 할 수 있다.
- 축제가 안전하게 진행될 수 있도록 관리할 수 있다.

Festival Management

Chapter 11

축제의 재무와 안전 관리

▪ 사례에서 배운다: 퀘벡 윈터카니발

1) 퀘벡

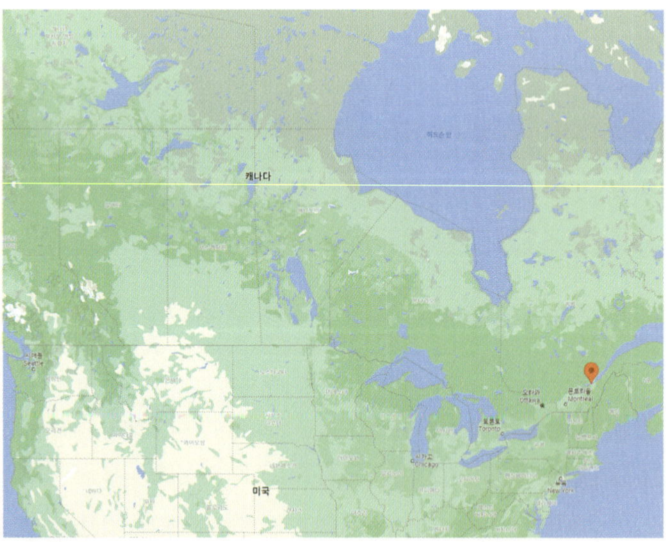

그림 1

퀘벡(Quebec)은 퀘벡 주의 주도이며 캐나다 동쪽에 위치해 있다. 퀘벡은 세이트 로렌스(Saint Lawrence) 강 하구에 강폭이 좁은 지점에 발달한 항구도시인데 인디언어로 퀘벡은 '강이 좁아지는 곳'을 의미한다. 퀘벡은 오래 전부터 인디언들이 살던 곳이었으나 1535년 프랑스인이 처음 들어왔고 1608년 정착지가 건설되었으며 프랑스 식민지로 개척된 누벨프랑스(Nouvelle-France)의 중심지가 되었고 1763년까지 지속되었다. 누벨프랑스는 영어로 New France, 즉 새로운 프랑스를 의미한다. 1629년 영국이 퀘벡을 차지한 이래 영국과 프랑스의 퀘벡 쟁탈전이 계속되다가 1763년 파리조약 이후 영국령이 되었다. 이후에도 퀘벡에 거주하던 프랑스인은 프랑스어 사용과 관습을 유지할 수 있었지만 영국인들과 자주 마찰을 겪었다. 1775년 영국으로부터 독립 혁명을 일으키던 미국이 퀘벡도 영국으로부터 독립시키기 위해 전쟁을 벌였으나 실패했다. 1820년 영국은 미국과 프랑스의 침략으로부터 퀘벡을 보호하기 위해 시타델이라는 성채를 건설했다. 1840년 퀘벡이 퀘벡 주의 주도가 된 이래 오늘날까지 유지되고 있다. 그런데 퀘벡은 아직도 인구의 대다수가 프랑스계여서 프랑스어가 공용어로 사용되고 있고 종종 분리 독립운동이 벌어지기도 한다. 구도심에는 고풍스러운 누벨프랑스 시대의 건물과 성채가 남아 있어 유네스코 세계문화유산으로 지정되었다.

2) 퀘벡 윈터카니발

(1) 유래

퀘벡은 겨울에 영하 20도 이하까지 내려갈 정도로 매우 춥다. 바람이 불거나 저녁이 되면 추위가 어마어마하다. 게다가 눈도 많이 내려서 길 양쪽에는 항상 눈이 쌓여 있다. 추위와 눈 때문에 자주 도로가 폐쇄되고 항공기가 결항된다. 필자가 갔을 때도 인천에서 토론토까지는 문제가 없었는데 토론토에서 퀘벡으로 가는 비행기가 결항되었다. 다행히 오타와를 경유하는 비행기를 타고 제때 퀘벡에 도착하였다. 혹시 겨울에 퀘벡을 방문할 계획이라면 반드시 이런 상황을 염두해 두어야 한다. 사실 이 정도 추위라면 집밖에도 나가기 싫을 것 같은데 퀘벡은 하얼빈이나 삿포로와 마찬가지로 이 추위와 눈을 이용해서 축제를 개최하고 전 세계의 관광객을 불러 모으고 있다.

퀘벡도 다른 가톨릭 국가들처럼 사순절에 앞서 카니발을 즐기는 전통이 있었는데 1894년 경기 침체를 극복하고자 카니발을 발전시킨 겨울 축제를 개최하였다. 그러나 이후 두 차례의 세계대전과 대공황으로 인해 지속하지 못했다. 제2차 세계대전이 끝난 뒤 지역 경제를 활성화시키기 위해 기존 축제에 현대적 요소를 가미하여 1955년 제1회 퀘벡 윈터카니발(Quebec Winter Carnival)을 개최하였고 현재까지 지속되고 있다.

(2) 주요 행사

① 개막식

개막식은 주 행사장에서 개최된다. 그런데 생각보다 행사장 면적이 작고 무대 크기도 작고 소박하다. 세계적인 축제의 개막식치고는 행사 규모가 너무 작다. 무대의 높이가 거의 평지 수준이어서 개막식을 구경하는 사람이 많지 않은데도 조금만 뒤에 서면 앞사람에게 가려서 제대로 볼 수가 없을 정도다. 개막식의 시간도 30분 정도 밖에 되지 않는다. 그중에 내빈 소개, 환영사, 축사, 감사 인사로 20분을 보낸다. 퀘벡이 프랑스어권이어서 사회자가 프랑스어로 먼저 말하고 이어서 영어로 말한다.

일련의 식순이 끝나고 퀘벡 시장이 무대에 올라서 축제의 마스코트인 보놈(Bonhomme)이라는 눈사람에게 열쇠를 건네주면서 축제가 시작된다. 마치 뮌헨 옥토버페스트에서 뮌헨 시장이 맥주통에 수도꼭지를 넣으면서 축제의 개막을 알리는 것과 유사한 맥락을 가지고 있다. 그러니까 단순히

그림 2

말로만 '축제를 시작합니다'라고 선언하는 것이 아니라 보놈에게 열쇠를 건네주는 상징적인 이벤트를 하는 것이다. 이 순간을 카메라에 담으려고 언론사들이 모인다. 이렇게 축제가 개막되면 불꽃 축포가 터지면서 축제의 시작을 축하한다.

② 주 행사장

주 행사장에는 눈과 얼음으로 만든 구조물이 있는데 주간에는 입장이 불가하고 야간에만 입장할 수 있다. 주 행사장 규모가 작아서 별로 볼 것도 없지만 그나마도 주간에는 입장이 허용되지 않아 밖에서 쳐다볼 수만 있다. 방문객 입장에서는 다소 황당하고 문전박대를 받는 느낌이 들기도 한다.

그림 3

그런데 퀘벡 구도심 자체가 눈 내린 동화마을 같아서 방문객들은 이내 주 행사장은 신경 쓰지 않고 구도심의 풍경을 즐기고 식사와 쇼핑을 한다. 오히려 주 행사장에 갈 수 없어서 지역 상권이 혜택을 받고 있다고 할 수 있다. 일반적인 축제들은 행사장에서 방문객의 체류 시간을 늘리려고 하는데 퀘벡 윈터카니발은 크게 신경 쓰지 않는 것 같다. 이것은 아름답고 볼거리가 많은 퀘벡 구도심이 존재하기 때문에 가능하다. 퀘벡 구도심을 걷다 보면 이곳이야말로 실질적인 축제 행사장이라는 생각이 든다.

그림 4

밤이 되면 주 행사장에 조명이 들어와서 눈과 얼음 구조물이 다양한 색상으로 빛난다. 특히 퀘벡을 상징하는 건물 및 동물의 형상을 담은 눈 조각 작품이 멋지다. 초창기에는 축제 기간에 각 가정에서 눈 조각 작품을 만들어 집 앞에 내놓거나 예술가들이 지정된 장소에 눈 조각 작품을 제작하여 전시하였다. 이것을 발전시켜 1973년 국제 눈 조각 대회를 개최하였고 이후 전 세계 예술가들이 기량을 뽐내는 축제가 되었다.

그림 5

주 행사장 한쪽에는 몇 개의 얼음 건물이 모인 얼음 마을(Ice village)이 있다. 이곳에도 조명을 비춰서 낭만적인 분위기를 연출한다. 그리고 보놈 주제 전시관에서는 보놈 관련 전시와 영상을 상영한다. 한쪽에는 얼음 바(bar)가 있어서 술이나 음료를 주문해서 마실 수 있는데 얼음 테이블 위에서 얼음 잔에 술을 따라 마시는 것이 독특하고 재미있다.

주 행사장에 입장하기 위해서는 입장권을 구입해야 한다. 그런데 일반적인 종이 입장권 대신 보놈의 얼굴이 새겨진 에피지(EFFIGIE)라는 메달을 준다. 이 입장권은 한번 구입하면 축제 기간 내내 추가 요금 없이 사용할 수 있다. 에피지는 종이 입장권에 비해 몇 가지의 장점이 있다. 주최 측은 몸에 부착한 에피지를 보고 사람들을 쉽게 식별할 수 있다. 또 종이표와 달리 에피지는 바닥에 버리지 않기 때문에 청소가 필요없다. 관광객 입장에서는 에피지가 훼손이나 분실의 우려가 적다. 또 에피지를 외투에 부착하고 다니면서 축제에 참가하고 있다는 소속감을 느낄 수 있다. 그리고 에피지를 집에 가져가면 좋은 기념품이 된다. 에피지의 디자인은 해마다 바뀌어서 이듬해에 재사용하는 것을 방지하고 있다.

그림 6

③ 야간 퍼레이드

주 행사장 앞 도로에서는 야간 퍼레이드가 펼쳐진다. 특이한 복장의 가장행렬이 흥겨운 음악에 맞춰 등장하고 서커스단이 얼음을 형상화한 차를 타고 곡예를 하기도 한다. 그리고 불쇼, 동물 모양의 행렬, 댄서가 차례로 들어온다. 도로 양쪽에 운집한 관광객이 어깨를 들썩이며 환호한다.

그림 7

④ 얼음 조각 작품 야외 전시

구도심 거리 곳곳에서 얼음 조각 작품도 만날 수 있다. 작품의 크기는 사람 키 높이 정도다. 운이 좋으면 예술가가 작품을 만들고 있는 모습을 볼 수도 있다. 여러 얼음조각 작품들이 상점이나 레스토랑 앞에 전시된다. 작품의 형상은 역사적 인물이나 동화에 나오는 내용 등 다양하다. 퀘벡이 프랑스 문화권이어서 생텍쥐페리의 '어린 왕자'도 빠지지 않고 전시된다. 전 세계인의 사랑을 받는 작품답게 '어린 왕자' 앞에는 사진을 찍으려고 사람들이 줄을 선다. 얼음 의자나 얼음 테이블 같이 실용적인 작품도 있다. 기온이 영하 20도여서 얼음 작품들이 녹지 않고 오랫동안 형태를 유지한다.

그림 8

관광객이 쉴 수 있도록 거리 중간중간에 모닥불과 의자가 놓여 있다. 그런데 쉼터가 참 예쁘다. 이곳에 앉아 있으면 동화 속의 주인공이 되는 것 같다. 우리나라 축제에는 쉼터가 없는 경우가 많고 있더라도 천막에 플라스틱 테이블과 접이식 철제 의자를 두는 경우가 많은데 퀘벡에서는 쉼터도 예술적이다. 이렇게 작은 것 하

그림 9

나도 소홀히 하지 않고 심미성을 고려하는 디테일에 역시 세계적인 축제라는 생각이 든다.

⑤ 얼음 카누 경주

퀘벡 카니발 기간에 개최되는 카누 경주는 세계에서 유일한 얼음 카누 경주다. 옛날부터 강 양쪽에 위치한 퀘벡과 레비스(Levis) 마을 사람들은 배를 타고 서로 왕래했고 겨울에 강이 얼면 배 대신 카누를 타고 다녔다. 이것에 착안하여 1880년 카누 경주대회를 개최하였다. 이후 퀘벡 윈터카니발의 주요 행사로 자리 잡았다. 우승자에게는 메달과 트로피가 전달된다. 얼음 카누 경주는 일반적인 카누 경주와 달리 강으로 떠내려 오는 얼음덩어리(流氷)를 잘 피하면서 노를 저어야 한다. 그래서 무조건 빨리 직진하는 것이 능사가 아니라 자연을 이해하면서 완급을 조절하고 돌아갈 줄 아는 지혜가 필요하다. 강물이 완전히 얼어붙은 구간에서는 배에서 내려 카누를 밀면서 가야 한다. 안타깝게도 갈수록 지구 온난화로 인해 유빙과 얼어있는 구간이 줄어들고 있어 얼음 카누 경주의 독특함이 사라지고 있다. 카누 경주는 강가에서 무료로 구경할 수 있다. 그런데 너무 추워서 오래 구경하기 힘들다. 강가에 정박해 있는 선박에 소정의 입장료를 내고 들어가면 몸도 녹일 수 있고 술과 음료를 무제한으로 마실 수 있다. 그리고 신나는 음악이 나와서 분위기도 흥겹다. 사람들은 삼삼오오 모여서 즐겁게 대화를 하고 어깨를 들썩인다. 카누가 배 옆에 바짝 붙어서 지나가기 때문에 근거리에서 구경할 수 있고 사진을 찍기에도 좋다.

그림 10

⑥ 눈 목욕

영하 20도 기온에 야외에서 수영복을 입고 눈밭을 뒹구는 눈 목욕 행사는 1987년에 처음 개최되었다. 생각만 해도 얼얼하고 잠시도 못 견딜 것 같은데 참가자들의 얼굴에 웃음이 가득하다. 이 행사에 참가하려고 신청하는 사람이 꽤 많지만 신체 건강한 성인 남녀 80명만 엄선하여 선발한다. 참가자에게는 몇 가지 규칙이 있다. 피부에 성적, 혐오적, 비하적인 그림이나 글씨가 없어야 하고 반드시 모자, 장갑, 신발을 착용해야 한다. 동상과 감기에 걸리지 않도록 2분만 야외에 머물 수 있다. 이후 보온할 수 있는 장소로 이동한다.

그림 11

⑦ 공연

퀘벡이 너무 추워서 야외 공연이나 버스킹은 찾아보기 어렵다. 그래서 실내에서

그림 12

하는 공연을 한다. 그리고 뮤직박스라는 이름으로 컨테이너 박스 안에서 공연을 하기도 하는데 관광객은 밖에 서서 스피커에서 나오는 음악을 즐긴다. 아쉬운대로 버스킹의 느낌이 난다.

(3) 축제 연계 관광

- 페어몬트 샤토 프롱트낙: 1893년 건설된 호텔이자 퀘벡의 랜드마크
- 테라스 뒤프랭: 샤토 프롱트낙 호텔 앞 산책로
- 누벨 프랑스 유적지: 누벨 프랑스 시대의 유적을 관람할 수 있는 장소
- 사뮈엘 드 샹플랭 동상: 1608년 퀘벡을 프랑스 정착지로 만든 인물의 동상
- 프티샹플랭 거리: 퀘벡에서 가장 번화한 거리
- 노트르담 성당: 350년의 역사를 가진 퀘벡의 대표 성당

그림 13 페어몬트 샤토 프롱트낙

3) 생각 나누기: 마스코트 보놈

퀘벡 윈터카니발은 보놈(Bonhomme) 마스코트를 잘 활용한다. 다른 축제도 마스코트나 캐릭터가 있지만 대부분 하나의 디자인 요소에 지나지 않고 존재성이 미미하다. 그러나 퀘벡에서는 보놈이 축제의 호스트 역할을 하고 있을 뿐 아니라 보놈의 축제라고 해도 될 만큼 축제 전반에 걸쳐서 맹활약한다. 축제 홈페이지에 보놈에 대해 상세히 설명하고 있다. 보놈 이미지는 축제 홈페이지, 각종 홍보물, 에피지, 기념품, 가로등 배너, 축제 천막 등등 곳곳에 부착되어 있다. 상점이나 레스토랑에서도 보놈 이미지를 적극적으로 활용한다.

퀘벡 공항에 도착하면 사람 크기의 보놈 인형이 미소와 함께 방문객을 환영해 준다. 관광객은 보놈을 보는 순간 '아~ 내가 퀘벡 축제에 왔구나'라는 기쁨으로 벅차오르게 된다. 보놈 인형은 퀘벡 구도심에서도 사람들을 반겨준다. 보놈 복장을 입은 사람이 거리를 걸어 다니면서 아이들을 안아주거나 사진을 함께 찍고 사람들과

그림 14

그림 15

잠시 어울리기도 한다. 이렇게 보놈이 축제의 전면에서 활동을 하다보니 보놈의 이미지만 보아도 곧바로 퀘벡 윈터카니발을 연상하게 된다. '퀘벡 윈터카니발'이라는 글자을 읽는 것보다 보놈 이미지로 보는 것이 축제를 빠르게 인지할 수 있게 한다.

보놈이라는 마스코트가 축제의 주인이 되고 스토리를 만들어 가고 축제의 친근한 이미지를 형성하고 있다는 점에서 우리나라 축제가 배울 점이 많은 것 같다. 앞으로 우리나라에서도 퀘백만큼 마스코트나 캐릭터를 잘 활용하는 축제가 많이 나오기를 기대한다.

1. 축제의 재무관리

축제의 재무관리는 축제에 필요한 자본을 조달하고 관리하는 것이다. 축제를 개최하려면 많은 수입과 지출이 발생한다. 축제의 예산을 어디에서 가져올지 얼마나 확보할지 어디에 지출할지를 적절하게 계획을 세운 뒤 실행해야 한다. 지역에서 개최하는 축제는 예산을 많이 확보할수록 더 좋은 축제 프로그램과 시설을 만들 수 있다. 따라서 주최 측은 더 많은 예산을 확보하기 위해서 각고의 노력을 기울인다. 동일한 예산이라도 어떻게 효율적으로 지출하느냐가 중요하다. 축제는 수입보다 지출이 먼저 발생하는 경우가 있어서 더욱 신중해야 한다.

축제의 재무관리 과정을 살펴보면 먼저 축제의 목적과 목표에 따라 축제예산을 확보한다. 축제예산은 정부 보조금, 지자체 예산, 스폰서, 부스 비용, 입장료 등을 통해서 확보할 수 있다. 다음으로 축제를 준비하고 실행할 때 지출해야 할 항목을 분석하고 조정한다. 이때 불필요하거나 낭비적인 지출이 없도록 유의한다. 마지막으로 수입과 지출을 대조하여 문제가 없는지 확인하고 이에 대한 회계처리 및 정산을 한다. 대부분의 축제는 수익이 목적이 아니고 1회성 행사이기 때문에 모든 수입을 모두 지출하는 형식으로 재무관리를 종료한다.

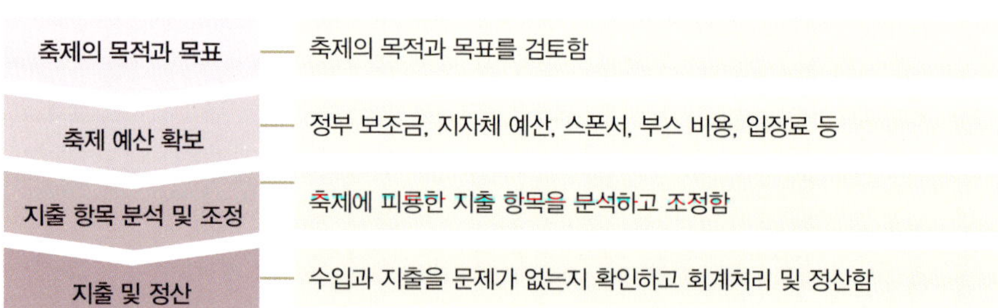

그림 16 축제의 재무관리 과정

2. 축제 예산과 지출

1) 축제의 예산

축제의 예산을 수립할 때 프로그램 운영비, 시설 설치비, 홍보비, 마케팅비, 인건비, 행정비 등 지출 항목에 의거하여 전체적인 예산을 계획하게 된다. 그런데 축제는 기업과 달리 예산에 대한 신축성이 적기 때문에 전년도의 예산을 기준으로 최대한의 예산을 확보한 뒤 그에 따라 지출 항목과 항목별 예산을 배분하는 경우가 많다. 축제가 예산을 증액하기 위해서는 정부, 지자체, 후원사 등 예산을 제공하는 기관에게 그 이유를 충분히 설명해야 한다. 예산이 많아지면 프로그램과 시설이 늘어나서 업무도 많아진다.

축제의 수입은 사전과 축제 기간으로 나누어서 살펴볼 수 있다. 사전에는 정부, 지자체, 공공기관의 보조금과 기업의 현금 및 현물 후원을 얻을 수 있다. 그리고 축제 주최 측에서는 자체 보유 자금을 활용할 수 있고 입장권 예매를 통해 수입을 얻을 수 있다. 또 축제 행사장 내의 시설, 축제 홈페이지, 인쇄물 광고를 통해 수입을 확보할 수 있다. 축제 행사장의 부스를 사용하는 업체들에게 사용료를 청구할 수 있다. 잘츠부르크 축제와 같이 후원 회원들의 가입비도 축제 수입이 될 수 있다. 그리고 에든버러 프린지 축제와 같이 공연단체의 참가비도 수입이 된다.

축제가 개최되는 동안에 행사장에서 다양한 수입이 발생할 수 있다. 입장권 판매, 특산물 판매, 기념품 판매, 식음료 판매, 체험료 징수 등으로 수입을 얻을 수 있다. 그런데 지자체가 주최하는 축제는 수익을 남기지 않고 정산하는 경우가 많기 때문에 사전 수입만으로 축제를 운영하고 행사장에서는 수익 활동을 하지 않는 경우가 많다. 민간 축제는 행사장에서 적극적으로 수익 활동을 하는 편이다.

아래 표는 청송군의 축제 예산 내역이다. 크게 인건비, 일반 운영비, 여비, 일반 보전금, 민간 이전, 시설 및 부대비로 구분되어 있으며 각각 세부 항목별로 예산액이 배분되어 있다.

축제 예산		400,500,000
101 인건비		35,570,000
04 기간제근로자등보수		35,570,000
• 축제장제초작업인건비	68,800원 * 3명 * 30일	6,192,000
• 축제장정비작업인건비	68,800원 * 4명 * 20일	5,504,000
• 축제추진보조인부임	68,800원 * 1명 * 300일	20,640,000
• 기간제근로자 4대보험료	32,336,000 원 * 10%	3,234,000
201 일반운영비		65,180,000
01 사무관리비		63,380,000
• 축제업무추진사무용품및소모품구입	500,000원 * 1식	500,000
• 축제홍보물제작	15,000,000원 * 1식	15,000,000
• 축제홍보및현수막제작	8,000,000원 * 1식	8,000,000
• 청송군축제추진위원회참석수당	70,000 원 * 5회 * 28명	9,800,000
• 축제업무추진특근자급식비	8,000원 * 3명 * 45일	1,080,000
• 축제대도시홍보		20,000,000
– 대형현수막	250,000원 * 20매	5,000,000
– 대도시전광판	5,000,000원 * 3개소	15,000,000
• 축제홍보용소모품구입	7,000,000원 * 1식	7,000,000
• 축제장정비용소모품구입	2,000,000원 * 1식	2,000,000
02 공공운영비		1,800,000
• 축제사무실공공요금 (전기 ,전화)	150,000원 * 12개월	1,800,000
202 여비		7,000,000
01 국내여비		7,000,000
• 축제업무추진여비	7,000,000원 * 1식	7,000,000
301 일반보전금		2,750,000
09 행사실비지원금		2,750,000
• 축제추진위원회회의참가자급식	1,000,000원 * 1식	1,000,000
• 축제추진위원회회의참가자여비	70,000원 * 5명 * 5회	1,750,000
307 민간이전		130,000,000
05 민간위탁금		130,000,000
• 세계유교문화축전개최지원	130,000,000원 * 1식	130,000,000
401 시설비 및 부대비		160,000,000
01 시설비		160,000,000
• 축제장정비	10,000,000원 * 1식	10,000,000
• 축제장부서별조형물제작	6,000,000원 * 25부서	150,000,000

그림 17 청송군 축제 예산 내역

2) 축제의 후원

우리나라 축제의 대부분은 정부나 지자체의 예산에 의존한다. 만약 정부나 지자체의 보조금이 중단된다면 축제도 지속되기 어려운 것이 사실이다. 실제로 문화관광축제로 지정되어 정부 보조금을 지원받던 축제가 지원이 중단된 이후 급격하게 축소되곤 한다. 따라서 정부나 지자체의 예산이 중단될 것을 감안해서 자립 능력을 키워야 하는데 기업의 후원이 중요한 수입이 될 수 있다.

그런데 기업이 일방적으로 현금이나 현물을 제공해야 된다면 지속적인 후원을 얻기가 힘들다. 축제 측과 기업 측 모두 이익이 되어야 후원이 성사되기 쉽다. 가령 축제 측은 예산을 확보하고 현물을 얻을 수 있으니 이익이고 기업은 로고를 축제 홈페이지, 행사장, 홍보물에 부착함으로써 인지도를 향상시킬 수 있다. 유명 축제나 메가 이벤트는 수많은 사람이 방문하고 언론 노출 빈도가 높기 때문에 기업이 인지도 향상을 기대할 수 있다. 그래서 기업이 먼저 축제 측에게 후원을 하겠다고 제안을 한다. 심지어 후원을 희망하는 기업이 너무 많아서 입찰(bidding)을 하기도 한다.

그러나 중소형 축제들은 기업에게 후원을 요청해야 하는 경우가 많다. 이때 구두로만 요청하는 것보다 후원 요청서 또는 상호협력 제안서를 작성해서 제출을 하는 것이 효과적이다. 제안서에는 기업이 관심을 가질만한 내용을 담는 것이 중요한데 예를 들어 축제가 인원 동원력이 크고 언론 노출 빈도가 높고 축제 방문객이 기업의 표적시장과 일치하고 다른 곳에 광고비를 지출하는 것보다 축제에 후원하는 것이 효과가 크다와 같은 내용을 통계 수치나 그래프와 함께 제시하면 유치 가능성이 높다. 아래 이미지는 퀘벡 윈터카니발의 후원 기업이다. 무려 40개가 넘는 기업이 축제를 후원하고 있다.

축제 측과 후원 기업은 공동 마케팅을 추진할 수도 있다. 예를 들어 퀘벡 윈터카니발에서 맥도날드가 따뜻한 커피와 핫초코를 무료로 제공하고 있었는데 맥도날드와 축제 측은 상호 홈페이지와 언론을 통해 행사를 알림으로써 양측 모두 홍보 효과를 얻을 수 있다. 더 나아가 하나의 이벤트 형태로 공동 마케팅을 추진할 수

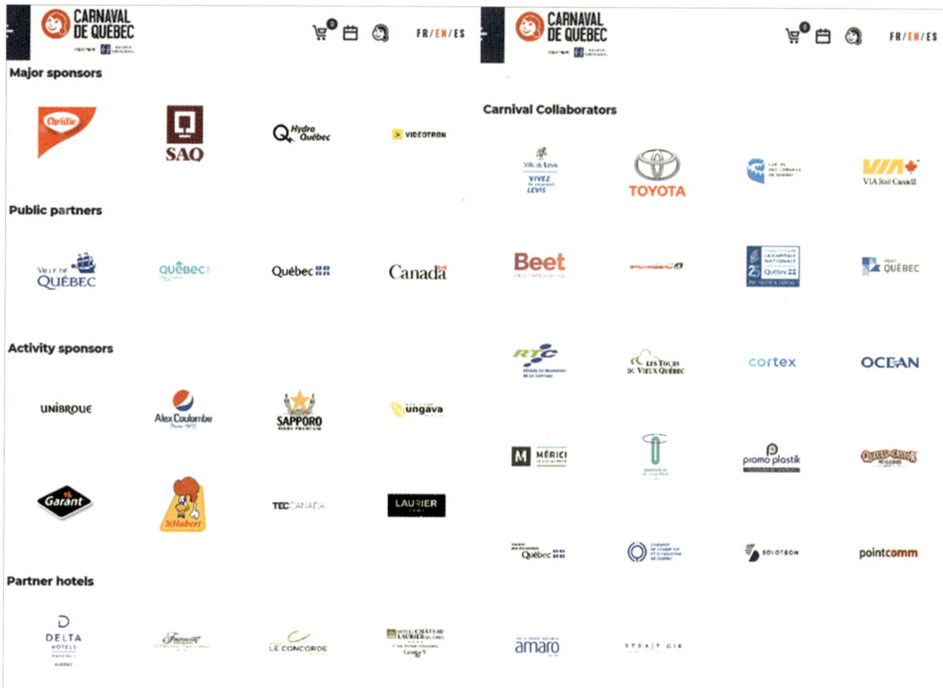

그림 18 퀘벡 윈터카니발 후원사

있는데 예를 들어 퀘벡 윈터카니발의 입장권인 에피지를 보여주면 맥도날드 매장에서 할인을 해주거나 무료 음료를 주는 것을 생각해 볼 수 있다. 이렇게 축제 측에서는 방문객에게 혜택을 줄 수 있고 맥도날드는 매출액을 증가시킬 수 있다. 축제와 후원사가 공동 마케팅을 추진하면 단독으로 홍보하는 것보다 효과가 크다.

긍정적인 이미지를 가진 대기업을 후원사로 유치하면 축제에 대한 이미지도 향상된다. 예를 들어 여수 엑스포의 경우 삼성, LG, 한화, 현대 등 국내 최고 기업들이 후원을 했다. 이렇게 굴지의 회사들이 후원하는 축제라면 정말 볼만한 행사일 것이라는 인상을 주어 축제의 이미지와 규모 그리고 축제의 격도 올라갔다. 기업도 축제를 후원하면 축제의 즐거움과 연결되어 기업의 이미지가 향상된다.

축제는 일시에 많은 사람이 운집하므로 기업은 상품을 소개하고 소비자의 반응을 얻을 수 있는 좋은 수단이 된다. 특히 신상품에 대해 축제 행사장에서 소비자의 반응을 수집하여 문제점을 보완함으로써 좀 더 완성도가 높은 상품을 판매할 수 있게 된다. 그리고 축제 현장에서 상품을 판매하여 판매수익을 얻을 수도 있다. 아래 이미지는 캘거리 스탬피드의 후원사 중 하나인 GMC 자동차가 퍼레이드에 참가한 모습이다.

그림 19 퀘벡 윈터카니발에서 맥도날드 커피와 핫초코 무료 제공

GMC는 행사장에서도 자동차를 전시하여 소비자의 반응을 조사하고 판매율을 높였다. GMC는 축제 행사장과 홈페이지에 로고를 노출하여 톡톡한 효과를 얻었다. 또 GMC가 축제를 후원함으로써 다른 자동차 회사가 후원하지 못하도록 독보적인

그림 20 캘거리 스탬피드 개막 퍼레이드의 GMC 자동차

마케팅 활동을 할 수 있었다. 축제의 특성과 기업이 추구하는 특성이 일치하면 마케팅 효과가 크게 나타나는데 캘거리 스탬피드는 농축산업 관련 축제이고 GMC는 농축산업 관련 자동차도 생산하므로 축제를 통해서 표적 고객을 만날 수 있는 기회가 되었다.

축제가 종료된 후에 후원 성과를 정리하여 후원사에 제출함으로써 차기 축제에도 후원을 하도록 유도할 수 있다. 후원 성과 보고서에는 방문객의 규모와 인구통계 특성, 언론 노출, 축제 홈페이지 · 행사장 · 홍보물의 기업 로고 표기, 후원사에 대한 인지도 · 이미지 · 만족도, 축제 파급효과 등을 포함할 수 있다.

3) 축제의 지출

축제의 지출은 대부분 예산 항목에 의거해서 집행된다. 예산 항목에 없는 지출은 나중에 정산이 불가능할 수 있으므로 예산 항목에 따라 지출해야 한다. 만약 예산 항목에 맞는지 명확하지 않을 경우에는 담당자에게 문의하는 것이 좋다. 또 부득이하게 예산 항목과 다르게 지출해야 될 경우에는 담당자와 협의를 해야 한다.

축제를 준비할 때부터 종료할 때까지 축제의 지출이 지속적으로 발생하는데 지출 내역에 대해서 각 시점별로 정리하는 것이 좋다. 축제 기간에 한꺼번에 많은 일이 발생하므로 회계 정리를 하지 못하고 심지어 축제가 종료된 지 한참이 지났는데도 해결하지 못하다가 지출 자료를 잃어버리는 등 문제가 발생할 수 있다. 따라서 수입과 지출에 관한 회계처리는 그때그때 시행하고 축제가 종료된 후 수입 · 지출 내역서를 작성해서 문제가 없는지 확인하는 것이 바람직하다.

아래 도표는 지역 축제의 지출 항목 분포도이다. 축제의 성격마다 항목과 비율이 다르겠지만 이 도표를 통해서 대략적인 윤곽은 알 수 있다. 도표를 살펴보면 시설비가 35%로 가장 많고, 다음으로 프로그램비 18%, 인건비 17%, 홍보비, 15%, 운영비 13%, 기타 2% 순이다.

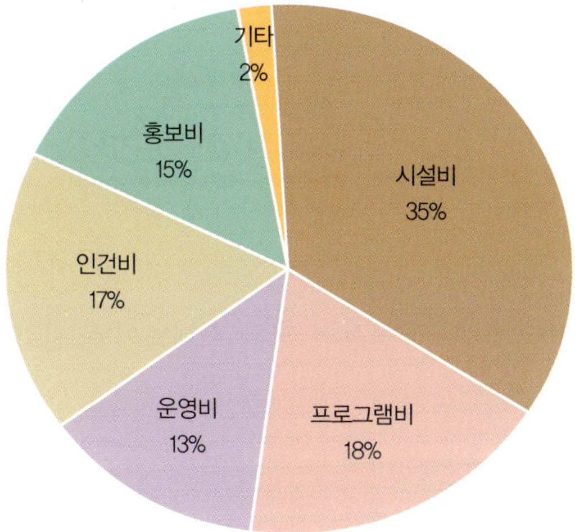

그림 21 축제 지출 항목

3. 축제의 안전 관리

1) 축제의 위험 요소

① 행사장 시설

축제 행사장에는 임시 시설이 많고 야외에서 많은 사람이 지나다니기 때문에 항상 안전사고의 위험이 있다. 실제로 행사장 땅바닥이 고르지 않거나 구조물이 많아 턱에 걸리고, 비 온 뒤 무대가 미끄러워서 연기자가 넘어지고, 감전 사고나 추락사고가 일어나기도 한다. 2014년 판교 테크노밸리축제에서 걸그룹의 공연을 보기 위해 모인 사람들중 일부가 환풍기 아래로 떨어져 16명이 사망하고 11명이 부상을 입어 사회적으로 큰 이슈가 되었고 해당 축제는 더 이상 개최되지 못했다.

[그림 22]는 국내 축제 행사장의 임시 스탠드에 사람들이 빽빽이 올라서 있는 모습이다. 지반도 약해서 스탠드가 흔들리거나 무너질 수 있어서 위태롭게 보인다. 그런데 아이들이 스탠드 철골 구조물에 매달려 놀고 있다. 심지어 그 안으로 들어

가 숨바꼭질을 하는 아이들도 있었다. 안전 요원이 이 광경을 보았다면 아이들을 제지했겠지만 그에 앞서 이런 일이 없도록 예방해야 한다. 먼저 견고한 시설을 사용해야 한다. 그리고 외관상으로도 흉측하지 않게 디자인을 하고 사람들이 다가오지 못하도록 조치를 취해야 한다. 아래 이미지의 경우 사방을 안전망으로 감싸는 것이 필요해 보인다. 이왕이면 그림이 그려진 불투명 재질이 좋을 것 같다.

[그림 23]은 에든버러 타투 공연장의 임시 스탠드인데 견고해 보이고 미관상으로도 흉측하지 않다. 그리고 일반인이 스탠드 뒤쪽으로 갈 수 없도록 차단되어 있다.

그림 22 축제 행사장 임시 스탠드

그림 23 에든버러 타투 공연장의 관람 스탠드

② 축제 프로그램

축제 프로그램 자체가 위험할 수 있다. 예를 들어 앞서 살펴보았던 스페인 산페르민 소몰이 축제는 좁은 골목에 사람들이 앞서 가다고 뒤쫓아 오는 소에 부딪혀 크게 다치거나 사망하기도 한다. 일본의 온바시라 마츠리(御柱祭)는 거대한 통나무를 타고 언덕을 내려오는 축제인데 매번 사상자가 발생하는 위험한 프로그램이다.

위 축제와 같이 위험을 전제로 하지는 않지만 위험 요소가 내재되어 있는 축제 프로그램도 있다. 앞서 살펴보았던 바르셀로나 메르세축제에서 인간 탑을 쌓다가 무너지면 다칠 수 있다. 우리나라의 울산마두희축제는 줄다리기 행사가 메인 프로그램이다. 과거에는 전통적으로 짚을 엮어서 큰줄을 만들었지만 현대에는 안전을 위해 마닐라 로프라는 재료로 제작하였다. 그럼에도 불구하고 줄다리기 도중에 줄이 끊어져서 26명이 부상하는 사고가 발생하였다. 당시 안전 부실, 안전 불감증, 예견된 사고 등 언론의 비판이 쏟아졌다. 이후 축제 측은 더 강한 재질로 교체하여 줄을 제작하고 있다.

그림 24

그림 25 울산마두희축제

③ 전염병 및 위생

축제는 많은 사람들이 모이는 행사이므로 전염병이나 식중독이 발생하면 여파가 크다. 따라서 전염병이 발생하지 않도록 주의하고 만약의 상황에 대비하여 담당자와 대처법을 마련해 두어야 한다. 또 위생 문제가 없도록 자격이 있는 사람을 고용하고 보험도 가입해 두는 것이 좋다. 옆 이미지는 코로나19 지침에 따라 방역 및 출입자를 통제하는 모습이다.

그림 26 축제 행사장 코로나19 방역

2) 축제의 안전 관리

① 안전 매뉴얼과 교육

그림 27 괴산김장축제 위생 및 안전 교육

축제 행사장에서 발생할 수 있는 위험 요소와 대처 방법 그리고 담당 연락처를 정리하여 축제 안전 매뉴얼을 제작하고 배포할 필요가 있다. 그리고 이에 대해 축제의 모든 직원에게 교육을 시킨다. 그러면 안전사고가 발생했을 때 우왕좌왕하지 않고 빠르게 대처할 수 있다. 아래 이미지는 괴산김장축제를 준비하면서 축제에 참여하는 마을 주민과 관련자를 대상으로 위생 및 안전 교육을 실시하는 장면이다.

② 예방과 대처

안전사고가 발생할 만한 상황을 파악해서 예방하고 사고 일어나더라도 피해가 최소화되고 즉각 대처할 수 있도록 준비한다. 예를 들어 평창송어축제는 방문객이 얼음낚시를 하다가 얼음이 깨질 수 있는 위험이 있어서 얼음의 두께를 측정하여 사람들의 입장을 제한하고 있다. 혹시라도 얼음이 깨지는 상황을 대비해서 얼음 위에 그물망을 설치해 두었다. 그러면 사람이 그물망에 걸려서 얼음 밑으로 빠지는 것을 방지할 수 있어 인명구조가 수월해진다. 그리고 가까운 곳에 의무실을 마련하여 응급 상황에 대처하고 있다. 또 행사장 전체가 미끄러워서 낙상 사고가 빈번할 수 있기 때문에 수시로 눈을 치우고, 아이젠 착용을 유도하고, 수시로 안전에 관한 방송을 하고, 안전 표지판을 여러 곳에 부착하고 있다. 또 음식 위생 문제에 대처하기

그림 28 평창송어축제

위해 쉽게 상하거나 냄새가 많이 나는 음식은 제공하지 않고, 푸드 트럭이나 데워서 바로 먹을 수 있는 식품을 제공하고, 음식물 분리수거 시설을 설치하고, 음식을 담당하는 곳은 식품위생 및 보건위생 자격증 소지자를 배치하고, 혹시 모를 위생 이슈에 대비해서 음식물 배상책임보험에 가입하고 있다. 그 외에 출연자가 공연을 하지 못할 때를 대비해서 행사이행보증보험에도 가입하고 있다. 또 상해보험에 가입하여 방문객 사고에 대비하고 있다.

학습정리

퀘벡 윈터카니발

- 1894년 경기 침체를 극복하고자 카니발을 발전시킨 겨울 축제를 개최함
- 세계 대전과 대공황으로 인해 지속되지 못하다가 2차 대전이 끝난 뒤 기존 축제에 현대적 요소를 가미하여 1955년 제1회 퀘벡 윈터카니발을 개최하고 현재까지 지속함
- 주요 행사: 개막식, 주 행사장 눈 조각 작품 전시와 얼음 마을, 야간 퍼레이드, 얼음 조각 작품 야외 전시, 얼음 카누 경주, 눈 목욕, 공연
- 축제 연계 관광: 페어몬트 샤토 프롱트낙, 테라스 뒤프랭, 누벨 프랑스 유적지, 사뮈엘 드 샹플랭 동상, 프티샹플랭 거리, 노트르담 성당

축제의 재무와 안전 관리

- 축제의 재무관리는 축제에 필요한 자본을 조달하고 관리하는 것임
- 축제의 재무관리 과정: 축제의 목적과 목표 → 축제 예산 확보 → 지출 항목 분석 및 조정 → 지출 및 정산
- 축제의 예산을 수립할 때 프로그램 운영비, 시설 설치비, 홍보비, 마케팅비, 인건비, 행정비 등 지출 항목에 의거하여 전체적인 예산을 계획함
- 축제는 기업과 달리 예산에 대한 신축성이 적기 때문에 전년도의 예산을 기준으로 최대한의 예산을 확보한 뒤 그에 따라 지출 항목과 항목별 예산을 배분하는 경우가 많음
- 축제는 정부, 지자체, 공공기관의 보조금과 기업의 현금 및 현물 후원을 받을 수 있고 입장권 예매, 광고 유치, 부스 사용료, 후원 회원 가입비, 공연 단체 참가비 등으로 수입을 확보할 수 있음
- 축제 행사장에서 입장권 판매, 특산물 판매, 기념품 판매, 식음료 판매, 체험료 징수 등으로 수입을 얻을 수 있음
- 축제 측과 기업측 모두 이익이 되어야 후원이 성사되기 쉽고 지속될 수 있음
- 축제의 지출은 대부분 예산 항목에 의거해서 집행됨
- 축제 행사장에는 임시 시설이 많고 야외에 많은 사람이 지나다니기 때문에 항상 안전사고의 위험이 있음

- 축제 행사장 시설, 프로그램, 전염병, 위생 등에 문제가 없도록 잘 관리하여야 함
- 축제 안전 매뉴얼을 작성하여 배포하고 모든 직원에게 안전교육을 실시함
- 안전사고가 일어나더라도 피해가 최소화되고 즉각 대처할 수 있도록 대비함

학습평가

01 퀘벡 윈터카니발의 주요 행사로 거리가 먼 것은?

① 얼음 조각 작품 야외 전시

② 얼음 카누 경주

③ 통나무 타기

④ 눈 목욕

02 축제를 개최하기 전의 수입으로 거리가 먼 것은?

① 정부 보조금

② 기념품 판매

③ 입장권 예매

④ 광고 유치

[정답 및 해설]

01 ③

해설: 통나무 타기는 일본 온바시라 마츠리의 주요 행사임

02 ②

해설: 기념품 판매 수입은 축제 기간에 행사장에서 발생함

CHAPTER 12

축제의 평가

12

학습목차

- ■ 사례에서 배운다: 비비드 시드니

1. 축제의 지역 파급효과
2. 축제 방문객 평가
3. 축제 방문객 평가 보고서

학습목표

- 비비드 시드니 사례의 성공요소를 우리나라 축제에 응용할 수 있다.
- 축제의 지역 파급효과를 분석할 수 있다.
- 축제 방문객 평가를 실시할 수 있다.
- 축제 방문객 평가 보고서를 작성할 수 있다.

Chapter 12

축제의 평가

■ 사례에서 배운다: 비비드 시드니

1) 시드니

그림 1

시드니(Sydney)는 호주 동쪽에 해안에 위치해 있으며 인구의 1/4이 거주하는 호주 최대의 도시다. 시드니라는 이름은 영국 각료였던 시드니 경의 이름을 따서 명명하였다. 시드니에는 4만 년 전부터 원주민이 살았다. 1770년 영국의 제임스 쿡(James Cook) 선장이 시드니를 탐험한 이후 1788년 아서 필립(Arthur Phillip) 선장이 영국에서 추방당한 죄수 770명과 군인 250명을 데리고 시드니에 정착하면서 시드니와 호주 전체가 영국의 식민지가 된다. 1790년 원주민의 저항이 일어나 1816년까지 지속되었으나 영국군에 의해서 진압된다. 1842년 영국으로부터 죄수의 이송이 중단된다. 1851년 시드니가 속한 뉴사우스 웨일스에서 금이 발견되면서 시드니의 인구가 급격하게 늘어나고 산업화가 시작된다. 1901년 시드니는 뉴사우스 웨일스의 주도가 된다. 1930년대 대공황으로 시드니 경제가 영향을 받는다. 시드니 하버 브리지(Harbour bridge)를 건설하여 고용이 창출되고 경기 침체가 완화된다. 1954년 영국 여왕이 처음으로 시드니를 방문한다. 1973년 오페라하우스가 건설된 이래 시드니에 고층 빌딩이 들어선다. 현재 시드니는 관광, 교육, 금융, IT, 예술 산업이 발전된 도시가 되었다. 또한 유럽과 아시아의 이민자가 들어오면서 도시가 확대되고 다문화 사회가 되었다.

2) 비비드 시드니

(1) 유래

비비드 시드니(Vivid Sydney)는 2009년 뉴사우스 웨일스 관광청에서 개발한 빛을 활용한 겨울 축제다. 호주는 남반구에 위치해 있고 주로 북반구의 외국 관광객이 호주를 방문하는데 북반구의 겨울에는 호주가 여름이기 때문에 매력적인 관광지이지만 북반구의 여름에는 호주가 겨울이기 때문에 관광객 수가 적었다. 2000년 시드니 올림픽을 계기로 겨울에도 관광객을 유치할 수 있었지만 점차 관심이 떨어졌다. 그 돌파구로서 겨울 이벤트를 계획하게 된다. 그런데 시드니는 겨울에도 영상 10도의 기온이어서 눈이나 얼음을 활용한 축제는 개최할 수가 없었다. 그래서 고안한 것이 빛을 이용한 축제다. 비비드(vivid)는 생생한, 생동감 있는, 선명한, 강렬한 이라는 뜻이 있는데 비비드 시드니라는 명칭은 형형색색의 강렬한 조명이 도시를 생동감 있게 변화시키는 모습을 표현한 것이다. 축제 기간에는 오페라하우스를 중심으로 건물과 거리가 조명으로 채색되는데 여러 나라 작가들의 조명 예술 작품이 축제를 더욱 빛낸다. 비비드 시드니는 첫해에만 20만 명을 유치했는데 10년 뒤인 2019년에는 방문객이 12배나 늘어난 240만 명이 되었다. 경제적 효과도 1조 3000억 원에 달한다. 비비드 시드니는 현재 세계 최대의 빛 축제가 되었다.

(2) 주요 행사

① 라이팅 오브 더 세일

라이팅 오브 더 세일(Lighting of the Sails)은 오페라하우스 지붕을 스크린 삼아 창의적인 영상을 비추는 것이다. 참고로 오페라하우스는 돛(sail)을 형상화하여 건설되었다. 라이팅 오브 더 세일은 해마다 다른 주제로 제작되는데 호주의 토종 식물과 꽃이 춤을 추는 영상을 비롯해서 독특하고 창의적인 장면이 음악과 함께 상영된다. 깜깜한 하늘과 바다 사이에 오직 오페라하우스만 영상으로 빛나서 신비롭고 압도적이다.

그림 2

② 비비드 라이트

비비드 라이트(Vivid Light)는 축제 기간 내내 시드니 주요 명소의 건물과 시설에 조명을 비추는 것이다. 오페라하우스 옆에 있는 페리 선착장인 서큘러 키(Circular Quay) 주변에 환상적인 조명이 비추어져 있다. 사람들은 서큘러 키 바닷가에서 하버 브리지와 현대미술관(Museum of Contemporary Art Australia)을 비롯한 여러 건물과 시설의 조명을 감상한다. 유람선을 타고 시드니만(Sydney Cove)을 돌면서 여러 각도로 근거리에서 조명을 감상할 수도 있다.

그림 3 서큘러 키

록스(The Rocks) 지역의 건물과 시설에도 조명에 설치되어 있다. 이곳에는 손으로 만지거나 돌리면 색깔이 변하는 조명시설이 있어서 사람들이 즐겁게 관람한다. 참고로 록스는 1788년 영국 제1함대 선원들과 이주민이 호주에 처음으로 정착한 지역이며 서큘러 키 바로 옆에 위치해 있다. 이곳에 바위가 많아 록스(Rocks)라는 이름이 붙여졌다고 한다. 당시의 건물이 현재도 일부 남아있고 레스토랑과 카페 등으로 활용되고 있다.

그림 4 록스

록스 지역에는 후원사의 조명 시설이 있는데 삼성전자의 전기 놀이터(Eclectric Playground)가 첨단 기술을 접목한 조명을 선보이고 있다. 이들 중에는 지문 인식에 의해 조명 색깔이 변하는 기둥도 있고 조명 미끄럼틀도 있다. 또 누르거나 밟으면 조명이 움직이는 등 전기와 조명을 활용한 재미있는 놀이터를 선사하고 있다.

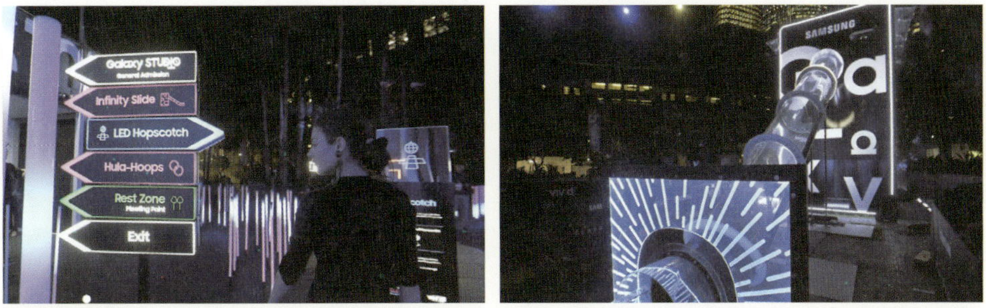

그림 5 삼성전자의 전기 놀이터

로얄 보타닉 가든(Royal botanic garden)에는 마치 반딧불이가 움직이는 것 같은 조명이 있고 벌 모양의 영상 등 아이들의 상상력을 높일 수 있는 작품이 있다. 또 식물정원답게 나무에 조명을 장식한 작품도 있다.

그림 6 로얄 보타닉 가든

달링하버(Darling Harbour) 지역에는 파란 조명의 거대 인형이 걸어 다니고 해파리 모양의 조명과 로봇 조명이 사람들을 맞이한다. 밤이 깊어지면 달링하버의 야경

속에 불꽃놀이가 터진다.

그림 7 달링하버

타롱가 동물원(Taronga Zoo)에서는 호주의 대표적인 동물인 코알라를 비롯해서 사자, 호랑이, 토끼, 거북이, 오랑우탄, 코끼리 등 다양한 동물의 조명과 영상을 만날 수 있다. 루나 파크(Luna Park)에는 관람차와 회전 놀이기구 등 다양한 놀이기구가 조명과 더불어 즐거움을 더해주고 있다. 채스우드(Chatswood) 지역에는 스테인

그림 8 타롱가 동물원

드글라스 형태의 조명, 건물 벽을 스크린으로 활용한 영상, 식물 모양의 창의적인 조명 등이 설치되어 있다.

③ 비비드 뮤직

비비드 뮤직(Vivid Music)은 생동감 있는 음악을 의미하는데 축제 기간에 다양한 장소에서 음악 공연이 개최된다. 시드니 오페라하우스, 옥스퍼드 아트 팩토리(Oxford Ard Factory), 19세기 철도 작업장을 복합 문화공간으로 개조한 캐리지워크스(Carrageworks) 등 시드니의 유명 공연장에서 관광객들이 신나게 즐긴다.

그림 9 비비드 뮤직

④ 비비드 아이디어

비비드 아이디어(Vivid Ideas)는 축제 기간에 강연, 토론, 워크숍, 간담회, 포럼 등 의견과 아이디어를 교환하는 것을 말한다. 전문가의 강의를 들을 수 있고 글로벌 또는 로컬 이슈에 관해서 토론하는 등 유익한 정보를 얻을 수 있다.

그림 10 비비드 아이디어

(3) 축제 연계 관광

- 시드니 오페라하우스: 독특한 건축 디자인을 가지고 있는 시드니 랜드마크로 콘서트, 오페라, 연극, 발레 등 다양한 극장 시설을 갖추고 있음
- 서큘러 키: 오페라하우스 옆에 있는 선착장으로 종종 버스킹이나 거리 예술을 감상할 수 있음
- 하버 브리지: 오페라하우스 맞은편에 있는 웅장한 철제 다리
- 록스: 1788년 영국의 죄수와 군인이 시드니에 들어와서 처음으로 정착한 지역
- 달링하버: 1988년 도시 재개발 사업을 하면서 쇼핑몰, 박물관, 아쿠아리움 등이 들어서 인기 있는 관광지가 됨
- 본다이 비치: 시드니에서 가장 유명한 해변으로 바위에 부서지는 파도라는 뜻을 가지고 있음
- 블루마운틴: 세자매봉으로 유명한 산
- 시드니 인근: 포트 스테판, 돌핀 크루즈, 와일드라이프 파크 등이 유명함

그림 11 본다이 비치

3) 생각 나누기: 예술과 기술의 접목

비비드 시드니에서 예술가의 상상력이 빛이나 영상으로 실현되기 위해서는 반드시 기술이 필요하다. IT, 인공지능, IoT, 조명 기술, 영상 기술, 음향 기술, 스마트폰 기술 등이 예술과 접목되어 과거에 보지 못했던 황홀한 장면을 연출한다.

IT 기술이라면 우리나라가 세계 최고 수준이니까 우리나라 축제에 얼마든지 응용할 수 있을 것이라고 생각된다. 문화적 기반이나 자연적 기반만으로 세계적인 축제를 만들기에 시간이 오래 걸린다면 우리나라의 강점인 IT기술을 활용하는 방법을 생각해 볼 수 있다.

그림 12

1. 축제의 지역 파급효과

1) 경제적 효과

축제를 개최한 이후에 지역에 어떤 영향을 미쳤는지 평가하기 위해 경제적 효과, 사회문화적 효과, 환경적 효과를 분석한다. 경제적 효과는 직접 효과, 간접 효과, 고용 효과로 나누어서 분석할 수 있다. 직접 효과는 방문객이 축제 행사장 내에서 지출한 입장료, 체험비, 식음료비, 기념품 구입비 등과 축제 행사장이 아니더라도 지역 내에서 지출한 숙박비, 교통비, 식음료비, 관광 비용이 포함된다. 직접 효과를 조사하는 방법은 방문객에게 설문조사를 해서 지출 내용을 기입하게 한 다음 전체 방문객 수에 적용한다.

아래 표는 축제 방문객 1인당 소비지출 조사 결과 예시인데 식음료비, 교통비, 쇼핑비, 숙박비, 유흥비, 기타로 구분하여 방문객에게 설문조사를 한 것이다. 각 소비지출 항목을 합산하여 1인당 소비지출 금액이 99,938원이라는 결과를 얻었다. 만약 총 방문객 수가 100,000명이라면 직접 경제효과는 99,938원 × 100,000명 = 9,993,800,000원이 된다.

표 1 축제 방문객의 1인당 소비지출 조사 결과 예시

소비지출 항목	평균(원)	비율(%)
식음료비(음식, 음료 등)	30,473	30.5
교통비(대중교통, 주유비, 주차료, 통행료 등)	21,804	21.8
쇼핑비(기념품, 농수산물 등)	22,051	22.1
숙박비	13,158	13.2
유흥비(행사장 밖에서 지출한 노래방, 술값 등)	9,058	9.1
기타	3,394	3.4
합계	99,938	100.0

위와 같은 분석 방법은 축제 평가에서 가장 널리 사용되고 있으나 다소 부풀려지

거나 부정확한 경향이 있다. 최근에 방문객의 신용카드 사용액의 빅데이터 분석을 통해서 좀 더 정확한 결과를 얻고 있다. 간접 효과는 이차적으로 발생한 유발효과다. 예를 들어 관광객이 식당에서 음식값을 지불하는 것이 직접효과라면 그 식당에서 식재료를 구매하는 것이 간접효과다. 이것은 승수효과 분석이라는 것을 통해서 도출한다. 고용 효과는 축제를 개최하기 위해 고용한 정규직, 비정규직, 임시직 직원에 해당하는데 이것도 직접 고용 효과와 2차적으로 발생한 간접 효과를 구분해서 분석할 수 있습니다. 고용 효과는 고용승수분석이라는 것을 통해서 도출한다.

2) 사회문화적 효과

사회문화적 효과는 축제가 지역사회에 미친 변화를 측정하는 것이다. 축제를 개최한 이후에 인프라 확충, 문화시설 건립, 관광 수용태세 개선, 전통의 발굴 및 보전, 물가변동, 사회적 규범 변화 등이 일어날 수 있다. 긍정적인 효과와 부정적인 효과가 동시에 나타날 수 있는데 가령 축제로 인해 지역주민이 문화적 혜택을 받지만 지나친 상업화로 인해 전통이 변질되고 공동체가 무너질 수 있다. 따라서 사회문화적 효과를 분석함으로써 긍정적인 효과를 높이고 부정적인 효과를 최소화해야겠다.

사회문화적 효과는 주민 설문조사, 전문가 조사, 각종 통계 자료 분석을 통해서 도출할 수 있다. 사회문화적 효과는 실제 어떤 변화가 있었는지를 분석하는 것도 중요하지만 지역 주민이 어떻게 인식하고 어떤 태도를 가지고 있는지도 중요하다. 축제는 지역주민의 이해와 협조 그리고 지지가 필요하기 때문에 주민의 호의적인 태도를 기대하게 된다. 지역주민의 태도는 축제를 개최하기 전 또는 후에 지역주민에게 설문조사를 실시하여 분석한다. 그 결과를 통해 지역주민의 축제에 대한 태도가 어느 정도인지를 알 수 있다. 그리고 전과 후의 결과를 비교함으로써 긍정적으로 또는 부정적으로 변화된 것을 분석할 수 있다. 비교 결과가 호의적으로 변했다면 축제의 성과도 긍정적이라고 판단한다.

아래 표는 강릉커피축제에 대한 지역주민의 태도를 분석한 것이다. '안목 커피거리 조성 등으로 마을 분위기가 변화되었다'가 3.96으로 가장 높고, 이어서 '지역의 다양한 문화 수준을 향상시킨다' 3.72, '전체적인 도시미관이 향상되었다' 3.64, '지역의 공동체의식이 강화되었다' 3.38, '커피축제로 대중교통 노선이 증가하였다' 3.18의 순으로 나타났다.

표 2 강릉커피축제에 대한 지역주민의 태도

설문 문항	평균	표준편차
지역의 다양한 문화 수준을 향상시킨다	3.72	.818
안목 커피거리 조성 등으로 마을 분위기가 변화되었다	3.96	.858
커피축제로 대중교통 노선이 증가하였다	3.18	.923
지역의 공동체의식이 강화되었다	3.38	.862
전체적인 도시미관이 향상되었다	3.64	.874

3) 환경적 효과

축제는 지역의 환경에 영향을 주는데 축제 시설을 만드는 과정에서 자연환경을 훼손하거나 동식물 서식지를 파괴할 수 있다. 또 생활환경에도 영향을 미치는데 축제에 많은 사람들이 방문하다 보니 쓰레기 증가, 매연, 소음, 수질 오염 등 각종 공해가 유발될 수 있다. 이런 것들이 지역에서 수용할 만한 정도인지 아니면 수용 범위를 넘어서는지 평가해서 개선할 수 있다. 축제가 환경에 긍정적인 효과를 주기도 한다. 축제를 개최하면서 깨끗한 환경을 조성해서 보존 효과를 주기도 하고 특히 환경과 관련된 축제라면 환경에 대한 인식을 고취시키기도 한다. 환경적 효과를 측정하는 방법은 환경영향평가 또는 관찰법 등이 있다.

시흥갯골축제는 경기도 시흥갯골생태공원에서 개최되는 생태축제다. 옛 염전 터와 습지가 어우러진 자연 속에서 방문객들은 다양한 프로그램을 통해 자연을 배우고 즐긴다. 생태공원의 자연환경을 보호하기 위해 축제기간에는 자동차 없는 축제로 진행하고 있다. 아래 이미지는 염전 체험 프로그램이다.

그림 13 시흥갯골축제 염전 체험

2. 축제 방문객 평가

1) 평가 영역

축제에 대한 방문객의 평가는 축제의 주요 성과로 여겨진다. 축제 방문객 조사에는 방문객 수, 인구통계, 방문행태, 방문객 심리 등이 포함된다. 방문객 수는 축제의 성과를 나타내는 대표적인 지표인데 전체 방문객 수, 프로그램별 참가자 수, 부스별 참가자 수를 집계할 수 있다. 방문객 수를 집계하는 방법은 입장권이 있는 축제라면 간단하다. 입장권 수를 세면 빠르고 정확하게 산출할 수 있다. 그런데 우리나라 대부분의 축제는 입장권이 없는 무료입장이어서 관광객 수를 집계하기가 매우 어렵다. 출입구에서 계수기로 집계하거나 무인카메라로 계수를 하거나 이동통신회사의 통신데이터를 통해서 집계한다.

그림 14 계수기와 무인 계수 카메라를 이용한 방문객 수 집게

방문객의 인구통계 분석은 성별, 연령, 결혼상태, 거주지, 직업, 학력, 월평균 가구소득 등의 변수를 포함한다. 입장권을 예매하거나 스마트폰 앱을 사용하기 위해서 방문객이 회원가입을 하고 성별, 생년월일, 주소 등을 입력하면 인구통계 특성에 관한 자료를 쉽고 빠르게 얻을 수 있다. 그러나 대부분의 무료 축제는 현실적으로 이런 자료를 얻을 수 없어서 설문조사를 통해서 파악하게 된다. 설문조사는 축제 방문객 중 일부분만 조사하는 표본조사이기 때문에 전체를 대상으로 하는 모집단 조사 혹은 전수 조사와는 결과가 다르게 나타날 수 있다. 그럼에도 불구하고 현실적으로 국내 축제에서 방문객 평가를 할 때 가장 많이 사용하는 방법이다.

방문객의 방문행태에 대한 설문조사도 진행된다. 여기에는 교통수단, 숙박 형태, 1인당 지출 비용, 축제 정보 매체 등이 포함된다. 교통수단은 승용차, 시외/고속버스, 기차, 기타 교토수단의 분포를 분석한다. 숙박 형태는 당일, 모텔, 콘도, 호텔 등의 분포를 파악한다. 1인당 지출 비용은 5만 원 미만, 5~10만 원, 10만 원 초과 등 구간을 나누어 조사한다. 축제 정보 매체는 인터넷, TV/신문, 구전, 여행사, 플래카드, 기타 매체 등의 분포를 분석한다. 분석 결과를 통해 시설이나 홍보 방법을 보완한다.

방문객 심리도 주로 설문조사에 의해서 분석된다. 방문객 심리 측정 변수로는 방문동기, 이미지, 태도, 라이프스타일, 만족도, 구전 의도, 재방문 의도 등이 포함된다.

2) 문화관광축제 방문객 평가

아래 표는 문화체육관광부에서 실제 사용하는 방문객 대상의 문화관광축제 평가 설문지다. 분석 결과를 통해서 축제별로 어떤 항목이 높은 평가를 받았는지 또는 낮은 평가를 받았는지 알 수 있다. 그리고 축제간 결과를 비교할 수 있고 연도별로도 변화를 비교할 수 있다. 설문지의 구성은 만족도, 소비지출, 일반사항으로 이루어져 있다. 만족도 부분에는 축제 재미, 프로그램, 먹거리, 살거리, 사전 홍보, 안내 · 해설, 지역문화, 안전, 접근성 및 주차장, 재방문 및 타인방문 유도 등 10개 항목이 있다. 각 항목별로 1점부터 7점까지 7점 척도로 의사를 표시할 수 있게 되어 있다. '이 축제가 재미있다'에 대해 매우 동의하면 7점을 선택하고 전혀 동의하지 않으면 1점을 선택한다.

소비지출은 축제 행사장과 지역에서 얼마나 지출했는지를 분석하는 것이다. 여기에는 교통비, 숙박비, 식음료비, 유흥비, 쇼핑비, 기타 비용이 포함되어 있다. 그런데 4인 가족이 방문해서 아빠가 가족 전체의 비용을 지불했다면 1인당으로 나누어서 기입을 해야 한다. 설문지를 자세히 보면 '아래 금액은 본인 포함해서 몇 명이 지출한 것입니까?'라는 질문이 있다. 일행의 수에 따라 소비지출 금액을 1/n을 해서 1인당 지출 금액을 산출한다.

일반사항 부분에는 인구통계와 방문행태를 묻는 질문이 포함되어 있다. 즉 성별, 연령, 방문목적, 체류 기간, 숙박 여부, 재방문 여부, 거주지 등이 해당된다.

문화체육관광부	안녕하세요? 당 축제에 대해 여러분의 의견을 수렴하여 보다 나은 축제를 만들기 위해 설문조사를 하고 있습니다. 여러분의 답변 및 정보는 통계분석 목적으로만 쓰입니다.

I. 만족도	전혀 그렇지 않다	그렇지 않다	약간 그렇지 않다	보통이다	약간 그렇다	그렇다	매우 그렇다
1. 이 **축제**가 **재미**있다	①	②	③	④	⑤	⑥	⑦
2. 축제 관련 **프로그램**이 좋다	①	②	③	④	⑤	⑥	⑦
3. 축제 관련 **먹거리**가 좋다	①	②	③	④	⑤	⑥	⑦
4. 축제 관련 **살거리**가 좋다	①	②	③	④	⑤	⑥	⑦
5. 축제 관련 **사전 홍보**가 잘 되었다	①	②	③	④	⑤	⑥	⑦
6. 축제장 내 **안내·해설**이 좋다	①	②	③	④	⑤	⑥	⑦
7. 축제를 통해 **지역문화**를 알게 됐다	①	②	③	④	⑤	⑥	⑦
8. 축제장 시설이 **안전**해 보였다	①	②	③	④	⑤	⑥	⑦
9. 축제장의 **접근성** 및 **주차장**이 좋다	①	②	③	④	⑤	⑥	⑦
10. **재방문**하거나 **타인**에게 **방문**을 **유도**하겠다	①	②	③	④	⑤	⑥	⑦

II. 소비지출	아래 금액은 본인 포함하여 (_____명)이 지출한 총액입니다.	
교 통 비	________원	축제 개최지역에서 지출한 주유비, 주차료, 통행료, 대중교통 요금 등
숙 박 비	________원	민박, 호텔, 모텔, 펜션, 콘도 등
식음료비	________원	축제 개최지역에서 지출한 음식값, 음료비
유 흥 비	________원	축제장 밖에서 지출한 관람료, 노래방, 술값 등
쇼 핑 비	________원	축제 기념품, 농특산물 구입비 등
기 타	________원	체험비, 입장료 등 위에 언급되지 않은 비용

III. 일반사항			
성 별	남 □ 녀 □	연 령	________세
방문목적	축제 때문에 일부러 이곳에 왔다 (그렇다□ 아니다□)		
체류기간	지금까지 축제장에 머문 시간 (머물 시간 포함하여 _____시간)		
숙박여부	당일 □ 1박 2일 □ 2박 3일 □ 3박 4일 □		
재 방 문	올해 첫 방문□ 이전에도 방문했음 (총_____회)		
거 주 지	지역주민□ 외지인일 경우 (_____시·도 _____시·군)		

그림 15 문화관광축제 방문객 평가 설문지

아래 표에서 분석 결과를 살펴보면 이번 축제가 전년도에 비해서 방문객 만족도가 향상된 것을 알 수 있다. 올해의 방문객 만족도 중 '축제 재미'가 5.67로 가장 높게 나왔고 이어서 '축제 프로그램', '재방문 및 타인 방문 유도' 순이다. 즉 축제가 재미있고 프로그램도 만족스러워서 재방문할 것이고 구전도 하겠다는 평가로 볼 수 있다.

만족도가 낮은 항목은 어떤 것이 있을까? '접근성 및 주차장'이 5.0으로 가장 낮고 이어서 '축제의 살거리'가 5.13으로 낮은 점수를 보이고 있다. 이런 분석 결과를 통해서 어떤 것을 우선적으로 개선해야 될지 판단할 수 있게 된다. 이 결과에서는 접근성 및 주차장 그리고 살거리가 시급히 개선되어야 함을 알 수 있다.

항목 연도	축제 재미	축제 프로그램	축제 먹거리	축제 살거리	축제 사전 홍보	축제장 안내 해설	지역 문화 이해	시설 안전	접근성 및 주차장	재방문 및 타인 방문 유도
전년도	5.52	5.45	5.17	4.83	5.21	5.17	5.31	5.34	4.83	5.52
당해연도	5.67	5.64	5.35	5.13	5.38	5.39	5.51	5.54	5.00	5.43

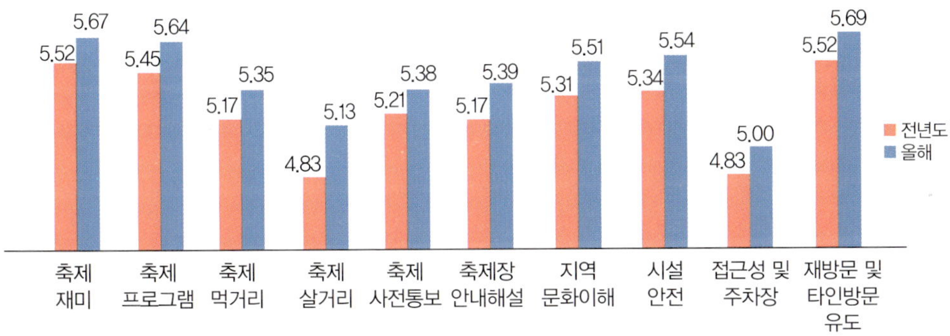

그림 16 방문객 만족도

아래 표에서 문화관광축제의 유형별 만족도를 살펴보면 문화예술형이 5.64로 가장 높은 결과를 보이고 있다. 이어서 자연생태형 5.48, 지연특산물형 5.38, 전통역사형 5.34, 주민화합형 5.11 순이다. 문화관광축제는 관광객의 비율이 높아서 아무래도 문화예술형 축제에 대해서 만족도가 높게 나타날 수 있다. 반면에 주민화합형 축제는 주민들을 위한 축제이므로 관광객 입장에서는 만족도가 낮을 수 있다.

항목별로 만족도를 비교하면 '축제 재미'와 '축제 프로그램'에 대한 만족도는 문화예술형만 유일하게 6.0을 넘고 있다. 7점 척도에서 6.0 이상은 매우 높은 점수이다. 그만큼 방문객의 만족도가 높다는 것을 의미한다.

표 3 유형별 만족도

구분	전통역사형	문화예술형	지역특산물형	자연생태형	주민화합형
평 균 값	5.34	5.64	5.38	5.48	5.11
축제 재미	5.48	6.05	5.58	5.77	5.23
축제 프로그램 좋음	5.46	6.04	5.53	5.73	5.14
축제 먹거리 좋음	5.22	5.60	5.38	5.27	4.94
축제 살거리 좋음	5.06	5.13	5.28	5.08	4.88
축제 사전홍보 우수	5.29	5.56	5.30	5.44	5.29
축제장 내 안내 해설 우수	5.33	5.64	5.26	5.52	5.10
축제를 통한 지역문화 이해	5.55	5.60	5.47	5.55	5.18
축제장 시설 안전	5.48	5.77	5.44	5.65	5.12
축제장 접근성 및 주차장 만족	5.01	4.98	5.01	5.08	4.81
재방문 및 타인 방문 유도 의사	5.55	6.03	5.56	5.70	5.43

다음 이미지와 같이 축제별로 만족도를 분석한 결과 춘천 국제마임축제가 압도적으로 높은 점수를 받았다. 춘천 국제마임축제는 독특한 공연을 늦은 밤까지 개최하고 공연예술에 관심이 높은 사람들이 방문하니까 인기가 높고 만족도도 높게 나타난 것으로 보인다. 이런 결과는 해마다 달라지므로 차기 연도에는 다른 결과가 나올 수 있다.

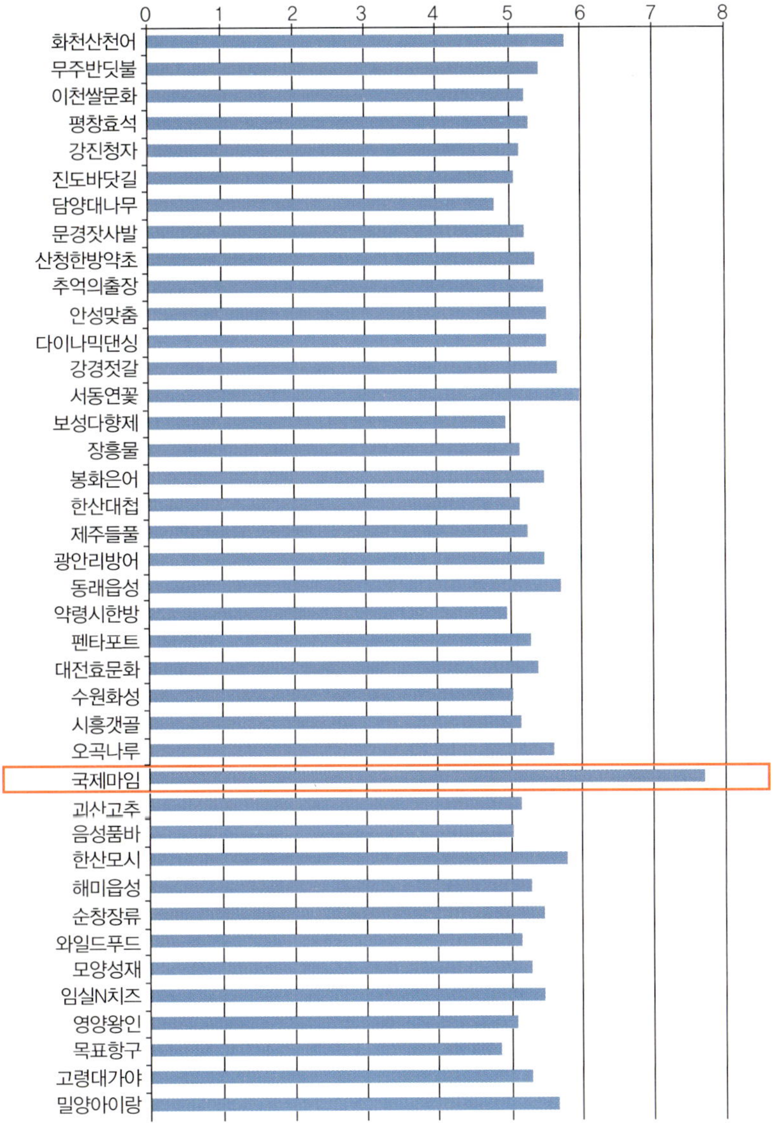

그림 17 **축제별 만족도**

〈표 4〉의 소비 지출 결과를 살펴보면 문화관광축제에서 관광객이 지출한 1인당 비용은 61,211원이다. 세부적으로 살펴보면 식음료비가 16,756원으로 가장 많다. 그런데 숙박비는 8,354원 정도여서 실제 숙박하지 않고 당일만 방문한 사람이 많다는 것을 알 수 있다. 쇼핑비가 11,236원으로 상대적으로 높은 편이다. 앞의 만족도 결과에서 살거리에 대한 만족도가 낮게 나왔는데 실제로는 사람들이 쇼핑을 많

이 한다는 것인데 아마 축제 행사장 내에서 살거리가 별로 없어서 외부에서 쇼핑했다고 유추할 수 있다.

표 4 소비지출(원)

	교통비	숙박비	식음료비	유흥비	쇼핑비	기타	합계
전체	11.986	8,354	16,756	6,368	11,236	6,472	61,211

축제 유형별로는 문화예술형이 75,030원으로 소비 지출이 가장 높다. 그런데 자세히 보면 문화예술형의 기타 금액이 12,374원으로 다른 유형보다 월등히 높다. 아마 문화예술형 축제는 입장료가 있는 경우가 많은데 이것이 반영되어 전체적으로 지출 비용도 높아진 것으로 보인다. 축제의 식음료비도 문화예술형이 22,116원으로 다른 유형의 축제에 비해서 월등히 높다. 문화예술 공연을 보려면 장시간 체류를 하게 되고 주로 야간에 개최하니까 자연스럽게 축제장 내에서 식음료를 구매해서 소비지출액도 올라간 것으로 보인다.

표 5 유형별 소비지출

	교통비	숙박비	식음료비	유흥비	쇼핑비	기타	합계
평균	11,986	8,354	16,756	6,368	11,236	6,472	61,211
전통역사형	10,942	7,221	12,114	5,855	11,828	5,058	53,028
문화예술형	13,776	9,816	22,116	7,508	9,440	12,374	75,030
지역특산품형	11,076	7,911	14,028	6,296	15,096	3,236	57,642
자연생태형	24,291	7,460	19,249	4,572	8,730	6,357	60,658
주민화합형	14,291	7,460	19,249	4,572	8,730	6,357	60,658
주민화합형	11,152	11,275	18,709	7,975	8,528	3,979	61,618

축제별로 살펴보면 소비지출이 가장 높은 축제는 인천 펜타포트축제이고 그 다음은 춘천 국제마임축제다. 둘 다 문화예술형 축제이고 입장료가 있고 밤늦게까지 공연을 하니까 자연스럽게 숙박을 하게 되고 식음료비도 증가해서 전체적으로 소

비지출이 높게 나타나고 있다. 이 분석 결과를 통해 소비지출을 늘리기 위해서는 야간 프로그램이 상당히 중요하다는 것을 알 수 있다.

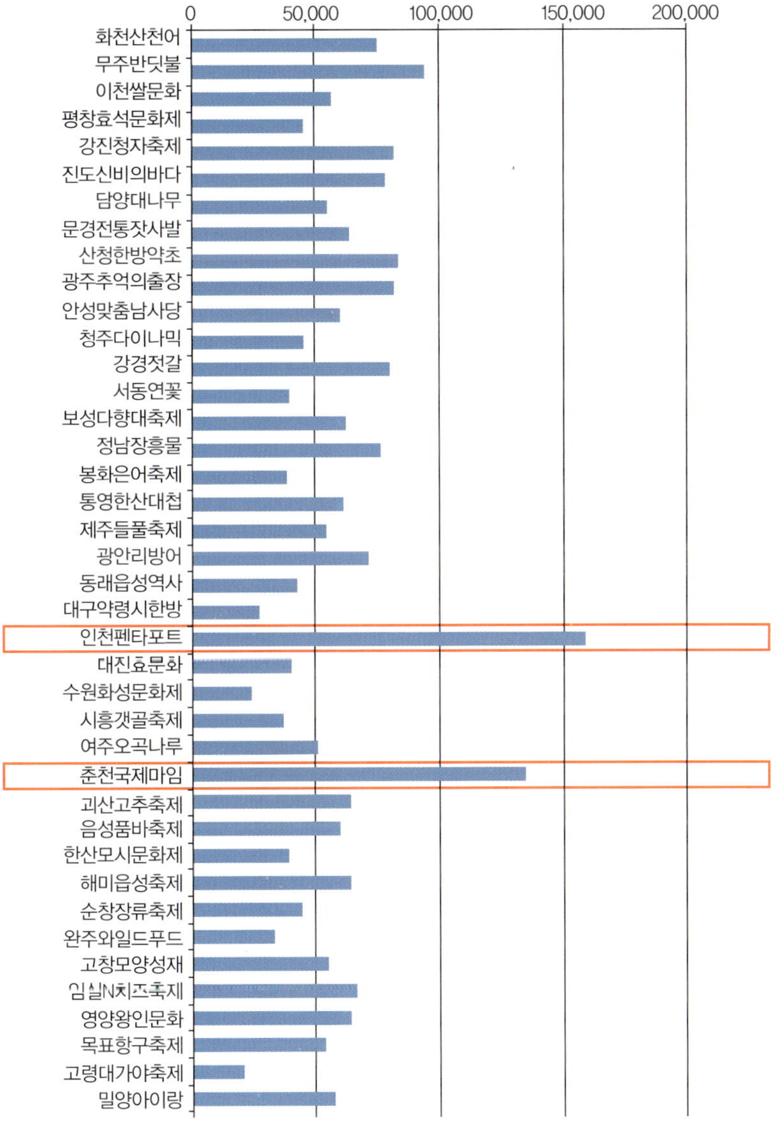

그림 18 **축제별 소비지출**

지역주민과 관광객의 비율을 살펴보면 전체적으로 지역주민 31.3% 그리고 관광객 68.7%다. 즉 지역주민 대 관광객이 3 : 7 정도의 비율이라고 볼 수 있다. 관광객의 비율이 가장 높은 축제는 정남진 장흥 물축제였으며 관광객 비율이 무려 96.9%나 된다. 관광객이 많으니까 지역의 경제적인 효과도 크게 나타날 수 있다. 관광객 비율이 높은 축제는 화천 산천어축제 96.5%, 담양 대나무축제 95%, 영암 왕인문화축제 94.8%, 임실 N치즈축제 94.3%, 보성 다향대축제가 93.9%, 평창 효석문화제 92.7%, 봉화 은어축제가 90% 순이다.

지역 주민의 비율이 높은 축제를 살펴보니 동래읍성역사축제가 무려 94.2%나 된다. 그러니까 이 축제는 관광객이 5% 남짓밖에 안 되는 것이다. 그 밖에도 대구 약령시 한방문화축제가 지역주민의 비율이 89%나 되고 원주 다이내믹댄싱축제가 86.4%, 제주 들불축제가 75.9% 순으로 외지인보다는 지역 주민의 비율이 높은 축제다.

소비 지출이 가장 많았던 인천 펜타포트축제는 관광객이 78%여서 역시 관광객의 비율이 상당히 높다. 춘천 국제마임축제는 지역주민(48%)과 관광객(52%)이 거의 5대 5의 비율다. 그런데 이 축제는 입장료가 있고 또 예술 축제임에도 불구하고 지역 주민의 비율이 높았다는 것은 그만큼 춘천 시민들의 문화적인 소양이 높다는 것을 방증하는 것이다.

표 6 지역주민과 외지 관광객 비율

축제명칭	비율(%)	축제명칭	축제명칭	비율(%)	
	지역주민	외지관광객		지역주민	외지관광객
강경젓갈축제	37.2	62.8	안성맞춤남사장	45.8	54.2
강진청자축제	16.9	83.1	여주오곡나루축제	31.1	68.9
고령대가야축제	19.9	80.1	영암왕인문화축제	5.2	94.8
고창모양성제	43.0	57.0	완주와일드푸드	22.9	77.1
광안리방어축제	28.4	71.6	원주다이내믹댄싱	86.4	13.6
괴산고추축제	22.0	78.0	음성품바축제	23.0	77.0
담양대나무축제	5.0	95.0	이천쌀문화축제	3.09	69.1
대구약령시한방문화	89.0	11.0	인천펜타포트	22.0	78.0
대전효문화뿌리축제	38.6	61.4	임실N치즈축제	5.7	94.3
동래읍성역사축제	94.2	5.8	정남진장흥물축제	3.1	96.9
목포항구축제	52.0	48.0	제주들불축제	75.9	24.1

무주반딧불축제	14.0	86.0	진도신비의바닷길	10.0	90.0
문경전통찻사발축제	17.7	82.3	추억의충장축제	22.2	77.8
밀양아리랑축제	41.0	59.0	춘천국제마임축제	48.0	52.0
보성다향대축제	6.1	93.9	통영한산대첩축제	32.6	67.4
봉화은어축제	10.0	90.0	평창효석문화제	7.3	92.7
산청한방약초축제	19.1	80.9	한산모시문화제	34.8	65.2
서동연꽃축제	18.0	82.0	해미읍성축제	34.8	65.2
수원화성문화축제	55.8	44.2	화천산천어축제	3.5	96.5
순창장류축제	13.3	86.7			
시흥갯골축제	35.7	64.3	평균	31.3	68.7

아래 표는 주요 방문목적이 '축제 참여'인 경우다. 그러니까 지역의 다른 관광지를 가는데 축제에 잠깐 방문한 것이 아니라 이 지역을 방문한 주요 목적이 '축제 참여'였다는 것이다. 분석 결과 주요 목적이 '축제 참여'인 비율이 89.6%로 나타나서 축제가 관광객을 유인하는데 큰 역할을 하고 있다는 것을 알 수 있다.

표 7 방문목석 '축제참여'인 비율

축제명칭	비율(%)	축제명칭	비율(%)	축제명칭	비율(%)
강경젓갈축제	86.0	보성다향대축제	90.4	인천펜타포트음악	88.1
강진청자축제	81.6	봉화은어축제	–	임실N치즈축제	95.7
고령대가야축제	–	산청한방약초축제	88.8	정남진장흥물축제	91.5
고창모양성재	87.0	서동연꽃축제	95.8	제두들불축제	83.2
광안리어방축제	79.8	수원화성문화축제	93.8	진동시비의바닷길	94.4
괴산고추축제	84.7	순창장류축제	95.2	추억의충장축제	81.7
담양대나무축제	93.8	시흥갯골축제	93.4	춘천국제마임축제	74.8
대구약령시한방문화	86.4	안성맞춤남사당	85.4	통영한산대첩축제	76.9
대전효문화뿌리축제	93.0	여주오곡나루축제	91.6	평창효석문화제	91.7
동래읍성역사축제	89.9	영암왕인문화축제	93.6	한산모시문화제	99.2
목포항구축제	94.4	완주와일드푸드축제	94.7	해미읍성축제	85.0
무주반딧불축제	93.8	원주다이내믹댄싱	93.9	화천산천어축제	100.0
문경전통찻사발축제	83.5	음성품바축제	82.6		
밀양아리랑축제	–	이천쌀문화축제	89.4	평균	89.6

3) 소셜미디어 빅데이터 분석

소셜미디어(social media)는 인터넷 블로그(blog), 카페(cafe), SNS(Social Network Service) 등을 통해 의견이나 경험을 공유하기 위해 사용하는 온라인 플랫폼이다. TV나 신문 등 전통적인 매체는 기업이 일방적으로 정보를 제공하지만 소셜미디어는 이용자들이 직접 정보를 생산하고 확산하여 엄청난 규모의 빅데이터(big data)가 된다.

소셜미디어 빅데이터는 비정형데이터(unstructured data)에 해당하는 일정한 형식이 없어 비체계적인 데이터이며 블로그에 올린 문장이나 영상자료 등 비규칙적인 자료다. 이런 자료는 정형데이터와 같이 통계프로그램으로 즉각 분석하는 것이 불가능하다. 과거에는 이런 자료를 쓸모없는 데이터로 간주되었으나 인터넷과 컴퓨터 그리고 소프트웨어의 발전 덕분에 가치를 얻게 되었다.

소셜미디어 빅데이터 분석은 인터넷 뉴스, 블로그, 카페, SNS 등 디지털로 기록된 비정형데이터를 정형화시켜 분석하는 기법이다. 소셜 빅데이터는 과거의 자료뿐만 아니라 실시간으로 자료 수집이 가능하고 사람들의 솔직한 경험과 생각이 기술되어 있기 때문에 이용자의 인식을 분석하는데 매우 유용하다. 소셜 빅데이터 분석은 키워드 설정, 자료 수집, 정제, 분석의 단계를 거치는데 특히 정제 단계에서 불필요한 단어를 제거하고 연구 목적에 맞게 유사한 단어를 통합하는 등 노력을 기울일수록 좋은 데이터와 분석 결과를 얻을 수 있다.

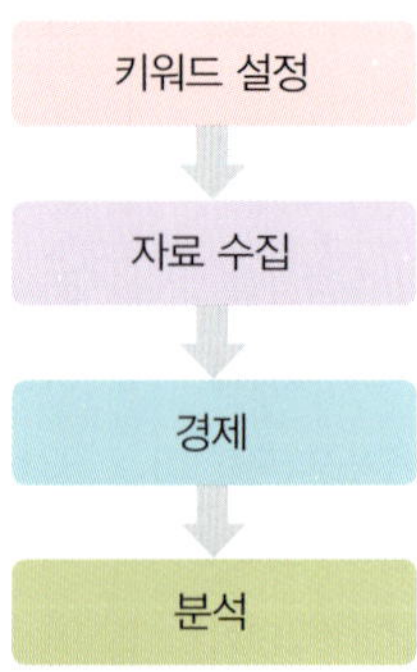

그림 19

다음 내용은 네이버의 소셜미디어(블로그, 카페, 뉴스)에서 자료를 수집하여 코로나19가 발병한 이후 전시박람회에 관한 사람들의 인식이 어떻게 변화하고 있는지 분석한 것이다. 네이버 데이터랩은 일정 기간에 검색량이 가장 높은 달을 100으로 설정하고 나머지는 상대적인 검색량을 제시하는데 아래와 같이 2020년 1월부터 2021년 6월까지 전시회의 월별 검색량을 분석한 결과 국내에 코로나19 첫 확진자가 발생한 2020년 1월을 기점으로 2월(64.3%)과 3월(42.2%)에 급격하게 하락하고 있다. 전체적으로 1차시기(2020년 1월~6월)까지는 검색량이 낮은 상태에 머물러 있다가 2차시기(2020년 7월~12월)에는 코로나의 회복 기대감과 확진자 증가에 따라 민감하게 등락을 보이고 3차시기(2021년 1월~6월)에는 등락 폭이 크지 않고 일정 수준이 유지되고 있다.

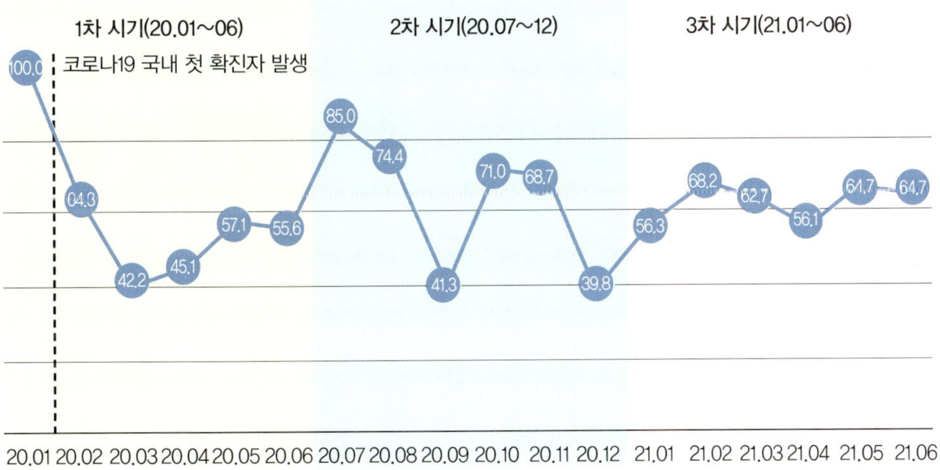

그림 20 '전시박람회' 네이버 월별 검색량

소셜미디어 빅데이터의 분석 방법은 연관단어 빈도분석, 2-gram 빈도분석, 감성단어 빈도분석, 중심성분석, 네트워크 매트릭스 분석, CONCOR 분석 등을 수행하는 이 중 연관단어 빈도분석 결과를 살펴보면 다음과 같다. 1차시기(2020년 1월~6월)에는 전시박람회, 전시, 참가, 다이렉트웨딩, 전시장, 행사, 상담과 같은 전시박람회와 관련된 일반적인 단어가 상위에 나타난 가운데 온라인(10), 취소(16),

코로나(28) 등 코로나19 관련 단어가 나타나고 있다. 당시 코로나19가 발생하면서 많은 전시박람회가 취소를 결정했으며 일부는 온라인으로 대체했던 것이 그대로 반영되고 있다. 참고로 〈표 8〉의 연관단어 중 웨딩박람회 관련 단어가 등장하고 있는데 다른 전시박람회에 비해서 웨딩박람회 참가자가 블로그와 카페에 후기를 작성하고 공유하는 경우가 많기 때문인 것으로 보인다. 2차시기(2020년 7월~12월)의 연관단어 빈도분석을 살펴보면 일반적인 전시박람회 관련 단어 이외에 온라인(3), 코로나(15), 인원제한(21)이 포함되어 있다. 당시 코로나19가 수그러들지 않고 계속 진행되면서 행사를 전면 취소하는 대신 참가 인원을 제한하거나 온라인으로 진행하는 행사가 많아졌던 것이 반영되고 있다. 3차시기(2021년 1월~6월)에는 온라인(4), 코로나(25), 오프라인(26)이 나타나고 있는데 방역 지침을 지켜가면서 서서히 온라인+오프라인의 하이브리드 행사가 늘어났던 것이 반영된 것으로 보인다.

표 8 '전시박람회'의 연관단어 빈도분석

순위	1차시기(20.01~06)		2차시기(20.07~12)		3차시기(21.01~06)	
	단어	빈도	단어	빈도	단어	빈도
1	전시박람회	11464	전시박람회	12126	전시박람회	11791
2	전시	3217	전시	3543	전시	3458
3	참가	1529	온라인	1630	참가	1475
4	다이렉트웨딩	861	참가	1358	온라인	1019
5	전시장	849	행사	1206	전시장	910
6	행사	792	진행	944	진행	884
7	상담	780	상담	861	행사	785
8	진행	750	다이렉트웨딩	767	다이렉트웨딩	589
9	업체	721	전시장	767	지원	589
10	온라인	652	업체	653	국내	579
11	국내	625	제품	579	제품	570
12	제품	614	전시관	576	업체	561
13	기업	564	부스	523	상담	539
14	지원	554	코엑스	489	기업	519
15	세계	527	코로나	480	최대	509

16	취소	526	기업	458	국제회의	444
17	국제	477	국내	455	코엑스	441
18	미국	459	대규모	433	사진	430
19	웨딩박람회	455	축제	421	시설	401
20	부스	450	대한민국	416	전문	388
21	산업	447	인원제한	382	세계	378
22	사진	404	세계	374	서울	375
23	최대	394	최대	372	부스	373
24	중국	392	사진	362	전시관	372
25	홍보	390	한복	361	코로나	354
26	코엑스	388	산업	357	오프라인	354
27	서울	384	콘서트	356	대한민국	348
28	코로나	369	인원	336	해외	348
29	세계최대	357	서울	330	대구	341
30	전문	350	지원	324	드레스	326

전시박람회'에 대한 감성단어 분석 결과를 살펴보면 시기를 막론하고 좋다, 특별하다, 우수하다, 혁신적 등 긍정적인 단어가 상위에 나타나고 있으나 코로나19의 여파로 울다가 높은 순위에 포함되어 있다. 그런데 1차, 2차, 3차 시기로 갈수록 울다의 순위가 낮아져서(2→5→6) 조금씩 적응 또는 극복해가는 과정으로 보인다.

표 9 '전시박람회'의 감성단어 빈도분석

순위	1차시기(20.01~06)		2차시기(20.07~12)		3차시기(21.01~06)	
	단어	빈도	단어	빈도	단어	빈도
1	좋다	417	좋다	439	좋다	435
2	울다	201	우수하다	281	특별하다	231
3	특별하다	197	혁신적	234	우수하다	227
4	우수하다	191	특별하다	231	추천	195
5	혁신적	190	울다	179	난해하다	183
6	어렵다	162	새롭다	168	울다	182
7	추천	157	추천	152	혁신적	182
8	원하다	149	원하다	134	원하다	150

9	난해하다	148	어렵다	121	새롭다	147
10	새롭다	131	예쁘다	102	어렵다	131
11	전통적	114	기대하다	94	기대하다	117
12	예쁘다	97	난해하다	82	예쁘다	100
13	기대하다	95	다채롭다	78	전통적	76
14	최고다	95	최고다	73	멋지다	70
15	성장하다	93	전통적	68	아쉽다	64
16	현대적	71	현대적	66	최고다	63
17	편하다	56	아쉽다	65	힘들다	58
18	걱정하다	55	힘들다	56	현대적	56
19	안정적이다	47	행복하다	52	성장하다	54
20	심하다	46	성장하다	52	편하다	53
21	만족	44	이쁘다	49	다채롭다	52
22	사랑스럽다	42	균형	47	감사하다	44
23	아름답다	41	고급스럽다	46	자연스럽다	40
24	심각하다	40	멋지다	46	안정적이다	39
25	힘들다	39	아름답다	44	부담스럽다	39
26	이쁘다	39	걱정하다	44	사랑스럽다	39
27	아쉽다	39	편하다	44	화려하다	38
28	자연스럽다	38	좋아하다	43	빠르다	38
29	멋지다	37	자연스럽다	43	고급스럽다	38
30	부담스럽다	36	사랑스럽다	41	행복하다	36

구조적 등위성을 도출하기 위한 Concor 분석은 각 노드 간의 상관계수를 이용하여 동일한 구조를 가지는 등위적 계층과 노드 간의 관계를 시각적으로 보여준다. 다시 말해서 연관단어들을 몇 개의 클러스터로 묶어서 보여주는 것이다. 빅데이터 분석을 하기 위해서는 어느 정도의 분석 기술이 필요하지만 그 결과를 이해하는 정도만으로도 의미가 있다.

1차시기의 클러스터1에는 전시박람회, 기술, 제품, 업체, 산업, 부스, 일정 등 일반적인 전시박람회의 특성을 나타내는 단어가 많이 포함되었고 클러스터2에는 코로나, 온라인, 취소 등 코로나19 관련 단어가 포함되었고 클러스터3에는 웨딩박람회, 다이렉트웨딩, 상담, 한복 등 웨딩박람회 관련 단어가 포함되었다. 클러스터별로 전시박람회, 코로나19, 웨딩박람회로 요약할 수 있다.

2차시기의 클러스터1에는 전시박람회, 기업, 제품, 전문, 산업 등 일반적인 전시박람회의 특성을 나타내는 단어와 코로나, 온라인, 오프라인 등 코로나19 관련 단어가 동시에 포함되었다. 클러스터2에는 국제회의, 대규모, 행사, 시설, 인원, 인원제한 등 국제회의와 인원 제한에 관한 단어가 포함되었고 클러스터3에는 웨딩박람회, 다이렉트웨딩, 상담, 한복 등 웨딩박람회 관련 단어가 포함되었다. 클러스터별로 전시박람회와 코로나19, 국제회의와 인원 제한, 웨딩박람회로 요약할 수 있다.

3차시기의 클러스터1에는 전시박람회, 전시장, 전시, 관람, 디지털 등 일반적인 전시박람회의 특성을 나타내는 단어가 다수 포함되었고 코로나도 포함되었다. 클러스터2에는 국제회의, 인원제한, 기준미적용, 허용, 금지 등 국제회의와 인원 제한에 관한 단어가 포함되었고 클러스터3에는 온라인, 오프라인, 비대면, 참가, 지원 등 온/오프라인 행사와 관련된 단어가 포함되었다. 클러스터 별로 전시박람회와 코로나, 국제회의와 인원 제한, 온/오프라인 행사로 요약할 수 있다.

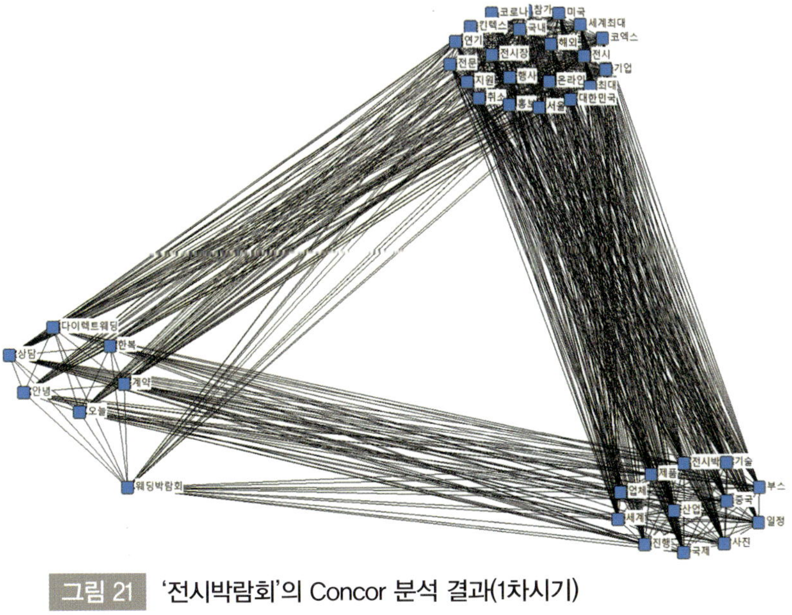

그림 21 '전시박람회'의 Concor 분석 결과(1차시기)

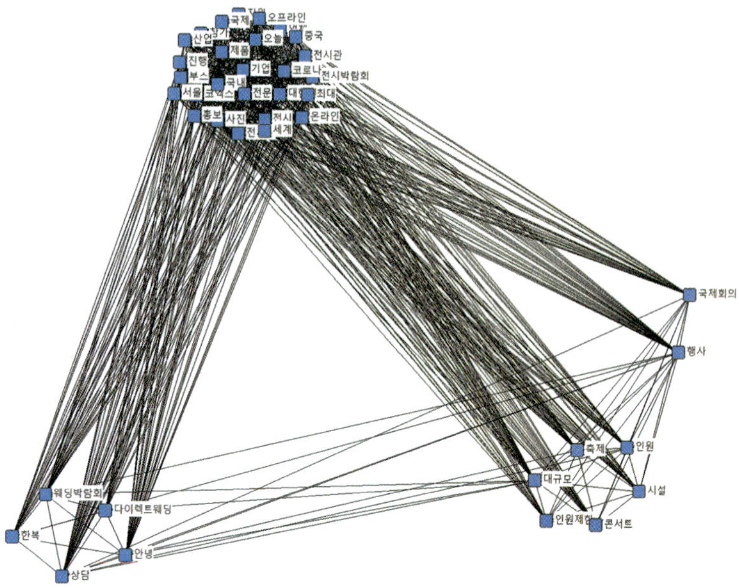

그림 22 '전시박람회'의 Concor 분석 결과(2차시기)

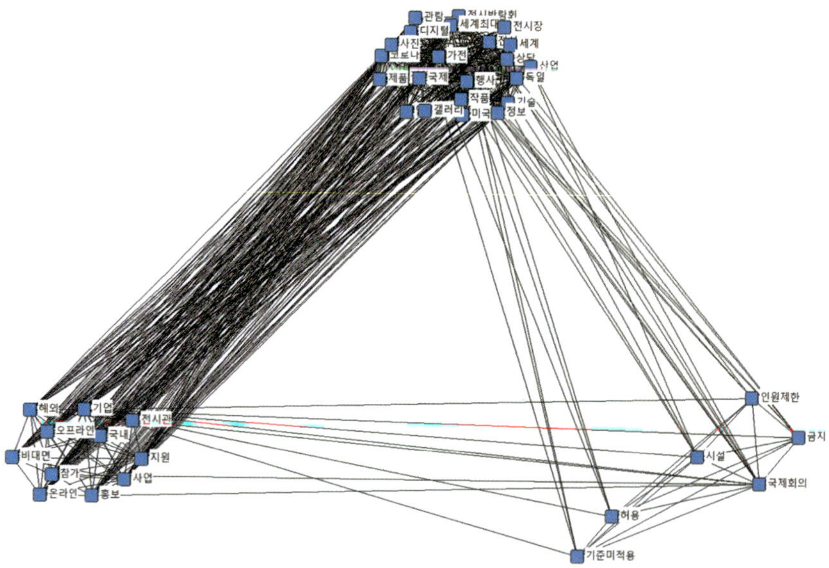

그림 23 '전시박람회'의 Concor 분석 결과(차시기)

3. 축제 방문객 평가 보고서

축제 방문객 평가 보고서는 축제 개요, 조사 설계, 조사 결과, 총평 및 발전 방안, 설문지 등으로 구성된다. 축제별로 목차의 차이는 있을 수 있지만 전체적인 구성은 유사하다.

▮축제 방문객 평가 보고서 목차 예시

제1장	축제 개요
	1. 축제 개요
	2. 축제 일정 및 프로그램
제2장	조사 설계
	1. 조사 목적과 범위
	2. 조사 대상과 과정
	3. 설문지 구성과 분석 프로그램
제3장	분석 결과
	1. 인구통계
	2. 일반사항
	3. 방문동기
	4. 축제 프로그램 만족도
	5. 축제 운영 만족도
	6. 재방문 및 구전 의도
	7. 방문객 소비지출
	8. 소감 및 제언
제4장	총평 및 발전방안
	1. 총평
	2. 발전방안
	3. 축제 포스터와 사진
부록	설문지

축제의 개요 부분에는 행사명, 홈페이지 주소, 축제 기간, 축제 장소, 프로그램, 주최, 주관, 후원, 협찬에 대한 정보를 기입한다. 이어서 축제 일정 및 프로그램 부분에는 일자별 · 시간별 주요 행사를 표시하고 주요 출연진에 대해서도 표시한다. 다음은 조사의 목적과 조사의 범위를 기입한다. 조사의 범위에는 시간적인 범위, 공간적인 범위, 내용적인 범위를 규정한다. 다음은 조사 대상과 조사 과정을 기술한다. 예를 들어 조사 대상은 축제를 방문한 20대 이상 성인으로 설정할 수 있다. 이 경우 초 · 중 · 고등학교 학생은 설문에서 제외된다. 조사 과정에는 설문지 작성, 설문 조사, 설문 도구, 설문지 확인, 응답자 사례 등에 대해서 기술한다. 설문지는 인구통계, 일반사항, 방문동기, 축제 프로그램 만족도, 축제 운영 만족도, 재방문 및 구전 의도, 방문객 소비지출, 소감 및 제언 등으로 구성된다.

각 항목별로 분석 결과를 표와 그래프로 정리한다. 그리고 총평과 발전방안을 기술한다. 마지막으로 축제 포스터, 사진, 설문지를 차례로 첨부한다.

축제 개요 예시

- **행사명**: 제00회 춘천막국수닭갈비축제
- **홈페이지**: http://www.mdfestival.com/
- **축제 기간**: 6. 11 (화)~6. 16 (일), 6일간
- **축제 장소**: 춘천역 앞 행사장
- **프로그램**: 개막 축하공연, 거리 퍼레이드, 막국수닭갈비 나눔행사, 어린이 사생대회, 중학생 댄스대회, 춘천색소폰 사랑동호회, 정준호 팬사인회, 셰프 시연회, 투데이 콘서트, 건강음악회, 폐막식 등
- **주최**: 춘천막국수닭갈비축제 조직위원회
- **주관**: 춘천막국수닭갈비축제 조직위원회
- **후원**: 국민건강보험, 강원도, 춘천시의회, 강원도춘천교육지원청, 한국관광공사, KBS 춘천방송총국, 춘천시 문화재단, 춘천예총, 한국지역진흥재단, 한국외식업중앙회, 춘천막국수협회, 춘천닭갈비협회, 춘천시
- **협찬**: 춘천양조장, 춘천축산농협, 춘천원예농협, 춘천신북농협로컬푸드 직매장

학습정리

비비드 시드니

- 비비드 시드니: 2009년 호주 뉴사우스 웨일스 관광청에서 개발한 조명을 활용한 겨울 축제
- 주요 행사
  - 라이팅 오브 더 세일: 오페라 하우스 지붕을 스크린 삼아 창의적인 영상을 비추는 것
  - 비비드 라이트: 서큘라 키, 록스, 삼성전자 전기 놀이터, 로얄 보타닉 가든, 달링하버, 타롱가 주, 루나 파크, 채츠우드 등 시내 주요 장소를 빛과 조명으로 연출함
  - 비비드 뮤직: 다양한 음악 공연
  - 비비드 아이디어: 강연, 토론, 워크숍, 간담회, 포럼 등을 개최하여 의견과 아이디어를 나눔
- 축제 연계 관광: 오페라 하우스, 서큘러 키, 하버브리지, 록스, 달링하버, 본다이 비치, 블루마운틴, 그리고 시드니 인근에 있는 포트 스테판, 돌핀 크루즈, 와일드라이프 파크 등이 유명함

축제의 평가

- 축제를 개최한 이후에 지역에 어떤 영향을 미쳤는지 평가하기 위해 경제적 효과, 사회문화적 효과, 환경적 효과를 분석함
- 경제적 효과는 직접 효과, 간접 효과, 고용 효과로 나누어서 분석함
- 사회문화적 효과는 축제가 지역사회에 미친 변화를 측정함
- 축제가 환경에 미치는 긍정적 · 부정적 효과를 분석함
- 축제 방문객을 조사하기 위하여 방문객 수, 인구통계, 방문행태, 방문객 심리 등을 측정함
- 문화관광축제의 평가항목은 만족도, 소비지출, 일반사항으로 구성됨
- 축제 방문객 평가 보고서는 축제 개요, 조사 설계, 조사 결과, 총평 및 발전 방안, 설문지 등으로 내용이 구성됨

학습평가

01 2009년 호주 뉴사우스 웨일스 관광청에서 개발한 조명을 활용한 겨울 축제 무엇인가?

① 비비드 라이트

② 비비드 뮤직

③ 비비드 아이디어

④ 비비드 시드니

02 축제를 개최한 이후에 지역에 어떤 영향을 미쳤는지에 대한 평가로 거리가 먼 것은?

① 경제적 효과

② 사회문화적 효과

③ 방문객 프로필

④ 환경적 효과

[정답 및 해설]

01 ④

해설: 비비드 라이트, 비비드 뮤직, 비비드 아이디어는 비비드 시드니의 주요 행사다.

02 ③

해설: 축제를 개최한 이후에 지역에 어떤 영향을 미쳤는지 평가하기 위해 경제적 효과, 사회문화적 효과, 환경적 효과를 분석함

출처

1장

그림 1: 구글 맵

그림 2, 9~10: 저자 촬영

그림 3~8: 베니스카니발 https://www.carnevale.venezia.it/

그림 11: 강화군청 http://www.ganghwa.go.kr/

그림 12: 강릉단오제 http://www.danojefestival.or.kr

그림 13: 보령머드축제 http://www.mudfestival.or.kr

그림 14: 서울거리예술축제 http://www.ssaf.or.kr/

그림 15: 삿포로 눈축제 http://www.snowfes.com/

그림 16: 대한축구협회 http://kfa.or.kr/

2장

그림 1: 구글 맵

그림 2~7: 니스관광청 인스타그램 https://www.instagram.com/nicetourisme/

그림 8, 11, 13, 15~16, 18~20, 22: 저자 촬영

그림 9: 라 토마티나 http://www.latomatina.es/

그림 10: 제주들불축제 http://www.buriburi.go.kr/

그림 12: 청도소싸움축제 http://www.청도소싸움.kr/

그림 14: 안동국제탈춤페스티벌 http://www.maskdance.com/

그림 17: 춘천마임축제 http://www.mimefestival.com

그림 21: https://michael9murray.files.wordpress.com/2017/04/johan-huizinga.jpg?w=584

그림 23: https://ko.wikipedia.org/wiki/%EB%A1%9C%EC%A0%9C_%EC%B9%B4%EC%9C%A0%EC%95%84#/media/%ED%8C%8C%EC%9D%BC:UNESCO_History,_Roger_Caillois_-_UNESCO_-_PHOTO0000002654_0001_(cropped).tiff

그림 24: 산페르민축제 https://www.sanfermin.com/

3장

그림 1: 구글맵

그림 2, 4~8, 23: 저자 촬영

그림 3: 옥토버페스트 인스타그램 https://www.instagram.com/oktoberfest/

그림 9: 김제지평선축제 https://www.gimje.go.kr/festival/

그림 10: 관광지식정보시스템 https://tour.go.kr/

그림 11: 한국관광공사(1995), 국내문화행사 관광상품화 방안

그림 12: 네부타마츠리 페이스북 https://www.facebook.com/aomorinebuta/

그림 13: 저자 작성

그림 14: 토리노 동계올림픽 http://www.torino2006.org/

그림 15: 뉴질랜드 국제예술축제 http://www.nzfestival.telecom.co.nz/

그림 16: 화순군 축제포털 http://hwasun.go.kr/festival/

그림 17: 태백산 눈축제 http://festival.taebaek.go.kr/

그림 18: 해운대 북극곰축제 http://bear.busan.com/

그림 19: 원주 다이내믹댄싱카니발 http://www.ddcwj.com/

그림 20: 이천도자기축제 http://www.ceramic.or.kr/

그림 21: Dimanche, F.(1997), Special Event Legacy: The 1984 Louisiana World's Fair In New Orleans, Festival Management & Event Tourism, 4(1), pp. 49-54

그림 22: 마나와투 가든페스티벌 https://www.eventfinda.co.nz/2021/st-john-garden-fete/rakaia

그림 24: 하회선유줄불놀이 http://www.hahoe.or.kr/coding/sub3/sub2.asp

그림 25: 춘천인형극제 http://www.cocobau.com/

그림 26: 한국관광공사 http://www.visitkorea.or.kr

그림 28: 미시건 주 체리축제 https://www.cherryfestival.org/

표 1: Ritchie, B. W.(1997), How Special Are Special Events? The Economic Impact And Strategic Development of The New Zealand Masters Games, Festival Management & Event Tourism, 4(3-4), pp. 117-126.

4장

그림 1: 구글맵

그림 2~13, 16, 18~19, 27: 저자 촬영

그림 14: 저자 작성

그림 15: 강경젓갈축제 https://www.nonsan.go.kr/ggfestival/

그림 17: 파푸아뉴기니 관광청 https://www.papuanewguinea.travel/eastern-highlands-province/events/goroka-show

그림 20: 산청황매산철쭉제 http://hwangmaefestival.com/

그림 21: 경남 고성공룡세계엑스포 http://dino-expo.com/

그림 22: 호주 시드니 마디그라퍼레이드 https://www.mardigras.org.au/

그림 23: 영남알프스 하이트레일 나일피크 대회(박현우 작가) https://www.hightrail9peaks.com/

그림 24: 아산 성웅이순신축제 https://culture.asan.go.kr/_esunshin/n20/

그림 25: Fringe Society(2020). Fringe Festival annual review of the year 2019

그림 26: 평창송어축제 http://www.festival700.or.kr/

표 1: 문화체육관광부(2020). 2019 문화관광축제 종합평가보고서

5장

그림 1: 구글 맵

그림 2~6, 10, 13~16, 18~19, 27~28: 저자 촬영

그림 7: 88서울올림픽 https://olympics.com/ko/olympic-games/seoul-1988/

그림 8: 무주반딧불축제 http://www.firefly.or.kr/

그림 9: 워커힐호텔 https://www.walkerhill.com/

그림 11: 파주북소리축제 http://pajubooksori.kr/

그림 12: 영등포여의도봄꽃축제 http://2019flower.or.kr/

그림 17: 문화체육관광부(2021). 2020년 기준 관광동향에 관한 연차보고서

그림 20: 강남페스티벌 유튜브채널 https://www.youtube.com/watch?v=BawbsfeBNnQ

그림 21: 제주올레걷기축제 http://intro.jejuolle.org/

그림 22: 후지 록페스티벌 인스타그램 https://www.instagram.com/fujirock_jp/

그림 23: 고창모양성제 http://moyangseong.co.kr/

그림 24: 안동국제탈춤페스티벌 https://www.maskdance.com/

그림 25: 굿모닝!양림축제 http://www.goodmorningyangrim.com/

그림 26: 부여문화재야행 http://www.buyeoyahaeng.com/

그림 29: 대전 중구 공식 블로그 https://blog.naver.com/djjunggu8/221706712287

6장

그림 1: 구글맵

그림 2~6: 캘러리 스탬피드 https://www.calgarystampede.com/

그림 7~8, 11: 저자 촬영

그림 9: 스카이 파이어 에너지 http://www.skyfireenergy.com/

그림 10: 오훈성(2016). 문화관광축제 지정에 따른 효과 분석, 한국문화관광연구원.

그림 12: 한국관광 데이터랩 https://datalab.visitkorea.or.kr/

7장

그림 1: 구글 맵

그림 2~16, 23: 저자 촬영

그림 17, 22: 저자 작성

그림 18~19: 의정부음악극축제 http://www.umtf.or.kr/

그림 20, 표 1: 영동축제관광재단 https://yd21.go.kr/ydft/html/sub05/0504.html

그림 21, 표 2: 이천도자기축제 https://www.ceramic.or.kr/

그림 24: 평창동계올림픽 자원봉사 안내 http://vol.pyeongchang2018.com/

8장

그림 1: 구글맵

그림 2~7: 바르셀로나 인스타그램 https://www.instagram.com/bcncultura/

그림 8~10, 12~13: 저자 작성

그림 11: 각 축제 홈페이지

그림 14: 저자 촬영

표 1~4: 저자 작성

9장

그림 1: 구글맵

그림 2~13, 17~18, 20~22: 저자 촬영

그림 14~15: 울트라 뮤직 페스티벌 https://ultramusicfestival.com/

그림 16: https://edinburghcitymom.wordpress.com/

그림 19: 영덕대게축제 http://www.ydcf.co.kr/

그림 23: 고양세계꽃박람회 http://www.flower.or.kr

그림 24: 티켓링크 http://www.ticketlink.co.kr

그림 25: 제이캠프 테마여행사 http://www.jcamp.co.kr/

표 1: 각 축제 홈페이지

표 2~3: 저자 작성

10장

그림 1: 구글맵

그림 2~4, 6~7: 잘츠부르크축제 인스타그램 https://www.instagram.com/p/CBiq1gXF6ts/

그림 5: 메가박스 https://www.megabox.co.kr/

그림 8: 잘츠부르크 관광청 https://www.salzburg.info/en/

그림 9: 잘츠부르크축제의 친구들 https://www.festspielfreunde.at/

그림 10~13: 저자 작성

그림 14: YTN 뉴스 https://news.naver.com/main/read.nhn?mode=LPOD&mid=tvh&oid=052&aid=0001351193

그림 15: KBS 뉴스 https://news.naver.com/main/read.nhn?mode=LPOD&mid=tvh&oid=056&aid=00107, MBC 뉴스 https://news.naver.com/main/read.nhn?mode=LPOD&mid=tvh&oid=214&aid=0001043238

그림 16: 화성시청 http://www.hscity.go.kr/www/user/bbs/BD_selectBbs.do?q_bbsCode=1051&q_bbscttSn=20181015183310916

그림 17: 아시아투데이 https://www.asiatoday.co.kr/view.php?key=20181016010008476

그림 18~19, 21: 저자 촬영

그림 20: 춘천막국수닭갈비축제 http://www.mdfestival.com/

표 1: 저자 작성

표 2: 춘천막국수닭갈비축제 조직위원회(2019). 2019 춘천막국수닭갈비축제 평가 보고서

11장

그림 1: 구글 맵

그림 2~10, 12~14, 19, 22~23, 26: 저자 촬영

그림 11, 15: 퀘벡 윈터카니발 인스타그램 https://www.instagram.com/carnavaldequebec/

그림 16: 저자 작성

그림 17: 청송군 https://www.cs.go.kr/upload/data/estimate/2021/03_07.pdf

그림 18: 퀘벡 윈터카니발 https://carnaval.qc.ca/en/partners/partners

그림 20: GMC https://media.gm.ca/media/ca/en/gmc/news.detail.html/content/Pages/news/ca/en/2019/Jul/0705_Celebrate-the-all-new-GMC-Sierra-AT4-All-Mountain.html

그림 21: 김용대 축제 감독 인터뷰 자료

그림 24: 일본 온바시라 마츠리 https://onbashirafestival.com/

그림 25: 울산마두희축제 http://www.ulsanmaduhee.co.kr/

그림 27: 괴산군농촌관광지원센터 블로그 https://blog.naver.com/goesan2021/222087903575

그림 28: 평창송어축제 http://www.festival700.or.kr/

12장

그림 1: 구글 맵

그림 2~12: 비비드 시드니 https://www.vividsydney.com/

그림 13: 시흥갯골축제 페이스북 https://www.facebook.com/gaetgolfestival

그림 14: 저자 촬영

그림 15~18: 문화체육관광부(2019). 2018 문화관광축제 종합평가 보고서

그림 19: 저자 작성

그림 20~23, 표 8~9: 박상현(2021). 코로나19 시대의 전시박람회에 관한 인식 연구-소셜 빅데이터 분석. 무역진시연구, 16(3), 1-23.

표 1: 저자 작성

표 2: 윤미경(2021), 축제에 대한 주민태도와 지역파급효과 인식의 영향 관계 -강릉커피축제 방문경험 유무의 차이 분석으로, 강릉원주대학교 석사학위 논문

표 3~7: 문화체육관광부(2019). 2018 문화관광축제 종합평가 보고서

저/자/약/력

박상현

한양사이버대학교 관광항공경영학과 교수
문화체육관광부 문화관광축제 평가위원
문화재청 문화재야행 평가위원
한국관광공사 평가 및 자문위원
서울관광재단 공정관광 평가위원
한국관광학회 부회장

[역임]

뉴질랜드 Waikato University 방문학자(Visiting Scholar)
일본 立命館アジア太平洋大学(APU) 객원연구원(Visiting Research Fellow)
NCS 국가직무능력표준 집필위원, 검토위원, 개선위원

[저서 및 논문]

관광학개론 외 다수
(SSCI) Perceptions of university students of 'tourism-focused English' as a second language: The case of Korean universities 외 다수

[수상]

2019 스승의 날 교육부장관 표창
2019 세종도서(문화체육관광부 우수 학술도서) 선정
《관광경영정보시스템과 e-Business》(박상현 외 2인 공저)
2018~2021 마르퀴즈 후즈후 세계인명사전 등재

세계 축제 사례와 관광축제경영

초판발행 2021년 12월 10일 1판 1쇄 인쇄 | 2021년 12월 15일 1판 1쇄 발행

지은이 박상현
펴낸이 최용구 | 펴낸곳 도서출판 **이프레스**
주소 (04316) 서울시 용산구 원효로 89길 19 (원효로1가)
전화 02) 537-1720(영업부), 537-1721(편집부), 537-1711(팩스)
이메일 epress01@naver.com | 홈페이지 www.epress1.com
등록 2009년 12월 10일 제16-2710호
기획마케팅 최용구 장만동 최충구 진소희 | 책임편집 석기은 황가연

ISBN 979-11-91348-13-2 93980
정가 29,000원